Mathew Salvaris, Danielle Dean, Wee Hyong Tok

Deep Learning mit Microsoft Azure

Rheinwerk
Computing

Liebe Leserin, lieber Leser,

dass es zahlreiche Einsatzmöglichkeiten für Deep-Learning-Algorithmen gibt, wissen Sie bestimmt. Ob es um Übersetzungen, Bildtransformationen, Spracherkennung oder ganz allgemein um die Datenanalyse geht: Für all diese Einsatzszenarien bietet Microsoft fertig konfigurierte APIs oder virtuelle Maschinen an. Die *Azure AI Platform* ist daher das ideale Fundament, wenn Sie schnell und einfach eigene KI-Projekte starten wollen, ohne sich erst teure Hardware anzuschaffen. Und um die Installation und Konfiguration der unterschiedlichen KI-Frameworks müssen Sie sich auch nicht kümmern.

Wie Sie diesen Dienst ideal nutzen, zeigen Ihnen drei erfahrene Microsoft Data Scientists. Dr. Mathew Salvaris, Dr. Danielle Dean und Dr. Wee Hyong Tok liefern Ihnen eine Insider-Perspektive aus ihrer Arbeit mit Azure AI und zeigen Ihnen den Dienst praxisnah. Einen schnelleren Weg in die KI-Entwicklung werden Sie nicht finden!

Abschließend noch ein Wort in eigener Sache: Dieses Werk wurde mit großer Sorgfalt geschrieben, übersetzt, geprüft und produziert. Sollte dennoch einmal etwas nicht so funktionieren, wie Sie es erwarten, freue ich mich, wenn Sie sich mit mir in Verbindung setzen. Ihre Kritik und konstruktiven Anregungen sind jederzeit willkommen.

Ihr Dr. Christoph Meister
Lektorat Rheinwerk Computing

christoph.meister@rheinwerk-verlag.de
www.rheinwerk-verlag.de
Rheinwerk Verlag · Rheinwerkallee 4 · 53227 Bonn

Auf einen Blick

TEIL I Ihr Einstieg in die künstliche Intelligenz

TEIL II Die Azure KI-Plattform und Ihr Werkzeugkasten

TEIL III KI-Netzwerke in der Praxis

TEIL IV KI-Architekturen und Best Practices

Wir hoffen, dass Sie Freude an diesem Buch haben und sich Ihre Erwartungen erfüllen. Ihre Anregungen und Kommentare sind uns jederzeit willkommen. Bitte bewerten Sie doch das Buch auf unserer Website unter **www.rheinwerk-verlag.de/feedback**.

An diesem Buch haben viele mitgewirkt, insbesondere:

Lektorat Christoph Meister, Josha Nitzsche
Korrektorat Petra Biedermann, Reken
Übersetzung Lemoine International, Köln
Herstellung Nadine Preyl
Typografie und Layout Vera Brauner
Einbandgestaltung Julia Schuster
Satz III-Satz, Husby
Druck Beltz Grafische Betriebe, Bad Langensalza

Dieses Buch wurde gesetzt aus der TheAntiquaB (9,35/13,7 pt) in FrameMaker.
Gedruckt wurde es auf chlorfrei gebleichtem Offsetpapier (90 g/m²).
Hergestellt in Deutschland.

Autorisierte Übersetzung der englischen Originalausgabe mit dem Titel »Deep Learning with Azure«, ISBN 978-1-4842-3679-6, erschienen bei Apress Inc., USA, Copyright © 2018

Bibliografische Information der Deutschen Nationalbibliothek:
Die Deutsche Nationalbibliothek verzeichnet diese Publikation in der Deutschen Nationalbibliografie; detaillierte bibliografische Daten sind im Internet über *http://dnb.d-nb.de* abrufbar.

ISBN 978-3-8362-6993-3

1. Auflage 2019

Informationen zu unserem Verlag und Kontaktmöglichkeiten finden Sie auf unserer Verlagswebsite **www.rheinwerk-verlag.de**. Dort können Sie sich auch umfassend über unser aktuelles Programm informieren und unsere Bücher und E-Books bestellen.

Inhalt

TEIL II Die Azure KI-Plattform und Ihr Werkzeugkasten

TEIL III KI-Netzwerke in der Praxis

Materialien zum Buch

Auf der Webseite zu diesem Buch steht Ihnen der Beispielcode zum Download bereit:

Gehen Sie auf *www.rheinwerk-verlag.de/4889*. Klicken Sie auf den Reiter MATERIALIEN ZUM BUCH. Sie sehen die herunterladbaren Dateien samt einer Kurzbeschreibung des Dateiinhalts. Klicken Sie auf den Button HERUNTERLADEN, um den Download zu starten. Je nach Größe der Datei (und Ihrer Internetverbindung) kann es einige Zeit dauern, bis der Download abgeschlossen ist.

Über die Autoren

Mathew Salvaris, PhD ist Senior Data Scientist bei Microsoft im Azure CAT, wo er in einem Team aus Datenwissenschaftlern und Ingenieuren arbeitet, das auf der Cloud-KI-Plattform von Microsoft Machine-Learning- und KI-Lösungen für externe Unternehmen entwickelt. Er macht sich die neuesten Innovationen im Bereich Machine Learning und Deep Learning zunutze, um neuartige Lösungen für reale Geschäftsprobleme zu liefern, und er lässt die Erfahrungen aus dieser Arbeit einfließen, um die Cloud-KI-Produkte von Microsoft zu verbessern. Bevor er zu Microsoft kam, arbeitete er als Datenwissenschaftler für ein Startup-Unternehmen im Bereich Finanztechnologie, in dem er auf die Bereitstellung von Machine-Learning-Lösungen spezialisiert war. Zuvor war er promovierter wissenschaftlicher Mitarbeiter am University College London im Institute of Cognitive Neuroscience. Dort untersuchte er Willensäußerungen mithilfe von Machine-Learning-Methoden und Elektroenzephalografie. Davor wiederum beschäftigte er sich als promovierter wissenschaftlicher Mitarbeiter an der University of Essex mit Gehirn-Computer-Schnittstellen. Mathew hat einen Master of Science und einen Doktortitel in Informatik.

Danielle Dean, PhD ist Principal Data Science Lead bei Microsoft im Azure CAT, wo sie ein Team aus Datenwissenschaftlern und Ingenieuren leitet, das auf der Cloud-KI-Plattform von Microsoft zusammen mit externen Unternehmen Lösungen für künstliche Intelligenz entwickelt. Zuvor war sie als Datenwissenschaftlerin bei Nokia tätig. Dort gewann sie mit Data Mining und statistischer Modellierung von datengesteuerten Projekten Erkenntnisse aus Big Data, die wirtschaftlichen Nutzen für eine große Bandbreite von Unternehmen, Produkten und Initiativen brachten. Sie erwarb ihren Doktortitel in quantitativer Psychologie an der University of North Carolina at Chapel Hill, wo sie die Anwendung von Mehrebenenmodellen von Ereignisverläufen untersuchte, um die Zeitabläufe und Prozesse zu verstehen, die zu Ereignissen zwischen Dyaden in sozialen Netzwerken führen.

Wee Hyong Tok, PhD ist Principal Data Science Manager bei Microsoft im Bereich Cloud und KI. Er leitet das Team »AI for Earth Engineering and Data Science« mit Datenwissenschaftlern und Ingenieuren, die daran arbeiten, die Grenzen moderner Deep-Learning-Algorithmen und -Systeme zu erweitern. Sein Team arbeitet umfassend mit Deep-Learning-Frameworks, von TensorFlow über CNTK und Keras bis hin zu PyTorch. Er war bereits in vielen Funktionen tätig: als Entwickler, Programm- und Produktmanager, Datenwissenschaftler, Forscher und Stratege. Im Laufe seiner Karriere war er immer wieder ein zuverlässiger Berater für Führungskräfte in verschiedensten Firmen – von Fortune-500-Unternehmen bis hin zu Startups. Er ist Mitautor eines der ersten Bücher über Azure Machine Learning: Predictive Analytics Using Azure Machine Learning. In einem anderen Buch veranschaulicht er, wie Datenbankexperten KI-Lösungen mit Datenbanken aufbauen können: Doing Data Science with SQL Server. Er erwarb seinen Doktortitel in Informatik an der National University of Singapore, wo er progressive Joinalgorithmen für Datenstreamingsysteme untersuchte.

Über die Gastautoren von Kapitel 7

Ilia Karmanov schreibt Code und arbeitet für Microsoft an datenwissenschaftlichen Projekten. In seiner Freizeit ist er häufig in Kletterhallen anzutreffen.

Miguel González-Fierro, PhD, ist Datenwissenschaftler im Azure CAT bei Microsoft UK, wo er Kunden dabei unterstützt, ihre Prozesse mithilfe von Big Data und Machine Learning zu optimieren. Zuvor war er Gründer und CEO von Samsamia Technologies, einem Unternehmen, das eine visuelle Suchmaschine für Modeartikel entwickelt hat, mit der Benutzer Produkte anhand von Bildern anstatt per Textsuche finden können. Außerdem gründete er die Robotics Society der Universidad Carlos III in Madrid, die verschiedene Projekte im Zusammenhang mit unbemannten Luftfahrzeugen, mobilen Robotern, Wettbewerben für kleinen Humanoiden sowie 3D-Druckern entwickelte. Miguel arbeitete darüber hinaus als Robotik-Wissenschaftler an der Universidad Carlos III und am King's College in London, wo seine Forschung sich auf Lernen aus Demonstration, Verstärkungslernen, maschinelles Sehen und dynamische Steuerung von humanoiden Robotern konzentrierte. Er hat einen Bachelor of Science und einen Master of Science in Elektrotechnik sowie einen Master of Science und einen Doktortitel in Robotik.

Über die Fachgutachter

Mary Wahl, PhD, ist Datenwissenschaftlerin bei Microsoft im Azure CAT in der Abteilung »Cloud and AI«. Derzeit arbeitet sie im Rahmen der Initiative »AI for Earth« daran, nichtstaatliche Organisationen dabei zu unterstützen, Machine Learning-Prozesse auf räumlich-geografische Daten und Bilder anzuwenden. Zuvor arbeitete sie im Algorithms and Data Science Solutions Team innerhalb der AI and Research Group von Microsoft, wo sie kundenspezifische Machine-Learning-Pipelines für Unternehmenskunden entwickelte. Mary hat an der Harvard University in Molekular- und Zellbiologie promoviert.

Thomas Delteil beschäftigt sich mit angewandter Forschung und arbeitet derzeit bei Amazon im AWS Deep Learning Team. Er verfügt über Erfahrungen im Bereich Machine Learning und Software Engineering und war zuvor im Microsoft Cloud AI-Team für angewandte Forschung zuständig. Er hat einen Master of Science in Advanced Computing vom Imperial College London und einen weiteren Master of Science in Luft- und Raumfahrttechnik von ISAE-Supaero, Toulouse.

Danksagung

Vielen Dank an Ilia Karmanov und Miguel González-Fierro – sie haben Kapitel 7, Recurrent Neural Networks, geschrieben und viele Verbesserungsvorschläge für den Rest des Buchs eingebracht. Vielen Dank auch an Mary Wahl und Thomas Delteil für die technische Überprüfung des Buchs – ohne sie wäre das Buch nicht dasselbe. Abschließend einen herzlichen Dank an unsere vielen Kollegen, die die in diesem Buch erwähnten Produkte und Techniken entwickelt, angepasst und verwendet haben. Wir haben uns beim Schreiben gerne von ihnen leiten lassen.

Vorwort

Bei der künstlichen Intelligenz (KI) geht es im Kern darum, Menschen und Organisationen zu befähigen, mit der zunehmend digitalen Welt um uns herum umzugehen. Ob im Gesundheitswesen, bei Finanzdienstleistungen oder in Behörden – die KI trägt maßgeblich dazu bei, dass sich Kundenerlebnisse, Geschäftsmodelle und operative Effizienz dramatisch verändern werden. Im vorliegenden Buch erläutern Mathew Salvaris, Danielle Dean und Wee Hyong Tok aus praxisorientierter Sicht, warum die Auswirkungen von KI und Deep Learning in jüngerer Zeit immer schneller sichtbar werden, und sie veranschaulichen, wie sich diese Lösungen auf der Cloud-KI-Plattform von Microsoft aufbauen lassen. Dabei können alle drei von ihren Erfahrungen als führende Datenwissenschaftler bei Microsoft profitieren, da sie sowohl mit der Produktgruppe als auch mit externen Kunden zusammenarbeiten. Dieses Buch bietet eine neue Perspektive für den Aufbau von KI-Lösungen: von den gängigen Modelltypen bis hin zu Trainings- und Bereitstellungsüberlegungen für End-to-End-Systeme.

Dieses Thema liegt mir sehr am Herzen. Als Corporate Vice President und CTO of Artifical Intelligence bei Microsoft hatte ich das Privileg, die Entwicklung vieler unserer KI-Produkte zu leiten, die in diesem Buch vorgestellt werden. Nehmen wir zum Beispiel Unilever: Das Unternehmen hat eine Sammlung aus Chat-Bots mit einem Master-Bot erstellt, um die Mitarbeiter bei der Interaktion mit Personalabteilungen und anderen Diensten im Unternehmen zu unterstützen. Jabil verwendet KI für die Qualitätskontrolle bei der Leiterplattenherstellung. Cochrane verwendet KI, um medizinische Dokumente zu klassifizieren und Informationen für systematische Überprüfungen zu organisieren. Publicis hat eine KI-basierte App für Make-up-Empfehlungen erstellt. eSmart Systems nutzt eine vernetzte Drohne mit Deep-Learning-basierter Fehlererkennung zur Inspektion von Stromleitungen. KI wird sogar in einem Arterhaltungsprojekt eingesetzt, um Schneeleoparden im Himalaya zu identifizieren. KI wird zur neuen Normalität.

Vergleichen Sie diese Beispiele mit Unternehmens-IT-Systemen der Vergangenheit. Zunächst entwickelten wir Systeme zum Erfassen und Speichern von Daten für den operativen Betrieb in Unternehmen. Dann folgten ERP-Systeme (Enterprise Resource Planning). Danach kamen CRM-Systeme (Customer Resource Management). Die meisten dieser Systeme waren weitgehend isoliert und dienten spezifischen Einzelfunktionen mit hochgradig strukturierten und kuratierten Daten. Dann kam das Web, und das Internet kam hinzu, und wir bauten Systeme, um mit unseren Kunden über das Web zu kommunizieren. Wir begannen mit der Entwicklung von Software-as-a-Service-Anwendungen (SaaS), die in der Cloud gehostet werden.

Was uns jetzt dank der Technologien und Techniken zur Verfügung steht, um die es in diesem Buch geht, sind intelligente Systeme in der Cloud. Ein intelligentes System integriert Daten über all diese Datensysteme hinweg, verbindet Sie mit Systemen für die Zusammenarbeit und schafft ein vernetztes Unternehmen, in dem Erkenntnisgewinn, Schlussfolgerungen und Interaktionen auf sehr natürliche Weise stattfinden. Diese Systeme, die als Sammlung von interoperablen SaaS-Anwendungen aufgebaut sind, erfassen und organisieren alle relevanten Daten und Interaktionen in der Cloud. Sie lernen dank KI ständig dazu und liefern neue Erlebnisse. In Live-Online-Experimenten wird ständig ein Raum voller Möglichkeiten erforscht, um neue KI-Fähigkeiten zu lehren und abzuleiten. All dies wäre ohne die Leistungsfähigkeit der Cloud nicht möglich.

Wenn Sie leistungsstarke Systeme wie diese entwickeln, benötigen Sie eine sehr umfangreiche Plattform. Dabei handelt es sich nicht um ein oder zwei Komponenten bzw. ein paar Open-Source-Komponenten, die in bestehende Unternehmensanwendungen integriert werden. Sie können nicht einfach ein Deep-Learning-Tool nehmen, ein Modell mit einigen wenigen Daten trainieren, das Modell auf einem virtuellen Computer in der Cloud bereitstellen und daraus ein intelligentes System aufbauen. Was Sie benötigen, ist eine umfangreiche Zusammenstellung aus verschiedenen Plattformdiensten, die nur eine Cloudplattform bieten kann, einschließlich Systemen für Identität und Sicherheit. Genau das ist das Alleinstellungsmerkmal der Microsoft-KI-Plattform: cloudbasierte KI für intelligente Systeme der nächsten Generation.

Ich bin ein großer Verfechter der Demokratisierung der KI für Entwickler. Die KI selbst sollte im Grunde so einfach zu handhaben sein wie der Aufruf einer Sortierfunktion: Funktion aufrufen – Ergebnis erhalten. Die Microsoft-KI-Plattform bietet eine Fülle von vorkonfigurierten KI-Funktionen wie Spracherkennung, Übersetzung, Bilderkennung, optische Zeichenerkennung (OCR) und Handschrifterkennung, von denen viele auf einer erweiterten Deep-Learning-Technologie basieren, die in diesem Buch erläutert wird. Viele dieser vorkonfigurierten KI-Funktionen können mit Ihren eigenen Daten optimiert werden. Entwickler können die vorkonfigurierten KI-Funktionen verwenden, um den Inhalt aller Arten von Medien und Informationen – Videos, Bilder, natürliche Handschrift – besser zu verstehen, zu organisieren und Schlussfolgerungen daraus zu ziehen. Für die Anwendungsfälle, in denen vorkonfigurierte KI-Funktionen zur Problemlösung beitragen können, verbessern diese Dienste sowohl die Entwicklerproduktivität als auch Markteinführungszeiten erheblich.

Und wenn diese Funktionen nicht flexibel genug sind, besteht die Möglichkeit, auf einer leistungsstarken Computingschicht eigene KI-Modelle aufzubauen. Dies alles ist Teil der Azure-Cloud, und natürlich stehen dahinter Hardware-Innovationen, die neuesten CPUs, FPGAs, GPUs und vieles mehr. Werkzeuge wie Azure Machine Learning und Visual

Studio Tools for AI ermöglichen eine schnelle Entwicklung von KI-Modellen unter Verwendung modernster Deep-Learning-Frameworks und Open-Source-Toolkits. Diese Modelle können in Form von Docker-Containern bereitgestellt werden, die überall gehostet werden können – in der Cloud wie auch in lokalen Umgebungen.

Mathew, Danielle und Wee Hyong bieten Ihnen in diesem Buch einen Überblick über diese verschiedenen Optionen für die Entwicklung und den Einsatz von KI-Lösungen und behandeln das Thema Deep Learning dabei als besonderen Schwerpunkt. In den letzten Jahren hat Deep Learning die künstliche Intelligenz verändert, wodurch die Anzahl der Anwendungsfälle exponentiell gestiegen ist. Heute kann Software lernen, die Inhalte und die Bedeutung von Text, Bildern und Videos fast so gut zu interpretieren wie Menschen. Anwendungen sind in der Lage, Sprache und Texte zu verstehen, Dialoge mit Menschen auf natürliche Weise zu führen und Aktionen und Aufgaben im Namen der Benutzer auszuführen. Die Autoren zeigen, wie das Beste aus der Open-Source-Welt, das Beste der KI-Technologie von Microsoft und das Beste aus der Cloud in einer Plattform zusammengeführt werden können, um Sie bei der Entwicklung neuer intelligenter Systeme zu unterstützen.

Sie alle sind herzlich eingeladen, von der leistungsstarken Kombination aus Cloud und künstlicher Intelligenz zu profitieren, wie sie in diesem Buch beschrieben wird. SaaS-Anwendungen mit künstlicher Intelligenz sind die neue Normalität.

Joseph Sirosh

Corporate Vice President und CTO of Artificial Intelligence, Microsoft

Einleitung

Dieses Buch behandelt Themen wie allgemeine Techniken und Frameworks für Deep Learning, bietet Einstiegshilfen für verschiedene Deep-Learning-Ansätze und stellt Tools, Dienste und Infrastrukturen für die Entwicklung und Bereitstellung von KI-Lösungen mit der Microsoft-KI-Plattform vor. Das Buch richtet sich in erster Linie an Datenwissenschaftler, die mit grundlegenden Machine-Learning-Techniken vertraut sind, jedoch bisher noch keine Deep-Learning-Techniken angewendet haben, bzw. an Wissenschaftler, die noch nicht mit der Microsoft-KI-Plattform vertraut sind. Eine weitere Zielgruppe bilden Entwickler, die eine Einführung der KI und den Einstieg in die Microsoft-KI-Plattform planen.

Sie sollten über Grundkenntnisse zu Python und Machine Learning verfügen, wenn Sie dieses Buch lesen. Darüber hinaus ist es von Vorteil, wenn Sie ein Azure-Abonnement besitzen, damit Sie den Codebeispielen folgen können und so den größtmöglichen Nutzen aus dem Material ziehen. Ein solches Abonnement ist für die Lektüre des Buchs jedoch nicht zwingend erforderlich.

Struktur des Buchs

In Teil 1 des Buchs stellen wir die grundlegenden Konzepte der künstlichen Intelligenz und die Rolle von Microsoft im Zusammenhang mit KI-Lösungen vor. Aufbauend auf jahrzehntelanger Erfahrung in der Forschung und mit technologischen Innovationen bietet Microsoft heute Dienste und Infrastrukturen an, mit denen intelligente Anwendungen mit der Microsoft-KI-Plattform entwickelt werden können, die auf der Azure-Cloudcomputingplattform basiert.

Wir stellen Machine Learning und Deep Learning im Kontext von KI vor und erklären, warum diese in den letzten Jahren für viele verschiedene Geschäftsanwendungen besonders attraktiv geworden sind. Anhand von Anwendungsfällen, die künstliche Intelligenz nutzen, skizzieren wir insbesondere den Einsatz von Deep-Learning-Techniken in so unterschiedlichen Branchen wie Fertigungsindustrie, Gesundheitswesen und Energieversorgung.

Im ersten Teil des Buches bieten wir zudem einen Überblick über Deep Learning und stellen häufig verwendete Netzwerke und Trends in diesem Forschungsgebiet vor. Wir beschreiben darüber hinaus die Grenzen des Deep Learning und erläutern dann die ersten Schritte für den Einstieg.

In Teil 2 gehen wir detaillierter auf die Microsoft-KI-Plattform ein. Für Datenwissenschaftler und Entwickler, die mit dem Einsatz von KI in ihren Anwendungen beginnen, gibt es eine Reihe von Lösungen, die in verschiedenen Situationen nützlich sind. Die spezifischen Dienste und Lösungen werden sich im Lauf der Zeit weiterentwickeln, mögliche Lösungen lassen sich jedoch in zwei Hauptkategorien unterteilen.

Zur ersten Kategorie gehören kundenspezifische Lösungen, die auf der Azure-KI-Plattform von Microsoft basieren. Kapitel 4, »Microsoft-KI-Plattform«, beschreibt die Dienste und Infrastrukturen auf der Microsoft-KI-Plattform, mit denen kundenspezifische Lösungen entwickelt werden können. Hierzu gehören insbesondere Azure Machine Learning Services, die den Lebenszyklus der Entwicklung von Machine-Learning-Anwendungen verkürzen, sowie benachbarte Dienste wie Batch AI für das Training und Infrastrukturen wie die Deep Learning Virtual Machine.

Zur zweiten Kategorie zählen die *Cognitive Services* von Microsoft, d. h. vortrainierte Modelle, die als REST-API (Application Programming Interface) zur Verfügung stehen. Mit anderen Worten: Diese Modelle sind bereits auf einem Datensatz aufgebaut, wurden mit diesem vortrainiert und können von Benutzern verwendet werden.

Einige Modelle sind ohne jede weitere Anpassung einsatzbereit. Beispielsweise gibt es einen Textanalysedienst, in den Sie einfach einen Text eingeben können. Der Dienst führt eine Stimmungsanalyse durch und bewertet anhand dieser Analyse, ob der Text eher positiv oder negativ klingt. Ein solcher Dienst kann z. B. bei der Analyse von Produktfeedback nützlich sein. Andere Cognitive Services sind anpassbar, sodass Sie Ihre eigenen Daten einbringen können, um das Modell an Ihren Bedürfnissen auszurichten. Diese Dienste werden in Kapitel 5, »Cognitive Services und Custom Vision«, näher erläutert.

In Teil 3 beschreiben wir drei gängige Arten von Deep-Learning-Modellen: Convolutional Neural Networks, Recurrent Neural Networks und Generative Adversarial Networks. Die Kenntnis dieser Modelle ist von großem Nutzen beim Aufbau kundenspezifischer KI-Lösungen. Jedes Kapitel enthält Links zu Codebeispielen, mit deren Hilfe Sie den Netzwerktyp besser verstehen und erfahren, wie sich ein solches Netzwerk mit der Microsoft-KI-Plattform aufbauen lässt.

In Teil 4, dem letzten Teil des Buchs, betrachten wir verschiedene Architekturoptionen für den Aufbau von KI-Lösungen mit der Microsoft-KI-Plattform und veranschaulichen diese ebenfalls anhand von Codebeispielen. Insbesondere Kapitel 9, »Trainieren von KI-Modellen«, behandelt Optionen für das Training neuronaler Netzwerke wie etwa den Batch AI-Dienst und DLWorkspace. Kapitel 10, »Operationalisieren von KI-Modellen«, erläutert Bereitstellungsoptionen zur Bewertung neuronaler Netzwerke: Azure Kubernetes Service für Echtzeitmodelle sowie Spark mit der Open-Source-Bibliothek MML-Spark von Microsoft.

Hinweis

Bibliografische Informationen zu jedem Kapitel finden Sie im Abschnitt »Anmerkungen« im Anhang des Buchs.

TEIL 1

Ihr Einstieg in die künstliche Intelligenz

Kapitel 1
Einführung in die künstliche Intelligenz

Intelligenz lässt sich auf vielfältige Weise definieren: von der Fähigkeit zu lernen, mit neuen Situationen umzugehen, bis zur Fähigkeit, anhand bestimmter Kriterien die richtigen Entscheidungen zu treffen (Bengio, 2010). Standardcomputer und sogar simple Taschenrechner können in gewisser Weise als intelligent betrachtet werden, da sie auf von Menschen programmierten Regeln basierend ein Ergebnis berechnen können. Computer sind ausgesprochen nützlich für profane Vorgänge wie arithmetische Berechnungen, und sowohl die Geschwindigkeit, mit der Computer solche Vorgänge ausführen, als auch die Datenmenge, die dabei verarbeitet werden kann, sind im Lauf der Zeit massiv angestiegen.

Dagegen lassen sich viele Aufgaben, die für den Menschen ganz natürlich sind – beispielsweise Wahrnehmung oder Kontrolle –, nur extrem schwer in formelle Regeln oder Programme fassen, die von Maschinen ausgeführt werden können. Häufig ist es schwierig, alle Kenntnisse und Denkprozesse, die hinter der Informationsverarbeitung und Entscheidungsfindung stecken, in ein formelles Programm zu schreiben, mit dem eine Maschine agieren kann. Menschen sammeln im Laufe ihres Lebens durch Beobachtung und Erfahrung riesige Mengen an Daten, die dieses »menschliche Maß« an Intelligenz, abstraktem Denken und Entscheidungsfindung erst ermöglichen.

Die *künstliche Intelligenz (KI)* ist ein weites Forschungsfeld, das sich mit dieser komplexen Problemlösung und der menschlichen Fähigkeit befasst, zu fühlen, zu agieren, abzuwägen und zu urteilen. Ein Ziel der künstlichen Intelligenz ist es, intelligente Maschinen zu erschaffen, die wie Menschen denken und handeln. Diese Maschinen sollen Intelligenz simulieren und Entscheidungen erzeugen durch Prozesse, die der menschlichen Ratio entsprechen. In diesem Forschungsfeld kommen viele verschiedene Ansätze zum Tragen: von präskriptiven, unveränderlichen Algorithmen für Aufgaben, die zuvor nur von intelligenten Wesen ausgeführt wurden (Beispiel: arithmetische Rechner), bis hin zu Versuchen, Maschinen zu befähigen, zu lernen, auf Feedback zu reagieren und abstrakt zu denken.

KI verändert die Welt um uns herum in immer atemberaubenderem Tempo, z. B. durch personalisierte Erlebnisse, intelligente persönliche Assistenten in unseren Smartphones, Sprachübersetzungen, automatisierte Support-Agents, Präzisionsmedizin und autonom fahrende Autos, die Objekte erkennen und entsprechend reagieren – um nur einige Anwendungsmöglichkeiten zu nennen. Sogar in Produkten wie Suchtools oder Microsoft Office 365 macht sich die KI im Alltag vieler Menschen nützlich. Die Technologie hat seit den Anfängen des Internets eine gewaltige Entwicklung durchlaufen, was die Art und Weise betrifft, in der Menschen mit Computern umgehen. Menschen erwarten in zunehmendem Maß, Informationen auf intelligente Weise zu beziehen und auf natürliche Weise mit Geräten interagieren zu können, die Zugang zu diesen Informationen bieten. Die Schaffung solcher Benutzererlebnisse erfordert häufig eine gewisse Form von künstlicher Intelligenz.

> *Künstliche Intelligenz wird jede einzelne Geschäfts-App grundlegend verändern – egal, ob es um eine vertikale Branche wie Bankwesen, Einzelhandel oder Gesundheitswesen oder einen horizontalen Geschäftsprozess wie Vertrieb, Marketing oder Kundenbetreuung geht.*
>
> *– Harry Shum, Microsoft Executive VP, AI and Research*

Natürlich gehen mit dem Aufkommen von KI und intelligenten Systemen auch negative Aspekte einher, und es werden Bedenken laut. Trotz des Potentials, das solche Transformationen und KI-basierte Lösungen bieten, gibt es ethische Fragen, die sowohl die Entwickler als auch die Anwender von künstlicher Intelligenz stellen und beantworten müssen. Technologie wird Arbeitskräfte und Wirtschaft weiterhin prägen, so wie sie es schon immer getan hat, da die KI einige Aufgaben automatisiert und die menschlichen Fähigkeiten in anderen Bereichen verstärkt (Brynjolfsson und Mitchell, 2017).

Medienberichte lassen häufig Menschen gegen Maschinen antreten, und diese Darstellung wird durch Geschichten von Computern, die gegen Menschen spielen, noch verschärft. Computer sind schon seit Jahrzehnten in der Lage, Menschen in Spielen wie Schach zu schlagen. Aber aufgrund der neuesten Fortschritte bei der künstlichen Intelligenz können Computer menschliche Fähigkeiten auch in viel anspruchsvolleren Spielen übertreffen, bei denen die reine Rechenleistung nicht ausschlaggebend ist – z. B. im abstrakten Brettspiel Go oder dem Videospiel Ms. Pac-Man (Silver et al., 2016; van Seijen, 2017).

Wir sind jedoch davon überzeugt, dass die Diskussion sich nicht auf ein reines Schwarz-Weiß-Denken *Mensch gegen Maschine* beschränken sollte. Es ist wichtig, eine künstliche Intelligenz zu entwickeln, die menschliche Fähigkeiten unterstützt und erweitert. Denn Menschen besitzen »Kreativität, Empathie, Emotionen, Körperlichkeit und Einsicht«, und diese Fähigkeiten können mit KI und Rechenleistung kombiniert werden, um schnell große Datenmengen zu verarbeiten, die richtigen Schlussfolgerungen zu ziehen und so einige der großen Probleme der Gesellschaft zu lösen (Nadella, 2016). Schließlich gibt es heute in der Welt eine Fülle von Informationen, aus denen wir lernen können – aber wir sind dadurch eingeschränkt, dass das menschliche Gehirn in einem bestimmten Zeitraum nur eine bestimmte Menge an Informationen aufnehmen kann. KI kann uns dabei helfen, in der Zeitspanne, die uns zur Verfügung steht, mehr zu erreichen.

Natürlich müssen Schutzvorkehrungen getroffen werden, da Algorithmen nicht immer die richtige Antwort liefern. Und es gibt natürlich eine Debatte darüber, was *richtig* überhaupt bedeutet. Obwohl Computer als neutral gelten und daher die Wertvorstellung verkörpern, niemanden auszugrenzen und respektvoll gegenüber jedem zu sein, kann es versteckte Tendenzen in Daten und dem in KI-Systemen programmierten Code geben, die zu unlauteren und fehlerhaften Schlussfolgerungen führen können. Bei der Entwicklung und Verbesserung von KI-Systemen muss auch der Schutz von Daten und Privatsphäre berücksichtigt werden. Die Plattformen, die für die KI-Entwicklung verwendet werden, müssen daher über integrierte Schutzmaßnahmen für Privatsphäre, Transparenz und Sicherheit verfügen. Wir sind noch weit von einer allgemeinen künstlichen Intelligenz entfernt. Auch Szenarien wie die Übernahme der Kontrolle über KI-Systeme durch Computer mit Superintelligenz, die in Popkultur und Science-Fiction so gerne heraufbeschworen werden, liegen noch in weiter Ferne. Dennoch müssen die rechtlichen und ethischen Implikationen der KI unbedingt bedacht werden.

Hinsichtlich der Durchdringung unseres Lebens durch KI sind wir noch ganz am Anfang, aber es ist bereits eine umfassende Transformation im Gange. Insbesondere aufgrund der Fortschritte der letzten Jahre und der Verfügbarkeit von Plattformen wie der KI-Plattform von Microsoft, auf der sich KI-Anwendungen ganz einfach erstellen lassen, werden wir viele Innovationen und Veränderungen erleben. Letztendlich wird dieser Wandel zu mehr Situationen führen, in denen Mensch und Maschine nahtloser zusammenarbeiten. Stellen Sie sich nur einmal vor, welche Möglichkeiten sich eröffnen, wenn wir unsere Bemühungen darauf konzentrieren, künstliche Intelligenz für die größten Herausforderungen der Welt einzusetzen, um Krankheiten zu heilen, Armut zu bekämpfen und den Klimawandel zu stoppen (Nadella, 2017).

1.1 Microsoft und KI

KI ist ein zentraler Bestandteil der Strategie von Microsoft, »erstklassige Plattformen und Produktivitätsdienste für eine intelligente Cloud und ein intelligentes Edge mit **künstlicher Intelligenz** aufzubauen« (Microsoft Form 10-K, 2017). Diese Aussage stammt zwar aus jüngerer Zeit, aber das Thema KI ist bei Microsoft keineswegs neu. Firmengründer Bill Gates glaubte seit jeher daran, dass Computer eines Tages in der Lage sein würden, Menschen und ihre Umwelt zu sehen, zu hören und zu verstehen. Microsoft

Research wurde 1991 gegründet, um einige grundlegende KI-Herausforderungen anzugehen – und viele der ursprünglichen Lösungen sind heute in Office 365, Skype, Cortana, Bing und Xbox integriert. Dies sind nur einige der Microsoft-Produkte, die bereits von vielen verschiedenen Anwendungen der künstlichen Intelligenz durchdrungen sind. Bereits 1997 baute die automatische Junk-Mail-Filterung von Hotmail auf einer Art KI-System mit Klassifizierungen auf, die im Lauf der Zeit aus Daten lernen und sich damit selbst verbessern konnten.

Sehen wir uns nun einige konkrete aktuelle Beispiele an. Ein Plug-in für PowerPoint namens Presentation Translator zeigt Untertitel direkt in einer PowerPoint-Präsentation an, während der Vortragende spricht – zur Auswahl stehen mehr als 60 unterstützte Sprachen. Sie können den Text auf den Folien auch direkt übersetzen, um Ihre Präsentation in einer anderen Sprache zu speichern. All dies basiert auf Technologien zur Erkennung und Verarbeitung natürlicher Sprache (Microsoft Translator, 2017). SwiftKey ist eine intelligente Tastatur, die auf mehr als 300 Millionen Android- und iOS-Geräten zum Einsatz kommt und aus 10 Billionen Tastenanschlägen gelernt hat, welches Wort Sie als Nächstes tippen möchten. Damit hat diese Tastatur bereits 100.000 Jahre Lebenszeit gespart (Microsoft News, 2017).

Die Suchmaschine Bing bietet auf KI basierende intelligente Suchfunktionen und intelligente Antworten, und mehr als ein Drittel aller Suchvorgänge auf PCs in den USA werden über Bing durchgeführt. Kontinuierliche Entwicklungen, wie z. B. eine visuelle Bildsuche und eine neue Partnerschaft, mit der Reddit-Inhalte in Bing-Antworten integriert werden, sorgen für eine weitere Durchdringung der Suche mit Intelligenz (Bing, 2017b). Der KI-gestützte persönliche Assistent *Cortana* hat bis heute bereits bei der Beantwortung von mehr als 18 Milliarden Fragen von mehr als 148 Millionen aktiven Benutzern in 13 Ländern (Linn, 2017) geholfen. *Seeing AI* ist ein Assistenzsystem für Blinde und Sehbehinderte, das Menschen und Objekte in der Umgebung beschreibt und auch Texte vorlesen kann.

Obwohl diese Technologien bereits in vielen Produkten und Anwendungen zum Einsatz kommen, strebt Microsoft auch eine Demokratisierung der KI-Technologie an, so dass andere Entwickler intelligente Lösungen auf der Grundlage der Microsoft-Dienste und -Plattformen aufbauen können. Die Microsoft-Gruppe *Research and AI* wurde 2016 gegründet, um Techniker und Forscher zu versammeln, die den technischen Stand der künstlichen Intelligenz verbessern und KI-Anwendungen und -Dienste auf den Markt bringen. Wie in Abbildung 1.1 veranschaulicht, verfolgt Microsoft einen auf vier Säulen aufbauenden Ansatz:

1. *Vermittler*, die uns die Interaktion mit der KI ermöglichen – wie z. B. Cortana –, und Bots, die über das Microsoft Bot Framework aktiviert werden

2. *Anwendungen* mit integrierter KI wie z. B. PowerPoint Translator
3. *Dienste*, die Entwicklern die Nutzung der KI ermöglichen, wie z. B. die Cognitive Services-API zur Handschrifterkennung
4. eine *Infrastruktur*, mit der Datenwissenschaftler und Entwickler benutzerdefinierte KI-Lösungen aufbauen können, einschließlich spezieller Tools und Softwareanwendungen zur Beschleunigung des Entwicklungsprozesses

Bots	**Anwendungen**	**Dienste**	**Infrastruktur**
Nutzen von KI, um die Art und Weise zu verändern, in der wir im Alltag mit Computing umgehen	Integrieren von KI in jede Anwendung, mit der wir interagieren – auf jedem Gerät	KI-Funktionen, die in unsere eigenen Apps integriert sind und Entwicklern auf der ganzen Welt zur Verfügung stehen	Erstellen und Verfügbarmachen der leistungsstärksten KI-Supercomputer der Welt über die Cloud, um alle Arten von KI-Herausforderungen zu meistern

Abbildung 1.1 Der Vier-Säulen-Ansatz von Microsoft zur Demokratisierung der KI

So stehen die riesige Infrastruktur der Azure-Cloud und die KI-Technologie, die von Microsoft und der großen Open-Source-Community genutzt werden, nun auch Organisationen zur Verfügung, die selbst intelligente Anwendungen entwickeln möchten. Die Microsoft-KI-Plattform auf Azure ist eine offene, flexible Cloudcomputingplattform der Unternehmensklasse, die wir später in Kapitel 4, »Microsoft-KI-Plattform«, eingehend erläutern.

Die Leistungsfähigkeit der Cloudplattform von Microsoft lässt sich anhand eines einfachen Beispiels veranschaulichen: Ein einziger Knoten der FPGA-Struktur von Microsoft war 2016 in der Lage, alle 1.440 Seiten von Tolstois *Krieg und Frieden* in nur 2,5 Sekunden aus dem Russischen ins Englische zu übersetzen. Wenn nicht nur ein Einzelknoten, sondern die gesamte Kapazität genutzt würde, ließe sich die gesamte Wikipedia in weniger als einer Zehntelsekunde übersetzen (Microsoft News, 2017). Microsoft entwickelt schwerpunktmäßig Agents und Anwendungen, die mit KI-Funktionalität ausgestattet sind, und stellt diese Technologie dann über Dienste und Infrastrukturen zur Verfügung. Im Hinblick auf die Möglichkeiten, die die künstliche Intelligenz bietet, sehen wir sozusagen erst die Spitze des Eisbergs. Und durch die Demokratisierung dieser KI-Technologien lassen sich viele Herausforderungen auf der ganzen Welt bewältigen.

Wir treiben die KI-Forschung voran, weil wir jeden Menschen und jede von Menschen geschaffene Institution mit KI-Tools ausstatten möchten, damit sie die dringendsten Probleme unserer Gesellschaft und unserer Wirtschaft lösen können.

– Satya Nadella, Microsoft CEO

1.2 Machine Learning

Auf dem Feld der künstlichen Intelligenz gibt es eine Vielzahl von Teilgebieten und Anwendungen. Von diesen ist *Machine Learning (ML)* – also das maschinelle Lernen – als praktisches Tool für viele heute verfügbare Anwendungen mit KI ausgesprochen beliebt geworden und eins der Kernthemen des vorliegenden Buchs. ML ist ein Zweig der Computerwissenschaft, in dem Computern beigebracht wird, anhand von Daten, aus denen die Computer lernen, Informationen zu verarbeiten und Entscheidungen zu treffen. Zu diesem Thema gibt es viele ausgezeichnete Referenzmaterialien, auf die wir im Rahmen dieses Buchs nicht näher eingehen können. Typische ML-Aufgaben sind z. B. Klassifizierung, Regression, Empfehlungen, das Erstellen von Rangfolgen und die Bildung von Clustern. Künstliche Intelligenz ist also ein umfassenderes Konzept als Machine Learning, da ML ein Forschungsgebiet innerhalb der KI ist, bei dem es darum geht, dass Maschinen selbst lernen können, sobald sie Zugang zur richtigen Art von Daten erhalten (Marr, 2016).

Bei klassischen ML-Ansätzen gibt es etablierte Methoden für die Nutzung von Datenpunkten, die selbst bereits nützliche Merkmale oder Darstellungen sind – beispielsweise Datenpunkte, die Alter und Geschlecht von Personen, Anzahl von Klicks oder Messergebnisse von Temperatursensoren erfassen. Computer lernen, wie sich die Beziehung zwischen diesen Sätzen von Eingangsmerkmalen und dem Ergebnis, das diese versuchen vorherzusagen, modellieren lässt.

Der vom Menschen gewählte Algorithmus schränkt die Art des Modells ein, das der Computer lernen kann. Menschen fertigen auch die Datendarstellungen von Hand an – ein Schritt, der häufig als *Feature Engineering* (Entwickeln von Merkmalen) bezeichnet wird, und speisen diese Darstellungen in das ML-Modell ein. Die häufigste Art von ML ist das *überwachte Machine Learning*: Hierbei verfügt das Modell über Bezeichnungen, die gewissermaßen die Referenzdaten darstellen, anhand derer die Maschine lernen soll. Der Prozess, mit dem der Computer die Parameter im Modell lernt, wird als *Training* bezeichnet.

Stellen Sie sich als Beispiel eine Telefongesellschaft vor, die ein Problem mit der Abwanderung von Kunden lösen muss. Der Prozess, mit dem dieses Unternehmen mit herkömmlichen Techniken des überwachten Machine-Learnings an dieses Problem herangehen könnte, wird im Folgenden beschrieben.

Das Unternehmen möchte Kunden identifizieren, bei denen eine Abwanderung wahrscheinlich ist, so dass sie gezielt angesprochen und ihnen Anreize zum Bleiben gegeben werden können. Um dieses Modell aufzubauen, sammelt das Unternehmen zunächst relevante Rohdaten wie z. B. das Nutzungsverhalten der Kunden und demografische Daten wie die in Tabelle 1.1 aufgeführten.

Kundeninformation			Telefonnutzung		
Name	**Geschlecht**	**Anmeldedatum**	**Name**	**Anruflänge**	**Datum**
Mary	W	29.01.2011	Mary	12	30.01.2011
Thomas	M	20.06.2013	Mary	1	01.02.2011
Danielle	W	05.05.2014	Mary	3	01.02.2011
Wee Hyong	M	01.09.2012	...	...	...
Mathew	M	15.11.2012	Thomas	22	21.06.2012
Ilia	M	19.02.2013	...	...	...
...	...	...			

Tabelle 1.1 Beispiel einer Rohdatentabelle zur Erfassung von Kundendaten

Als Erstes erfolgt eine Vorverarbeitung der Rohdaten: Die Daten werden nach einem bestimmten Zeitmaß strukturiert, Datenpunkte werden nach Bedarf zusammengeführt, und es werden verschiedene Tabellen miteinander verknüpft, die relevant für die Einschätzung sind, ob ein Kunde abwandert oder nicht. Darauf folgt das Feature Engineering, um Darstellungen dieser Kundendaten zu erzeugen, die in das Modell eingespeist werden sollen. Dabei wird z. B. ein Merkmal erstellt, das repräsentiert, wie lange ein Benutzer bereits Kunde der Telefongesellschaft ist – dieser Zeitraum lässt sich aus dem Datum ablesen, an dem sich der Kunde für den Dienst angemeldet hat. Das Erstellen einer relevanten Darstellung der Daten ist sehr wichtig, damit das ML-Modell Muster innerhalb der Daten erkennen kann, und hängt in der Regel stark von Domänenwissen ab, wie beispielsweise in Abbildung 1.2 dargestellt.

Die Darstellung von Daten ist sehr wichtig. Die Untersuchung der Anmeldedaten zu einem bestimmten Zeitpunkt zeigt möglicherweise nur einen geringen Zusammenhang mit der Wahrscheinlichkeit einer Abwanderung innerhalb von 30 Tagen. Wenn aber die Vertragsdauer zu diesem Zeitpunkt einbezogen wird, kann sich ein enger Zusammenhang ergeben: Kunden wandern wahrscheinlicher innerhalb von 30 Tagen ab, wenn sie für einen längeren Zeitraum vertraglich gebunden waren.

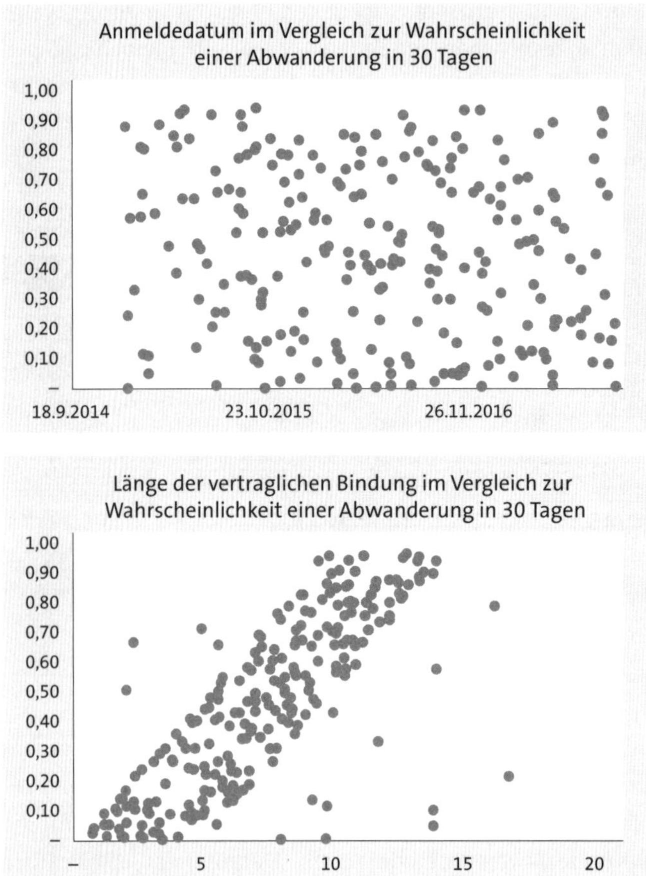

Abbildung 1.2 Unterschiedliche Darstellungen von Daten

Danach werden Ergebnisse aus der Vergangenheit – z. B. Informationen darüber, welche Kunden innerhalb einer bestimmten Zeitspanne abgewandert sind und welche nicht – mit diesen Daten abgeglichen und für das Training des überwachten ML-Algorithmus verwendet, wie in Tabelle 1.2 dargestellt. Das trainierte Modell wird auf einen Satz von Kontrolldaten angewendet, um herauszufinden, wie gut es sich auf neue Kunden verallgemeinern lässt. Dabei wird das Modell basierend darauf bewertet, wie gut es die Abwanderungsergebnisse der Vergangenheit vorhergesagt hat. Nach der Vorverarbeitung und dem Feature Engineering erfolgt die Modellauswahl, indem verschiedene Modelle ausprobiert werden, um die optimale Pipeline zu finden. Das ausgewählte Modell wird dann auf die neuen unverarbeiteten Kundendaten der Telefongesellschaft angewendet, um zu ermitteln, welche Kunden in Zukunft wahrscheinlich abwandern werden.

Name	Monat	Anrufdauer gesamt in Minuten	Monate bei Telefongesellschaft	Abwanderung in den nächsten 30 Tagen
Mary	2.2011	44	0	0
Mary	3.2011	51	1	0
...	...	...	...	...
Thomas	6.2013	152	0	0
Thomas	7.2013	201	1	0
Thomas	8.2013	120	2	1

Tabelle 1.2 Beispielausgabe eines einfachen Feature Engineering

Hinweis

In diesem Fall steht die 0 dafür, dass ein Kunde nicht abgewandert ist, die 1 bedeutet, dass der Kunde abgewandert ist.

Dieser herkömmliche Ansatz für überwachtes Machine-Learning, wie in Abbildung 1.3 zusammengefasst, funktioniert bei vielen Problemen und wird in vielen Branchen umfassend eingesetzt. Im Betriebs- und Personalmanagement wird ML für Lösungen für eine vorausschauende Wartung, für intelligentes Gebäudemanagement sowie für ein verbessertes Lieferkettenmanagement verwendet. So kann Rockwell beispielsweise durch Lösungen für eine vorausschauende Wartung, die den Zustand von Pumpen auf Bohrinseln überwachen, bis zu 300.000 US-Dollar pro Tag einsparen (Microsoft, 2015).

Im Marketing und bei der Verwaltung von Kundenbeziehungen dient Machine-Learning dazu, personalisierte Erlebnisse zu schaffen, Produktempfehlungen abzugeben und Kundenakquisition und -abwanderung besser vorherzusagen. Im Finanzbereich bauen Betrugserkennungslösungen und Finanzprognosen oft auf ML-gestützten Lösungen auf.

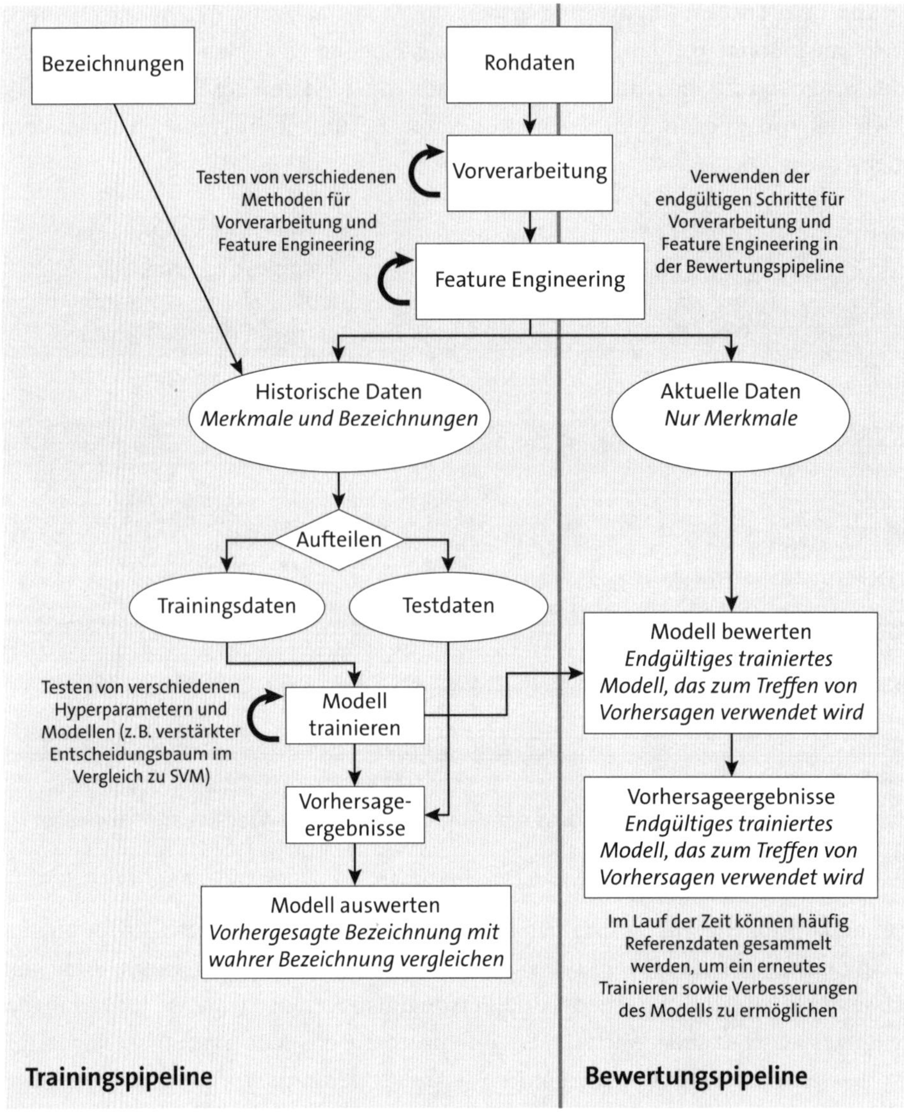

Abbildung 1.3 Klassische Lösungen für überwachtes Machine-Learning

1.3 Deep Learning

Herkömmliche ML-Ansätze sind zwar, wie oben erläutert, für viele Szenarien sehr gut geeignet, aber die Welt besteht zum größten Teil nicht aus quantitativ messbaren

Bestandteilen, aus denen sich ohne Weiteres Semantikelemente wie beispielsweise Audioausschnitte oder Bildpixel extrahieren lassen.

Es wäre beispielsweise extrem schwierig, einen Computer so zu programmieren, dass er erkennt, ob sich in jedem der Bilder in Abbildung 1.4 ein Flamingo befindet. Diese Bilder werden für einen Computer als Matrix aus Pixelwerten von 0 bis 255 dargestellt. Standard-Farbbilder bestehen aus den drei Kanälen Rot, Grün und Blau, daher können Bilder in Form von drei zweidimensionalen Matrizen dargestellt werden. Es ist schon schwer, überhaupt zu definieren, welche Kombination aus Zahlenwerten die Farbe Rosa repräsentiert – geschweige denn, sie zur Identifizierung eines Flamingos zu verarbeiten. Selbst mit einem herkömmlichen ML-Ansatz und einer manuellen Definition von Erkennungsmerkmalen für Bildteile wie z. B. Schnabel, Federn und Beinen wäre ein sehr spezielles Wissen und ein ungeheurer Zeitaufwand erforderlich, um die verschiedenen Darstellungen aus den Rohpixelwerten in ausreichender Qualität zu erstellen. Dazu kommt die große Menge an Bildern, aus denen der Computer lernen müsste.

Abbildung 1.4 zeigt Beispielbilder für ein Szenario, in dem einer Maschine mit künstlicher Intelligenz Fragen gestellt werden, für deren Beantwortung die Maschine die Bilder verarbeiten, verstehen und die richtige Schlussfolgerung ziehen können muss. Für diese Beispielbilder könnte die Frage lauten, ob ein Flamingo darin zu sehen ist. Die manuelle Definition von Merkmalen für herkömmliche ML-Ansätze ist ziemlich schwierig und zeitaufwendig.

Abbildung 1.4 Beispielbilder eines Datensatzes

Ebenso erfordern herkömmliche Verfahren zur Verarbeitung natürlicher Sprache ein komplexes und zeitaufwendiges aufgabenspezifisches Feature Engineering. Bei der Verarbeitung von gesprochener Sprache erzeugen verschiedene Sprachen, Betonungen, Umgebungen und Nebengeräusche subtile Unterschiede, die das Erstellen relevanter Merkmale extrem schwierig machen.

Das Hauptthema des vorliegenden Buchs, *Deep Learning*, ist ein weiteres Teilgebiet von künstlicher Intelligenz und Machine Learning. Dieses ist besonders vielversprechend für solche Probleme, bei denen sich nicht ohne Weiteres semantische Elemente wie Bild-, Audio- und Textdaten extrahieren lassen (Goodfellow, Bengio und Courville, 2016). Bei Deep-Learning-Ansätzen wird ein mehrschichtiges *Deep Neural Network Model* (tiefes neuronales Netzwerk, DNN) auf riesige Datenmengen angewendet. Deep-Learning-Modelle weisen häufig Millionen von Parametern auf und benötigen daher extrem große Trainingssets, um eine Überanpassung zu vermeiden. Das Ziel des Modells ist es, eine Eingabe einer Ausgabe zuzuordnen (Beispiel: Zuordnen von Pixeln in einem Bild zur Bildklassifizierung »Flamingo« oder Zuordnen eines Audioclips zu einem Transkript). Die eingegebenen Rohdaten werden durch eine Reihe von Funktionen verarbeitet. Die grundlegende Idee dahinter ist, dass überwachte Deep-Learning-Modelle die optimalen Gewichtungen der Funktionen lernen, die diese Eingabedaten einer Ausgabeklassifizierung zuordnen. Dabei untersuchen die Modelle riesige Datenmengen und korrigieren sich allmählich selbst, indem sie das vorhergesagte Ergebnis mit den Referenzdaten mit Bezeichnungen vergleichen.

Frühe Varianten dieser Modelle und Konzepte reichen zurück bis in die 1950er Jahre. Sie basierten weitgehend auf Überlegungen, wie das menschliche Gehirn Informationen verarbeiten könnte, und wurden als *künstliche neuronale Netze* bezeichnet. Das Modell lernt anhand von Lernmustern, wie die Daten zu verarbeiten sind. Am Anfang stehen einfache Muster wie Kanten und einfache Formen, die dann durch die vielen Schichten des Modells hindurch zu komplexeren Mustern kombiniert werden. Heutige Modelle sind oft viele Schichten tief – daher der englische Begriff *deep*. Einige Varianten weisen sogar mehr als hundert Schichten auf. Das Modell lernt durch die hierarchische Natur der Informationsverarbeitung automatisch Abstraktionen auf hoher Ebene.

Zwar müssen die Daten immer noch verarbeitet und geformt werden, um in ein Deep-Learning-Modell zu passen, aber die Merkmale müssen nicht mehr in mühsamer Handarbeit erstellt werden, da die Rohdaten (z. B. Pixelwerte in einem Bild) direkt in das Modell eingespeist werden. Das Modell lernt die Merkmale (Attribute) der Eingabedaten automatisch. Es sind also keine Merkmale erforderlich, die Bildteile repräsentieren, wie etwa der Schnabel und das Bein im Flamingobeispiel. Vielversprechende Deep-Learning-Ansätze lernen Muster in den Eingabedaten, um direkt anhand der Rohdaten eine Klassifizierung durchführen zu können, ohne dass manuell Merkmale konstruiert werden müssen. Stattdessen wird oft mehr Zeit dafür aufgewendet, die Struktur des Netzwerks – die *Netzwerkarchitektur* – auszuwählen und die *Hyperparameter* zu optimieren. Hierbei handelt es sich um die Parameter in einem Modell, die festgelegt werden, noch bevor der Lernprozess überhaupt beginnt. Daraus ist der Gedanke entstanden, dass die Konstruktion der Netzwerkarchitektur das neue *Feature Engineering* ist (Merity, 2016). Deep Learning zeigt sich auch in verschiedenen ML-Bereichen vielversprechend, in denen auch herkömmliche Methoden gut funktionieren, beispielsweise bei der Prognose zukünftiger Werte in einer Zeitreihe und bei Empfehlungssystemen, die die Präferenz eines Benutzers für ein bestimmtes Element vorhersagen. Einzelheiten zu bestimmten Arten von Deep-Learning-Modellen sowie zu den jüngsten Trends des Deep Learnings erläutern wir in Kapitel 2, »Überblick über Deep Learning«, bzw. Kapitel 3, »Trends im Deep Learning«.

1.3.1 Der Siegeszug des Deep Learnings

Die Grundideen und Algorithmen hinter dem Konzept des Deep Learnings gibt es schon seit Jahrzehnten. Umfangreich eingesetzt wird Deep Learning in Verbraucher- und Industrieanwendungen jedoch erst seit einigen Jahren. Zwei Faktoren haben den vermehrten Einsatz von KI-Anwendungen – und insbesondere von Deep-Learning-Lösungen – in jüngerer Zeit stark beeinflusst: die erhöhte Rechenleistung, die durch Cloudcomputing noch einmal beschleunigt wird, und das Wachstum der digitalen Datenmengen.

Deep-Learning-Modelle müssen viel experimentieren und werden häufig mit einem sehr umfangreichen Satz an Trainingsdaten ausgeführt. Daher sind große Mengen an Rechenressourcen erforderlich – insbesondere hinsichtlich GPUs und FPGAs, die um ein Vielfaches effizienter sind als herkömmliche CPUs für die Berechnungen in einem DNN. Das Cloudcomputing – also das Ausführen von Workloads über das Internet in einem Rechenzentrum mit gemeinsamen Ressourcen – eröffnet den Zugang zu kostengünstigerer Hardware und Rechenleistung. Ressourcen können ganz nach Bedarf eingesetzt und wieder abgegeben werden, wenn sie nicht mehr benötigt werden. So lassen sich Kosten sparen, und es sind keine Investitionen in neue Hardware erforderlich.

Mit dem Internet und vernetzten Geräten geht eine zunehmende Digitalisierung unserer Welt einher, und es werden riesige Mengen an Daten gesammelt. Bei der Entwicklung und Weiterentwicklung von KI-Anwendungen ist ein Verständnis dessen, wie diese Informationen organisiert und genutzt werden können, natürlich von entscheidender Bedeutung. Ein Datenerfassungsprojekt, das die KI-Forschung nachhaltig verändert hat, war die ursprünglich 2009 veröffentlichte *ImageNet-Datenbank*. Diese hat sich zu einem jährlichen Wettbewerb der KI-Algorithmen entwickelt, bei dem es u. a. darum geht, welcher Algorithmus Bilder mit der geringsten Fehlerquote nach Objekten klassifizieren kann (Russakovsky u. a., 2015). Dass Deep Learning sich in jüngster Zeit zu einer so leistungsfähigen Technik entwickeln konnte, ist zu einem großen Teil der Datensammlung dieser ImageNet-Datenbank zu verdanken.

Wenn sich der Boom der künstlichen Intelligenz, den wir heute beobachten, auf ein einzelnes Ereignis zurückführt lässt, dann ist dies die Bekanntgabe der Ergebnisse der ImageNet-Challenge von 2012. (Gershgorn, 2017)

In Abbildung 1.5 sehen Sie die Top-5-Klassifizierungsfehlerquoten der Gewinnerlösung bei der ILSVRC (*ImageNet Large Scale Visual Recognition Challenge*) für die Bildklassifizierung im Verlauf der Jahre 2010-2017. Im Jahr 2012 schaffte eine Deep-Learning-Lösung bei der Klassifizierung von Objekten einen Quantensprung im Vergleich zum Vorjahr. Diese Lösung änderte die Richtung, in die sich die Forschung auf dem Gebiet des maschinellen Sehens entwickelte, und beschleunigte die Deep-Learning-Forschung in anderen Gebieten wie der Verarbeitung natürlicher Sprache und der Spracherkennung. Aufbauend auf den Fortschritten beim Deep Learning reichte Microsoft Research 2015 einen Beitrag mit der aus 152 Schichten bestehenden Architektur *ResNet* ein – dies war der erste Algorithmus, der die Klassifizierungsfähigkeiten von Menschen übertraf (He, Zhang, Ren und Sun, 2015).

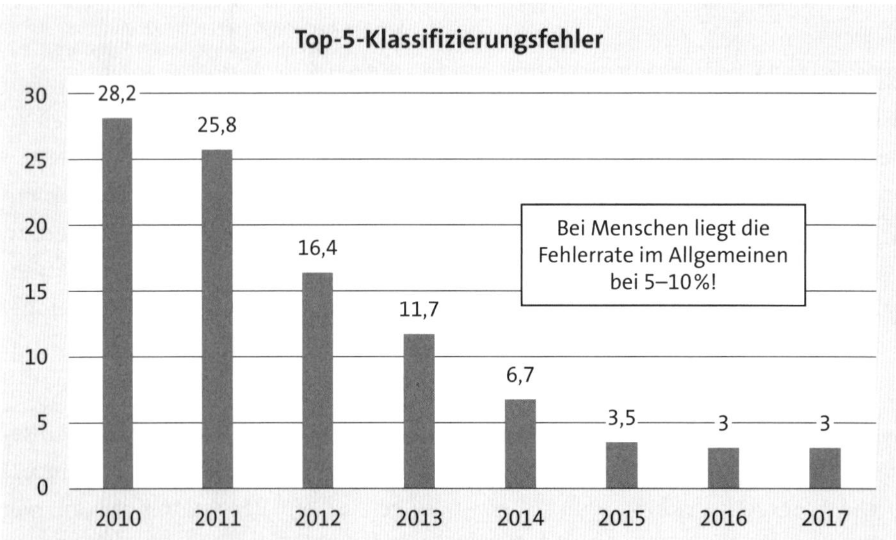

Abbildung 1.5 Die Top-5-Klassifizierungsfehlerquoten der Gewinnerlösung bei der ILSVRC (Russakovsky u. a., 2015)

Diese ImageNet-Daten und der Wettbewerb sind keineswegs eine rein akademische Übung. Viele der in diesem Wettbewerb verwendeten Architekturen kommen auch in der Industrie zum Einsatz, viele mit den ImageNet-Daten vortrainierte Modelle werden der Öffentlichkeit zugänglich gemacht, und viele Deep-Learning-Anwendungen für maschinelles Sehen fußen auf dieser Arbeit. Dies gilt insbesondere für auf Transferleistung basierende Lernansätze, die wir in Kapitel 2, »Überblick über Deep Learning«, näher erläutern werden.

> *Eine Sache hat ImageNet im Bereich der KI auf jeden Fall verändert: Den Forschern wurde plötzlich klar, dass die undankbare Aufgabe, einen Datensatz zu erstellen, das A und O der KI-Forschung ist. Heute wird allgemein anerkannt, dass der Datensatz ebenso im Mittelpunkt der Forschung steht wie die Algorithmen.* (Gershgorn, 2017)
>
> *– Li Fei-Fei*

Wie sich aus der dramatischen Verbesserung der ImageNet-Ergebnisse in den letzten Jahren und der Diskussion über die ResNet-152-Architektur von Microsoft folgern lässt, gab es natürlich auch Fortschritte bei den Algorithmen, die Deep-Learning-Lösungen unterstützen, und bei den verfügbaren Tools zur Erstellung solcher Lösungen. So haben die durch Cloudcomputing beschleunigte Rechenleistung, das Datenwachstum (insbesondere bei offenen Datensätzen mit Bezeichnungen) sowie verbesserte Algorithmen und Netzwerkarchitekturen die Möglichkeiten der künstlichen Intelligenz in den letzten Jahren ganz erheblich verändert.

Deep-Learning-Techniken übertreffen Menschen nicht nur bei der Bilderkennung, sondern machen auch in anderen Bereichen immer mehr Fortschritte. So erreichen sie auch bei der Spracherkennung nahezu menschliches Niveau. Tatsächlich wurden einige der ersten Durchbrüche in Sachen Deep Learning in der Spracherkennung erzielt (Dahl, Deng und Acero, 2011). Im Oktober 2016 zog das Microsoft-Modell bei der Wortfehlerrate im *Switchboard-Datensatz* mit menschlichen Probanden gleich. Bei diesem Datensatz handelt es sich um einen Korpus von aufgezeichneten Telefongesprächen, der seit über 25 Jahren für das Benchmarking von KI-Systemen verwendet wird (Xiong u. a., 2016). Solche Innovationen sind der Grund dafür, dass Spracherkennungssysteme auf persönlichen Geräten und Computern in den letzten Jahren so viel besser geworden sind.

Ähnliches lässt sich bei der Verarbeitung natürlicher Sprache beobachten: Am 3. Januar 2018 erzielte Microsoft beim *SQuAD-Datensatz* (*Stanford Question Answering Dataset*), der zum Testen des Leseverständnisses von Maschinen entwickelt wurde und aus Wikipedia-Artikeln besteht, einen Wert von 82,6 %. Bei diesem Test liest der Computer ein Dokument und beantwortet eine Frage. Es stellte sich heraus, dass der Computer bei den Antworten besser war als der Mensch, da die Trefferquote bei Menschen bei etwa 82,3 % liegt (Linn, 2017; Rajpurkar, Zhang, Lopyrev und Liang, 2016).

Eines ist dabei jedoch ganz wichtig: Diese Erfolge wurden nur für ein bestimmtes Problem oder eine bestimmte Anwendung erzielt und stellen kein KI-System dar, das auf neue Aufgaben verallgemeinert werden kann. Es ist u. U. auch relativ einfach, Gegenbeispiele zu erstellen, bei denen der Computer versagt – sogenannte *Adversarial Examples* (Jia und Liang, 2017). Außerdem kann die Leistung des Systems dramatisch sinken, wenn die ursprüngliche Aufgabe auch nur geringfügig geändert wird. Während Computer heute allgemeine Bilder möglicherweise besser klassifizieren als Menschen, wie das Beispiel mit den ImageNet-Daten zeigt, liegen sie bei der Beantwortung offener Fragen zu Bildern immer noch weit hinter der menschlichen Leistung zurück: Im VQA-1.0-Datensatz für die Beantwortung von visuellen Fragen ließ sich im Juni 2017 ein Genauigkeitsunterschied von mehr als 10 % feststellen (AI Index, 2017).

Darüber hinaus zeigt Deep Learning als allgemeiner Ansatz noch viele Schwächen, weil einem solchen Modell sowohl Urteilsvermögen als auch Verständnis fehlen. In manchen Fällen kann auch die Optimierung von Deep-Learning-Systemen schwieriger sein als bei herkömmlichen Systemen, beispielsweise dann, wenn es in einem bestimmten Aspekt nicht gut funktioniert. Ein solches Problem lässt sich u. U. mit einem herkömmlichen ML-Modell mit weniger Parametern einfacher lösen. Es gibt noch weitere Forschungsgebiete bei Machine-Learning und künstlicher Intelligenz, die andere Arten von Problemen präziser lösen als Deep-Learning-basierte Ansätze. Auch die Kombination von Deep Learning mit anderen KI-Forschungsgebieten, wie z. B. dem Lernen durch Verstärkung, bietet viel Potential. Nähere Einzelheiten zu den jüngsten Fortschritten, Trends und Einschränkungen werden wir in Kapitel 3, »Trends im Deep Learning«, erläutern.

Dieses Buch konzentriert sich hauptsächlich auf Deep-Learning-Ansätze innerhalb der KI und auf Anwendungen, bei denen intelligente Technologien Deep Learning nutzen können, um Lösungen zu schaffen, die Menschen und Unternehmen unterstützen. Hierzu gehören beispielsweise Lösungen, die für eine engere Kundenbindung, die Transformation von Produkten oder die Optimierung des Betriebs sorgen.

Deep-Learning-Anwendungen können oft so entwickelt werden, dass sie im Lauf der Zeit und mit wachsenden Datenmengen lernen und sich verbessern – so können Infrastrukturen entstehen, die Menschen und Technologie auf nahtlosere Weise miteinander verbinden. Das vorliegende Buch ist eine Einführung in die Entwicklung von Deep-Learning-Lösungen mit der Microsoft-KI-Plattform. Um einen umfassenderen Überblick über Deep Learning im Allgemeinen, die zugrundeliegende Theorie und fortgeschrittene Themen zu erhalten, empfehlen wir das Buch von Bengio, Goodfellow und Courville (2016).

1.3.2 Anwendungsgebiete des Deep Learnings

Abbildung 1.6 zeigt einige der Probleme mit dem klassischen *maschinellen Sehen* die durch Deep Learning gelöst werden können. Hierzu gehört beispielsweise die Fähigkeit,

Bilder zu klassifizieren und Objekte in Bildern zu finden. Diese häufigen technischen Probleme betreffen viele verschiedene Endbenutzeranwendungen. Anwendungen für die Suche in Fotos, wie etwa die Photo App von Microsoft, die Benutzern die Eingabe von Beschreibungen von Objekten (z. B. »Auto«) oder Konzepten (z. B. »Umarmung«) ermöglichen und dann relevante Ergebnisse liefern, stellen eine nützliche Funktion bereit, die mit Hilfe von DNNs aufgebaut wurde.

Abbildung 1.6 Beispiele für Probleme beim maschinellen Sehen

Viele Deep-Learning-Anwendungen für maschinelles Sehen kommen in der Medizin zum Einsatz, etwa dann, wenn Ärzte Patienten äußerlich untersuchen oder Testergebnisse visuell erfassen, beispielsweise in der Dermatologie, der Radiologie und der Ophthalmologie. Stellen Sie sich nur einmal die Möglichkeiten vor: Ein Radiologe kann vielleicht einige Tausend Scans ansehen und auswerten – ein Computer dagegen kann Millionen von Bildern betrachten und aus ihnen lernen. Menschen auf der ganzen Welt werden von der Demokratisierung dieser Dienste profitieren, die im Laufe der Zeit noch genauer und effizienter werden. Das Projekt *InnerEye* ist ein gutes Beispiel hierfür. Es handelt sich dabei um ein Forschungsprojekt von Microsoft zur Entwicklung innovativer Tools für die automatische quantitative Analyse dreidimensionaler radiologischer Bilder zur Unterstützung von Fachärzten.

Auch in der Fertigungsindustrie und bei der Energieversorgung finden sich zahlreiche Anwendungsbeispiele. Sehen wir uns beispielsweise eSmarts an, ein in Norwegen ansässiges Energie- und Versorgungsunternehmen, das ein automatisiertes Energiemanagementsystem anbietet. Das Unternehmen setzt Drohnen ein, um Bilder von Stromleitungen zu erfassen, und analysiert diese dann mit Hilfe von DNNs, um Störungen automatisch zu erkennen (Nehme, 2016). Insbesondere nutzt eSmarts die Objekterkennung in Bildern, um Isolatorelemente zu erkennen und dann vorherzusagen, ob diese fehlerhaft sind. Das Unternehmen mischt Bilder mit zuvor erzeugten synthetischen Bildern, um einen Datensatz zu erstellen, der groß genug ist, um eine zuverlässige Vorhersage treffen zu können. Auf ähnliche Weise optimiert Jabil, einer der führenden Anbieter von Konstruktions- und Fertigungslösungen, die Abläufe bei der Fertigung, indem das Unternehmen Bilder seiner Fertigungslinie für Leiterplatten analysiert, um Fehler automatisch zu erkennen (Bunting, 2017). Auf diese Weise müssen die Mitarbeiter, die die Anlage überwachen, weniger Platten manuell prüfen, und der Durchsatz steigt.

Die Analyse natürlicher Sprache ist ein weiteres häufiges Einsatzgebiet von Deep Learning. Ziel dieser Anwendungen ist es, dass Computer natürliche Sprache verarbeiten, Texte klassifizieren, Fragen beantworten, Dokumente zusammenfassen und zwischen Sprachen übersetzen können. Die Verarbeitung natürlicher Sprache erfordert oft mehrere Verarbeitungsschichten, von der linguistischen Ebene der Wörter und der Semantik über Wortarten und Spracheinheiten bis hin zu den in Abbildung 1.7 gezeigten Arten von Endbenutzeranwendungen (Goldberg, 2016).

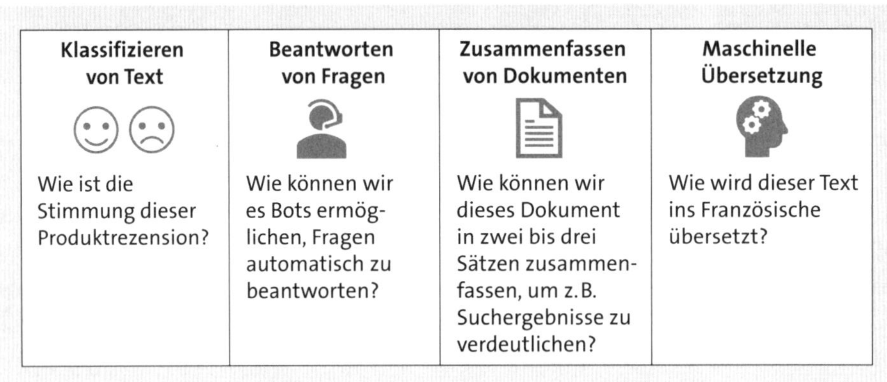

Abbildung 1.7 Anwendungsbeispiele für die Verarbeitung natürlicher Sprache aus Texten

Die Übersetzung von Audiodaten in Text ist eine weitere häufige Anwendung von Deep Learning. Ein Beispiel für den Einsatz von Deep Learning für die Spracherkennung ist *Starship Commander*, ein neues Virtual-Reality-Spiel von Human Interact, in dem die Spieler selbst aktiv im Sci-Fi-Universum agieren (Microsoft Customer Stories, 2017). Human Interact baut das sehr reale Spielerlebnis auf der menschlichen Sprache auf: Benutzer können die Handlung und den Fortgang des Spiels mit ihrer Stimme beeinflussen. Um dies zu ermöglichen, muss das Spiel Sprache erkennen und die Bedeutung der gesprochenen Wörter basierend auf der Absicht des Benutzers verstehen. Mit dem *Custom Speech Service* von Microsoft können Entwickler ein Spracherkennungssystem nutzen, das mit Hilfe von Deep Learning Hindernisse wie Sprechweise und Hintergrundgeräusche überwinden kann. Entwickler können ihre Modelle sogar mit einem benutzerdefinierten Skript trainieren, damit das Modell Schlüsselwörter und Ausdrücke aus dem Spiel erkennt, und so ein wirklich benutzerdefiniertes Spracherkennungssystem aufbauen – und zwar schneller und einfacher, als ein solches System von Grund auf neu zu erstellen.

Das Erkennen der ausgesprochenen Wörter ist aber nur der erste Schritt: Das Spiel muss verstehen, was der Benutzer meint. Ein Beispiel: Ein Benutzer gibt den Befehl, den Antrieb eines Raumschiffs zu starten. Es gibt viele Möglichkeiten, diesen Befehl zu erteilen. Der *Language Understanding Intelligent Service (LUIS)* von Microsoft zieht Rückschlüsse auf die zugrundeliegende Absicht der Benutzer und übersetzt zwischen der vom Spiel erkannten Spracheingabe und dem, was der Benutzer tatsächlich meint.

> *Wir können ein Produkt wie dieses nur deswegen entwickeln, weil wir auf der Erfahrung von Microsoft im Bereich Deep Learning und Spracherkennung aufbauen können. Nur auf diese Weise können wir ein so revolutionäres Unterhaltungserlebnis bieten.*
>
> *– Alexander Mejia, Eigentümer und Creative Director, Human Interact*

Dies sind natürlich nur einige einfache Beispiele, die veranschaulichen, wie Deep Learning Unternehmens- und Verbraucheranwendungen bereichern kann. Deep Learning bietet ein enormes Potential für Anwendungen rund um Sprache, Texte, visuelle Erkennung, Prognosen und Empfehlungen (siehe Beispiele in Abbildung 1.8), und für die Zukunft steht zu erwarten, dass diese Technologie in weitreichendem Maß in vielen Branchen und Anwendungen eingesetzt wird.

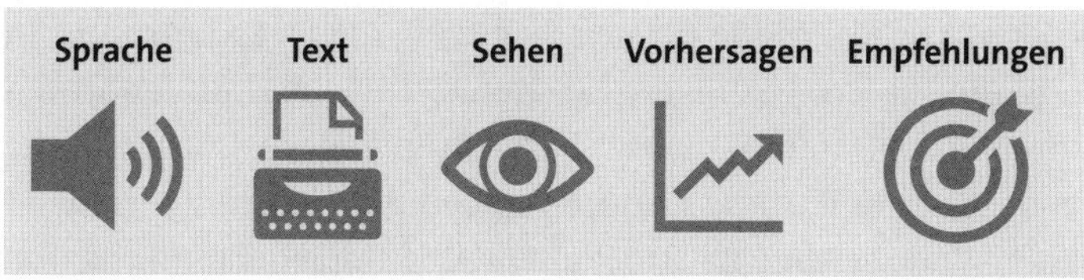

Abbildung 1.8 Beispiele für Bereiche, in denen Deep-Learning-Lösungen bereits jetzt eine enorme Leistung zeigen

Deep Learning wird einen Mehrwert sowohl für Unternehmen als auch für Verbraucher mit sich bringen. Hier nur einige Beispielszenarien: zunehmende Interaktion mit Anwendungen durch Sprache und Text statt durch Menüs, Chatten mit Bots auf der Website oder auf der Personalseite eines Unternehmens zur schnellen Lösung von Routineproblemen, innovative Fotoanwendungen, die eine natürliche Suche und Bearbeitung ermöglichen, sowie das schnelle Auffinden relevanter Informationen in Dokumenten.

1.4 Zusammenfassung

Im vorliegenden Kapitel haben wir die Konzepte von künstlicher Intelligenz, Machine-Learning und Deep Learning vorgestellt, wie in Abbildung 1.9 veranschaulicht. Wie in diesem Kapitel kurz erwähnt, baut Microsoft auf jahrzehntelanger Forschungsarbeit und technologischen Innovationen auf und stellt jetzt Dienste und Infrastrukturen für Personen und Unternehmen bereit, die intelligente Anwendungen entwickeln möchten – einschließlich der in diesem Buch vorgestellten Deep-Learning-Lösungen. Dafür bietet Microsoft die KI-Plattform, die auf der Cloudcomputing-Plattform Azure aufsetzt.

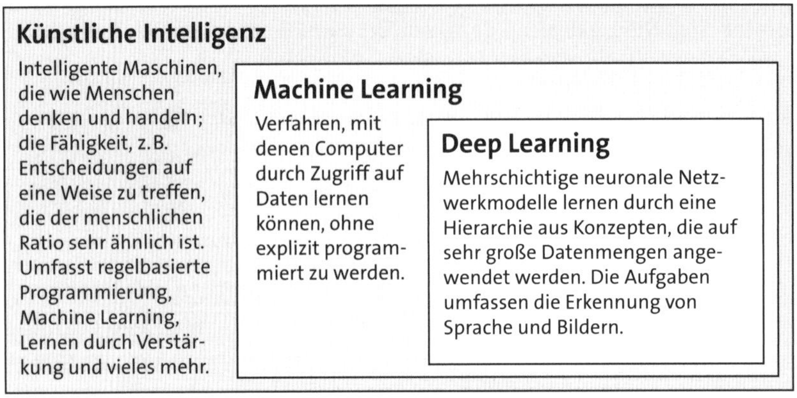

Abbildung 1.9 Beziehung zwischen künstlicher Intelligenz, Machine-Learning und Deep Learning

In diesem Kapitel haben wir auch die Gründe für den Siegeszug des Deep Learnings in jüngerer Zeit erläutert, z B. die massiv gestiegene Rechenleistung und die enormen Datensatzgrößen, insbesondere bei Datensätzen mit Bezeichnungen wie ImageNet, die öffentlich zugänglich gemacht wurden. Diese Faktoren haben die Forschung in Bereichen wie maschinelles Sehen, Verarbeitung natürlicher Sprache, Spracherkennung und Zeitreihenanalyse vorangetrieben. Wir sehen auch eine Vielzahl wertvoller Anwendungen, die auf Deep Learning basieren, beispielsweise im Gesundheitswesen, in der Fertigung und in der Energieversorgung. Wir sind davon überzeugt, dass dieser Trend anhalten wird, dass aber auch andere Bereiche der KI-Forschung in Zukunft einen großen Nutzen bringen werden.

Im nächsten Kapitel stellen wir allgemeine Deep-Learning-Modelle sowie Überlegungen vor, die für den Einstieg in das Deep Learning erforderlich sind. In Kapitel 3, »Trends im Deep Learning«, beschreiben wir einige der aufkommenden Trends bei Deep Learning und künstlicher Intelligenz und gehen genauer auf einige rechtliche und ethische Aspekte ein, die wir im vorliegenden Kapitel nur kurz angerissen haben.

Kapitel 2
Überblick über Deep Learning

In Kapitel 1, »Einführung in die künstliche Intelligenz«, haben wir Ihnen einen Überblick über die künstliche Intelligenz (KI) und die grundlegende Idee hinter Deep Learning geliefert. Wir haben erläutert, wie Deep Learning – also die Anwendung künstlicher neuronaler Netzwerkmodelle mit sehr vielen Schichten – in verschiedenen Forschungsgebieten zu bahnbrechenden Ergebnissen geführt hat, insbesondere bei der Bildklassifizierung, der Objekterkennung, der Spracherkennung und der Verarbeitung natürlicher Sprache.

Deep Learning hat sich auch in vielen Anwendungen in so unterschiedlichen Bereichen wie dem Gesundheitswesen, der Fertigung und dem Einzelhandel als vielversprechend erwiesen. 2017 beispielsweise erzielte ein KI-System beim Erkennen von Hautkrebs die gleichen Resultate wie Dermatologen. Ein anderes Modell konnte Herzrhythmusstörungen anhand von EKG-Signalen besser diagnostizieren als ein Kardiologe (Esteva u. a., 2017; Rajpurkar, Hannun, Haghpanahi, Bourn und Ng, 2017). Wir sind davon überzeugt, dass dieser Trend anhalten wird: Deep Learning wird sich in weiteren Szenarien über eine Vielzahl von Branchen hinweg als nutzbringend und wertvoll erweisen, und der Fortschritt bei der Verbesserung der künstlichen Intelligenz und ihrer Anwendungen wird sich weiter beschleunigen.

In diesem Kapitel gehen wir kurz auf die Grundlagen der verschiedenen Arten von Netzwerken ein, die heute im Allgemeinen verwendet werden. Wir beschreiben auch den datenwissenschaftlichen Workflow für Deep-Learning-Projekte sowie einige der häufig genutzten Tools und Technologien, die Datenwissenschaftler und Entwickler für die Arbeit an einem Deep-Learning-Projekt benötigen. In diesem Kapitel zeigen wir auch einige praktische Techniken für den Start eines Deep-Learning-Projekts, ohne dass sehr viel Zeit dafür aufgewendet werden muss, ein neuronales Netzwerk mit großen Datensätzen wie ImageNet von Grund auf neu zu trainieren.

Kurz gesagt: Dieses Kapitel bietet einen Überblick über Deep Learning und die Bausteine für die Entwicklung von Lösungen, die auf Deep Learning basieren. Im dritten Teil dieses Buchs bauen wir auf diesen grundlegenden Konzepten auf und stellen verschiedene häufig verwendete Netzwerkmodelle im Detail vor. Diese späteren Kapitel (z. B. Kapitel 6, »Convolutional Neural Networks«) enthalten Beispielcode, dem Sie folgen können. Das vorliegende Kapitel beschäftigt sich mit den Grundideen des Trainings und der Bewertung von Deep-Learning-Modellen. Diese Themengebiete werden jedoch im vierten Teil des Buchs anhand von Beispielcode für das Training und die Bewertung solcher Modelle in Azure eingehender behandelt.

2.1 Allgemeine Netzwerkstrukturen

Es gibt viele Variationen von künstlichen neuronalen Netzwerkmodellen, z. B. *Convolutional Neural Networks* (CNN, faltende neuronale Netzwerke), *Recurrent Neural Networks* (RNN, rückkoppelnde neuronale Netzwerke), *Generative Adversarial Networks* (GAN, erzeugende gegnerische Netzwerke) und *Autoencoder*, wie in Tabelle 2.1 gezeigt. Heute müssen Datenwissenschaftler den für das jeweilige Problem geeigneten Netzwerktyp und die entsprechende Netzwerkstruktur auswählen. Datenwissenschaftler verbringen viel Zeit damit, verschiedene Problemstellungen auszuprobieren und verschiedene Hyperparameter (z. B. die Art der Netzwerkstruktur) zu untersuchen, um herauszufinden, welche für ihr spezifisches Problem geeignet sind. In den folgenden Abschnitten beschreiben wir jede dieser Arten von Netzwerkstrukturen kurz.

CNN	RNN	GAN	Autoencoder
Bildklassifizierung, Objekterkennung	Verarbeitung natürlicher Sprache, Zeitreihenanalyse	Erstellung von Bildern aus Text, Translation (Veränderung) zwischen Bildern	Reduzierung der Dimensionalität, Anomalieerkennung, Empfehlungssysteme

Tabelle 2.1 Allgemeine Netzwerkstrukturen und allgemeine Anwendungen

2.1.1 Convolutional Neural Networks

Convolutional Neural Networks sind neuronale Netzwerke, die in mindestens einer ihrer Schichten einen Faltungsoperator nutzen. CNN sind grundlegende Netzwerkmodelle mit *Vorwärtskopplung*, die sich insbesondere für Problemstellungen des maschinellen Sehens eignen. Vorwärtskopplung bedeutet, dass Informationen im Netzwerk immer in eine Richtung geleitet werden und es in der Netzwerkstruktur keine Schleifen gibt. CNN werden auch in anderen Bereichen eingesetzt, wie z. B. für bestimmte Aufgaben bei der Spracherkennung und der Verarbeitung natürlicher Sprache.

CNN arbeiten unter der Prämisse der *Translationsinvarianz* – bei Bildern bedeutet dies, dass ein Objekt in einem Bild das gleiche Objekt ist, auch wenn es verschoben wurde.

Dies ist wichtig, da das Netzwerk nicht jedes Objekt an jeder Position neu lernen muss. So ist in Abbildung 2.1 die handschriftliche Ziffer »8« weiterhin eine »8«, auch wenn sie innerhalb des Bilds verschoben wird. Mit diesem Konzept kann das Netzwerk lernen, wie sich Bilder effektiver verarbeiten lassen als durch die simple Anwendung eines einfachen neuronalen Netzwerkmodells mit verborgenen Schichten.

Ein solches Modell lässt sich mit wesentlich weniger Daten trainieren und kann besser für das Erlernen der Bildverarbeitung verallgemeinert werden, als es der Fall wäre, wenn das Modell das Erkennen von Objekten an jeder Position separat lernen müsste. Ein solches Vorgehen ist beispielsweise in einem *mehrschichtigen Perzeptron* (Multi-Layer Perceptron, MLP) erforderlich.

Abbildung 2.1 CNN arbeiten mit Translationsinvarianz

Wenn das Modell z. B. in der Lage sein soll, eine Katze zu identifizieren, unabhängig davon, wo sich die Katze im Bild befindet, muss das Modell die gleichen Eigenschaften lernen: Fell, Katzenohren, Schwanz usw.

In CNN wird das Eingabebild durch einen sogenannten *Filter* oder *Kernel* geleitet, der als *Merkmalsdetektor* im Netzwerk fungiert. Sie können sich diese Merkmalsdetektoren so vorstellen, dass sie versuchen, Aspekte wie Kanten, Formen oder Muster innerhalb des Bilds zu lernen. Der Merkmalsdetektor wird mit Hilfe von »Schiebefenstern« auf jeweils einen Bildausschnitt angewendet, und die Ergebnisse dieser Faltungsoperation werden in einem sogenannten gefalteten Bild oder einer Merkmalszuordnung gespeichert. Wie bereits erwähnt, weisen CNN die inhärente Eigenschaft der Translationsinvarianz auf, da die Filter für jeden Bildausschnitt die gleichen Gewichte verwenden, die nach dem Anwenden das gefaltete Bild ergeben. Die Tiefe einer Faltungsschicht in einem neuronalen Netzwerk entspricht der Anzahl der in dieser Schicht verwendeten Filter.

Über *Pooling-Schichten* kommt eine Art Downsampling zur Anwendung, um die Menge der zu durchlaufenden Daten zu reduzieren und potentiell redundante Aspekte zu beseitigen, auf die das Netzwerk in dieser Phase zu reagieren gelernt hat. Eine *Max-Pooling*-Schicht verwendet beispielsweise einfach den Maximalwert der Ausgabe des gefalteten Bilds für jedes Fenster des Bilds, wie in Abbildung 2.2 dargestellt, wobei die

Schrittgröße die Anzahl der Pixel darstellt, um die das Fenster verschoben wird. Faltungs- und Pooling-Schichten werden in vielen Kombinationen verwendet, um ein Eingabebild in ein Array umzuwandeln, das dann in mindestens eine vollständig verbundene Schicht eingegeben wird, aus der die Ausgabe in die vorhergesagten Ausgabeklassen erfolgt. Dies wird in Abbildung 2.3 veranschaulicht. Die vollständig verbundenen Schichten fungieren einfach als Klassifizierer, um die Ausgabeklasse vorherzusagen.

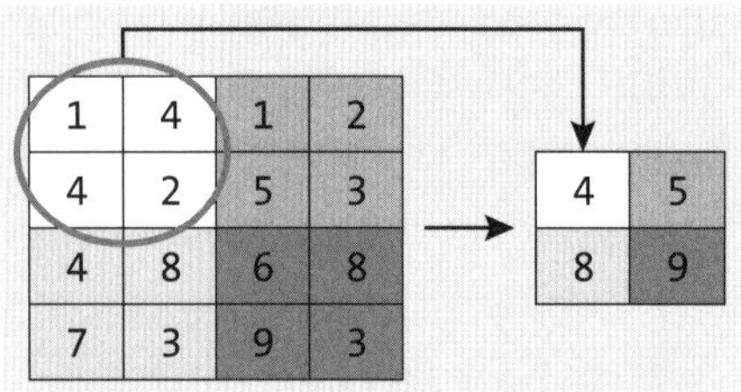

Abbildung 2.2 Max-Pooling-Operation mit 2-×-2-Filtern und Schrittgröße 2

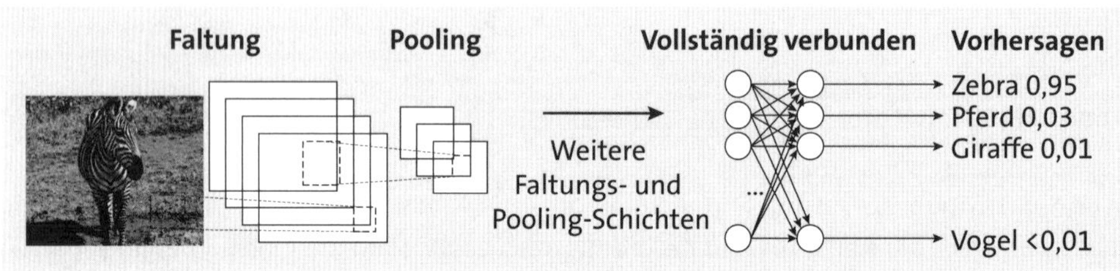

Abbildung 2.3 Grundbausteine von Convolutional Neural Networks (CNN)

Anders gesagt: CNN lassen sich konzeptionell in zwei Hauptbestandteile unterteilen, die gemeinsam optimiert werden:

1. Die *automatische Merkmalsextraktion* erstellt den verborgenen Merkmalszustand – Merkmale, die für die Klassifizierung relevante Aspekte des Bilds repräsentieren – und besteht aus verschiedenen Schichten, wie z. B. den Faltungs- und Pooling-Schichten.
2. Der *Klassifizierer* ist ein vollständig verbundenes neuronales Netzwerk, bestehend aus mindestens einer Schicht, die den verborgenen Merkmalszustand klassifiziert.

Die automatische Merkmalsextraktion eines CNN ermöglicht es dem Netzwerk, Aspekte wie Kanten und Formen des Bilds zu lernen, ohne dass das Netzwerk explizit für die Berechnung solcher Merkmale programmiert werden muss – wie es bei der Verwendung von Algorithmen wie der *skaleninvarianten Merkmalstransformation* (Scale-Invariant Feature Transform, SIFT) erforderlich ist.

Ein wichtiger Aspekt hierbei ist, dass CNN die Werte der Filter (*Merkmalsdetektoren*) lernen, indem sie unter Verwendung eines Konzepts namens *Backpropagation* (Fehlerrückführung) mit großen Mengen bereits bewerteter Daten trainiert werden. Dabei werden die Gewichte im Netzwerk weiter verbessert, bis Klassifizierungsfehler minimiert sind. In den Anfangsschichten erstellt das Netzwerk in der Regel Filter, um Bildaspekte wie Kanten, Grundformen und Farben zu erkennen. Spätere Schichten lernen immer komplexere Muster, bis das Netzwerk aus all diesen Mustern zusammen die Klassifizierung der Eingabe lernt.

Es gibt viele Möglichkeiten, die grundlegenden Bausteine zu kombinieren: Faltungsschichten, Pooling-Schichten und vollständig verbundene Schichten. Dazu kommen weitere Aspekte von CNN wie Schrittgröße (die Anzahl von Pixeln, um die Filter über das Bild verschoben werden), *Dropout* (zur Reduzierung von Überanpassung) und verschiedene Arten von Aktivierungsfunktionen, die Nichtlinearität in das Netzwerk bringen und die Ausgabe jeder Schicht verarbeiten. Es gibt auch zahlreiche Möglichkeiten, das Netzwerk zu trainieren und zu entwerfen, und es wird viel Forschungsarbeit in die Konzeption der Schichten, die Verbindungen und in Aspekte wie Tiefe und Breite investiert. Weitere Details und Beispielcode finden Sie in Kapitel 6, »Convolutional Neural Networks«. An dieser Stelle beschreiben wir nur kurz die Grundlagen, so dass Sie einen Überblick über das Deep Learning erhalten und einige der Trends im Zusammenhang mit CNN kennenlernen, auf die wir in Kapitel 3, »Trends im Deep Learning«, detaillierter eingehen.

2.1.2 Recurrent Neural Networks

Recurrent Neural Networks (RNN, rückkoppelnde neuronale Netzwerke) nutzen sequenzielle Informationen direkt. Bei den Sequenzen, die an das Netzwerk übergeben werden, kann es sich um die Eingabe, die Ausgabe oder sogar beides handeln. Ein RNN verarbeitet Datensequenzen mit Hilfe eines Konzepts, das zuweilen als *Zustand* oder *Speicher* bezeichnet wird. Im Gegensatz zu CNN, bei denen es sich um Netzwerke mit Vorwärtskopplung handelt, enthalten RNN Schleifen in der Netzwerkstruktur und verarbeiten Daten über Sequenzen, wie in Abbildung 2.4 und Abbildung 2.5 dargestellt. Eine Sequenz stellt häufig Informationen im zeitlichen Verlauf dar, so dass eine Schleife im RNN »abgewickelt« werden kann, um anzuzeigen, dass die Ausgabe zu einem bestimmten Zeitpunkt eine Funktion der Eingaben zu früheren Zeitpunkten ist.

Es ist jedoch zu beachten, dass sich CNN zunehmend auch für die Analyse von sequenziellen Informationen als nützlich erweisen, wie wir in Kapitel 7, »Recurrent Neural Networks«, eingehender erläutern werden.

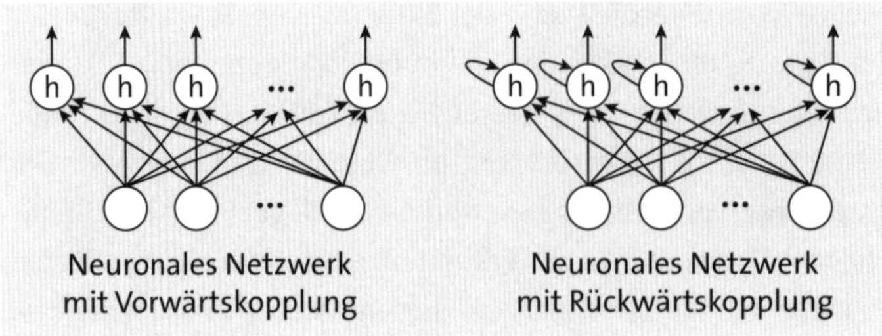

Abbildung 2.4 Recurrent Neural Networks arbeiten mit einer Schleife in der Netzwerkstruktur und verarbeiten Daten über Sequenzen.

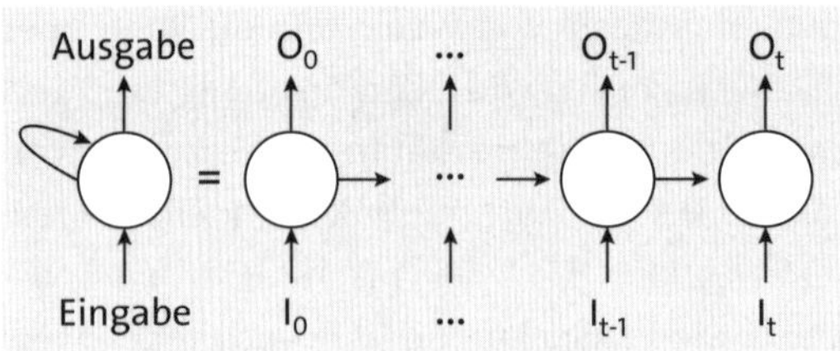

Abbildung 2.5 RNN verarbeiten Informationen über Sequenzen

RNN werden erfolgreich bei vielen Aufgaben der Verarbeitung natürlicher Sprache eingesetzt, da die Bedeutung eines Worts in einem Satz von den anderen Wörtern im umgebenden Text abhängig ist. Auch in anderen Anwendungen wie der Zeitreihenvorhersage, der Spracherkennung und der Handschrifterkennung haben sich RNN bereits als nützlich erwiesen.

Ein einfaches RNN verarbeitet eine Folge von Vektoren mit einem einzelnen »verborgenen« Vektor, indem es in jedem Schritt eine Wiederholungsformel anwendet. Diese Formel berücksichtigt sowohl den aktuellen Vektor als auch den vorherigen Zustand. Es wurden auch bereits Varianten von RNN wie z. B. *LSTM-Netzwerke* (Long Short-Term Memory, langes Kurzzeitgedächtnis) vorgeschlagen, die in der Lage sind, längere Sequenzen besser zu verarbeiten. Weitere Details zu RNN sowie entsprechenden Beispielcode finden Sie in Kapitel 7.

Abbildung 2.6 zeigt eine exemplarische Anwendung sowohl von CNN als auch von RNN bei der automatischen Generierung von Bildbeschreibungen im Alternativtext von Bildern, die in eine PowerPoint-Datei eingefügt wurden. CNN werden verwendet, um die Objekte im Bild zu klassifizieren, und RNN werden verwendet, um basierend auf diesen Objekten die Satzbeschreibung zu generieren.

Abbildung 2.6 Mit Hilfe von CNN und RNN werden automatisch Bildbeschreibungen für Bilder in PowerPoint erstellt.

2.1.3 Generative Adversarial Networks

Generative Adversarial Networks (GAN, erzeugende gegnerische Netzwerke) gehören zu den jüngeren Entwicklungen im Bereich des Deep Learnings und lösen ein bestimmtes Problem tatsächlich durch Trainieren zweier separater kompetitiver Netzwerkmodelle (Goodfellow u. a., 2014). In den letzten Jahren haben GAN ein enormes Potential gezeigt und wurden in verschiedenen Szenarien eingesetzt: von der Bildsynthese zur Verbesserung der Bildqualität (Superauflösung), über Translationen (Veränderungen) zwischen Bildern bis hin zur Erzeugung von Bildern aus Text. Darüber hinaus sind GAN die Bausteine für Fortschritte beim Einsatz von künstlicher Intelligenz in der Kunst, der Musik und ganz allgemein in kreativen Anwendungen (z. B. Generieren von Musik und Gedichten, Musikbegleitung).

GAN entwickeln sich zunehmend zu leistungsfähigen Techniken für nicht *überwachtes* und *teilweise überwachtes Lernen*. Ein grundlegendes GAN besteht aus folgenden Elementen:

- Ein *generatives Modell* (also ein Generator) erzeugt ein Objekt. Der *Generator* weiß nichts über die realen Objekte und lernt durch Interaktion mit dem *Diskriminator*. Ein Generator kann beispielsweise ein Bild erzeugen.

- Ein *differenzierendes Modell* (also ein Diskriminator) bestimmt, ob ein Objekt real (in der Regel durch einen Wert nahe 1 dargestellt) oder gefälscht ist (in der Regel durch einen Wert nahe 0 dargestellt).
- Ein *Verlust durch Unterschiede* (bzw. ein Fehlersignal) wird vom Diskriminator an den Generator übermittelt, so dass der Generator Objekte erzeugen kann, die den realen Objekten so ähnlich wie möglich sind.

Kapitel 8, »Generative Adversarial Networks«, bietet weitere Informationen zu GAN sowie Beispielcode.

Es ist zu erwarten, dass GAN in den kommenden Jahren immer beliebter werden – auch außerhalb von kreativen Anwendungsgebieten –, da sie über das Potential verfügen, zur Entwicklung nicht überwachter Lernmethoden beizutragen, die mögliche Einsatzbereiche von ML-Anwendungen ganz beträchtlich erweitern würden. Heute dauert das Training solcher Modelle noch sehr lange, und sie sind geradezu berüchtigt dafür, dass sie sich nur schwer optimieren lassen. Daher gehen wir davon aus, dass noch einige Forschungsarbeit geleistet werden muss, um den praktischen Einsatz dieser Netzwerke für reale Anwendungen zu fördern. Da diese Art von Technologie in mehr realen Anwendungen sowie in weiteren Medien wie z. B. Videos eingesetzt werden kann und sich ihre Qualität ständig verbessert, sind wir davon überzeugt, dass in Bezug auf die Verwendung dieser Technologie großer Diskussionsbedarf besteht. Welche Auswirkungen wird etwa die Gefahr haben, dass sich echte Inhalte nicht mehr von Fälschungen unterscheiden lassen? Bereits jetzt finden sich in den Medien Beispiele für Videos von Politikern, denen falsche Worte in den Mund gelegt wurden – und viele dieser Videos sind so realitätsnah, dass die Fälschung fast nicht zu erkennen ist (Metz und Collins, 2018).

2.1.4 Autoencoder

Autoencoder sind Netzwerke mit Vorwärtskopplung und werden in Anwendungen beispielsweise zur Reduzierung der Dimensionalität, zur Anomalieerkennung und zum Erlernen generativer Modelle verwendet. Diese neuronalen Netzwerkmodelle besitzen eine Eingabeschicht, eine Ausgabeschicht und mindestens eine verborgene Schicht dazwischen. Der wichtigste Aspekt dieser Netzwerke ist, dass die Eingabeschicht die gleiche Anzahl von Einheiten wie die Ausgabeschicht enthält, der Zweck von Autoencodern also darin liegt, die ursprünglichen Werte in der Eingabeschicht zu rekonstruieren. Natürlich sind diese Netzwerke so konzipiert, dass sie die Eingabedaten nicht exakt kopieren. Stattdessen sind sie auf das Lernen durch Annäherung beschränkt – z. B. indem sie eine kleinere Dimension als die Eingabedaten aufweisen. Autoencoder lernen so die wichtigsten Eigenschaften, um die Eingabedaten zu rekonstruieren. Damit eignen sie sich für nicht überwachte Lernanwendungen, bei denen kein Zielwert für die Vorhersage vorliegt, oder zum Lernen von Merkmalen, die als Eingabe für einen anderen Algorithmus dienen sollen. Autoencoder haben sich für viele Anwendungen wie z. B. Empfehlungssysteme bereits als vielversprechend erwiesen (Kuchaiev und Ginsburg, 2017).

2.2 Der Deep-Learning-Workflow

Bei vielen KI-Projekten werden Deep-Learning-Techniken als Baustein für den Aufbau innovativer Lösungen genutzt – von der Bildklassifizierung und Objekterkennung über die Bildsegmentierung und Bildähnlichkeit bis hin zur Textanalyse (z. B. Stimmungsanalyse, Extrahieren von Stichwörtern). Eine häufig gestellte Frage lautet: »Wie fange ich damit an, Deep Learning in meinem Team einzusetzen?« Bevor Sie damit beginnen, diese Technik einzusetzen, ist es wichtig, dass Sie die in Deep-Learning-Projekten verwendeten Tools und Technologien sowie den Workflow für den Aufbau einer Lösung verstehen.

Je nach Geschäftsanforderungen an eine innovative Lösung muss ein Datenwissenschaftler eine oder mehrere Deep-Learning-Aufgaben zuordnen, um genau diese Lösung zu erzielen. Sehen wir uns einmal folgendes Beispiel an: Ein Einzelhandelsunternehmen möchte ein End-to-End-Kundeneinkaufserlebnis für mobile Geräte schaffen, bei dem Kunden ein Foto von einem Hemd oder einem Rock aufnehmen und eine Anwendung auf dem mobilen Gerät dieses Foto mit den Hemden und Kleidern im Einkaufskatalog abgleicht. Um dies zu erreichen, ordnet ein Data Scientist diese angestrebte Lösung einem Problem der Bildähnlichkeit zu: »Nimm ein neues Eingabebild, und vergleiche es mit allen Hemden und Kleidern im Katalog.« Die ersten *N* Bilder werden an die mobile Anwendung zurückgegeben. Bei der Zusammenarbeit mit den Anwendungsentwicklern müssen auch andere Anforderungen berücksichtigt werden, wie etwa die Identifizierung und Beschneidung des Bilds auf die Person, die das Hemd oder Kleid trägt. Dafür müssen Techniken sowohl der Objekterkennung als auch der Bildklassifizierung verwendet werden.

Sobald die Deep-Learning-Aufgabe identifiziert ist, umfasst ein typischer *Deep-Learning-Workflow* die folgenden Schritte:

1. Identifizieren der relevanten Datensätze
2. Vorverarbeiten der Datensätze
3. Trainieren des Modells
4. Überprüfen der Leistung des Modells

5. Optimieren des Modells
6. Bereitstellen des Modells
7. Sammeln weiterer Daten für ein erneutes Training des Modells

2.2.1 Suchen der relevanten Datensätze

Sehr viele Unternehmen, die mit Deep-Learning-Projekten beginnen möchten, stoßen auf Schwierigkeiten, wenn sie versuchen, relevante Datensätze zu finden, mit denen sie ihre Deep-Learning-Modelle für ein bestimmtes Geschäftsszenario trainieren können. Darüber hinaus müssen die Datensätze bereits bewertet worden sein. Um beispielsweise ein CNN darauf zu trainieren, die Art der Kleidung zu identifizieren (z. B. Polohemd, T-Shirt, Kleid, Jeans), ist ein Datensatz erforderlich, der aus Bildern verschiedener Kleidungsstücke besteht und Bezeichnungen enthält, die angeben, ob es sich bei dem Objekt auf dem Bild um ein Hemd, ein Kleid, ein T-Shirt oder eine Jeans handelt. Diese Bilder können aus vorhandenen Produktkatalogen, öffentlichen Bilddatensätzen (z. B. Datensätze von ImageNet, CIFAR-10 oder Deep Fashion) und von verschiedenen Websites stammen.

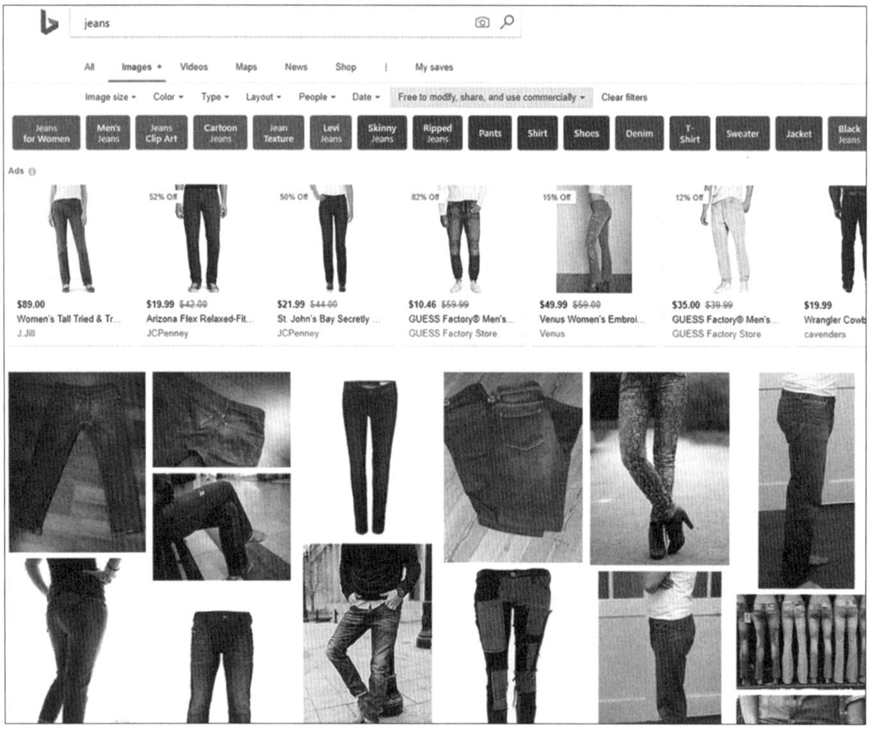

Abbildung 2.7 Ergebnisse einer Bildsuche mit Bing

Um einen Ausgangsdatensatz für die Training und Validierung zu erstellen – falls keine Daten verfügbar sind –, führen Datenwissenschaftler häufig ein *Seeding* mit einer Suchmaschine durch (Abbildung 2.7). Dabei suchen sie nach einer bestimmten Klasse von Objekten (z. B. Jeans) und verwenden nur solche Bilder, die vom Besitzer als für die kommerzielle Nutzung frei verwendbar gekennzeichnet wurden.

2.2.2 Vorverarbeiten der Datensätze

Nachdem die Datenwissenschaftler die relevanten Bilddatensätze erhalten haben, müssen diese auf das Training vorbereitet werden. Bilddatensätze aus der realen Welt weisen häufig ein Ungleichgewicht auf (dies wird auch als *Problem der Minderheitsklassen* bezeichnet). Das bedeutet, dass es möglicherweise mehr Bilder für eine bestimmte Klasse (z. B. Polohemden) und weniger Bilder für eine andere Klasse (z. B. T-Shirts) gibt. Um das Problem des Ungleichgewichts von Datensätzen zu lösen, können Datenwissenschaftler verschiedene Tricks anwenden: Erhöhen Sie die Anzahl der Bilder in der Minderheitsklasse, oder führen Sie in den überrepräsentierten Klassen ein Downsampling durch, bis ein Gleichgewicht erreicht ist.

Eine weitere häufig verwendete Vorverarbeitungstechnik ist die Erweiterung des Datensatzes durch leichte Veränderungen (*Data Augmentation*). Damit wird dem Modell ermöglicht, über mehrere Bedingungen hinweg zu verallgemeinern, um die Invarianz bei Aspekten wie Rotation, Translation und Skalierung zu verbessern. Diese Technik umfasst die Anwendung verschiedener Transformationen auf das Bild, wie z. B. Skalieren, Drehen, zufälliges Zuschneiden, Spiegeln, Anpassen von Helligkeit und Kontrast und vieles mehr. In den unterschiedlichen Deep-Learning-Frameworks werden verschiedene Funktionen für diese Art der Datenerweiterung unterstützt.

2.2.3 Trainieren des Modells

Nachdem der Datensatz vorverarbeitet und vorbereitet wurde, können die Datenwissenschaftler damit beginnen, die Deep-Learning-Modellarchitektur zu konzipieren und das Modell zu trainieren. Die wichtigsten Elemente, die für ein effektives Modellieren und Trainieren von Deep-Learning-Modellen unabdingbar sind, sind erstens die Auswahl eines Deep-Learning-Toolkits und zweitens die Verwendung der richtigen Hardware zum Trainieren (z. B. GPUs). Dies werden wir im nächsten Abschnitt dieses Kapitels detailliert erläutern.

Je nach Größe des Datensatzes kann das Modell auf einem lokalen Computer (z. B. Laptop, PC oder Mac) oder in einer in der öffentlichen Cloud (z. B. Microsoft Azure) verfügbaren Infrastruktur trainiert werden. Azure stellt sowohl virtuelle Computer der NC-

Serie mit NVIDIA-GPUs als auch einen verwalteten Dienst namens *Azure Batch AI* zur Verfügung. Mit diesem Dienst können Sie GPUs ganz einfach hinzufügen oder wieder deaktivieren, je nachdem, wie viele Sie für Ihre jeweiligen Deep-Learning-Aufgaben benötigen. Dies werden wir in Kapitel 4, »Microsoft-KI-Plattform«, und Kapitel 9, »Trainieren von KI-Modellen«, eingehender beschreiben.

2.2.4 Validieren und Optimieren des Modells

Beim Trainieren eines *Deep Neural Networks* (DNN) gibt es eine Reihe von Schlüsselmetriken, die Einblicke in die Lerneffizienz und die Qualität der Modelle in jeder Epoche geben. Eine *Epoche* bezeichnet einen vollständigen Durchlauf des Trainingsdatensatzes. Zwei Metriken werden in der Regel nachverfolgt: erstens die *Verlustfunktion* und zweitens die *Trainings- und Validierungsgenauigkeit*.

Durch Auswertung der *Verlustfunktion* in jeder Epoche kann die Qualität des Modells am Ende jeder Epoche bewertet werden. Ein geringerer Verlust ist ein guter Indikator für ein besseres Modell. Viele Hyperparameter werden festgelegt, bevor der Lernprozess überhaupt beginnt – die Lernrate ist ein wichtiger Hyperparameter, der sich signifikant auf die Ergebnisse des Modells auswirken kann. Durch die Darstellung von Verlust (Y-Achse) und Epochen (X-Achse) lässt sich erkennen, ob die Lernrate richtig festgelegt wurde: Eine gute Lernrate führt zu geringeren Verlusten in kürzerer Zeit.

Häufig wird die Lernrate sowohl für den Trainings- als auch für den Validierungsdatensatz nachverfolgt. Es muss jedoch auch sichergestellt werden, dass das Modell keine Überanpassung der Trainingsdaten vornimmt. Abbildung 2.8 zeigt ein Beispiel für verschiedene Lernraten.

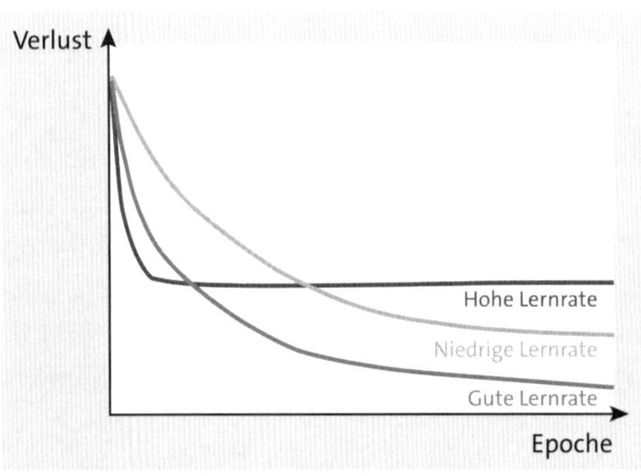

Abbildung 2.8 Unterschiedliche Lernraten. Abbildung inspiriert durch Kurs CS231n der Stanford University: »http://cs231n.stanford.edu/«

In der Praxis sind die Kurven der Lernraten nicht glatt, und es ist möglich, die Lernrate im Verlauf des Trainingsprozesses nach Bedarf anzupassen. Dies ist nur ein Beispiel für die Art der Validierung und Optimierung, die beim Trainieren eines Deep-Learning-Modells erforderlich ist.

Die zweite üblicherweise nachverfolgte Metrik ist die *Trainings- und Validierungsgenauigkeit*. Durch Auswertung von Genauigkeit (Y-Achse) und Epoche (X-Achse) lässt sich ermitteln, ob das Modell eine Überanpassung des Trainingsdatensatzes vorgenommen hat. Wenn die Genauigkeitskurven von Training und Validierung nahe beieinander liegen, ist nur ein geringes Maß an Überanpassung erfolgt. Wenn die Kurven weit auseinander liegen, hat eine Überanpassung stattgefunden, und das Modell muss erneut evaluiert werden, da es sich nicht wie erwartet auf neue Daten verallgemeinern lässt. Abbildung 2.9 zeigt, wie sich durch Untersuchen der Genauigkeitskurven für den Trainings- und den Validierungsdatensatz eine Überanpassung ermitteln lässt.

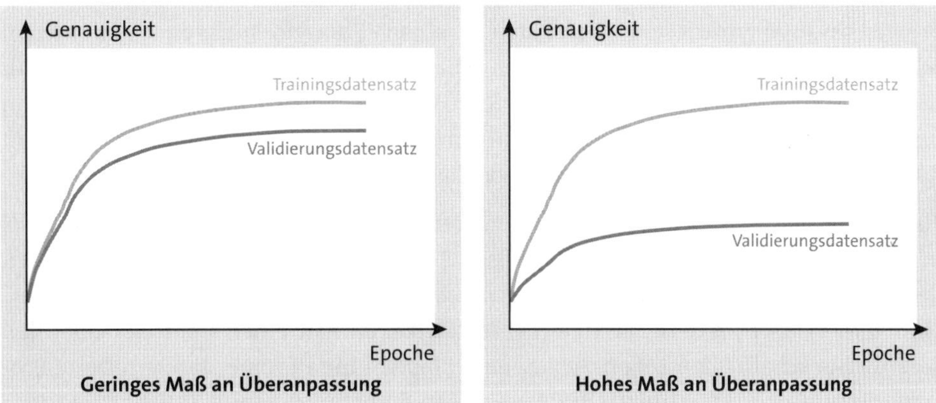

Abbildung 2.9 Ermitteln der Überanpassung mit Hilfe der Trainings- und Validierungsgenauigkeit

2.2.5 Bereitstellen des Modells

Sobald die Qualität des Modells hoch genug für die Anforderungen der Lösung ist, besteht der nächste Schritt darin, das Modell bereitzustellen. Heute können Deep-Learning-Modelle in Form von REST-APIs in der Cloud bereitgestellt, nach einem festgelegten Zeitplan in einem Batch ausgeführt und auf mobilen Geräten (z. B. iPhones, Android-Smartphones und iPads) oder Edge-Geräten (z. B. IoT-Gateways [Internet of Things, Internet der Dinge]) bereitgestellt werden. Dies hängt davon ab, auf welche Weise Sie das trainierte Deep-Learning-Modell einsetzen möchten. Wenn Sie beispielsweise eine Webanwendung entwickeln und sie mit KI anreichern möchten, ist es sinnvoll, Ihre Deep-Learning-Modelle als REST-APIs zu operationalisieren, die von der Webanwendung problemlos genutzt werden können. Wenn Sie eine mobile Anwendung entwickeln, sollten Sie Szenarien sowohl mit als auch ohne Internetverbindung sowie Latenzanforderungen berücksichtigen. Die Modelle werden entweder offline auf einem Mobilgerät oder in einer Hybridumgebung ausgeführt, in der verschiedene Kombinationen auftreten können: Modelle, die auf einem Gerät ausgeführt werden, und REST-APIs, die leistungsfähigere Funktionen in der Cloud bieten.

Für die Bereitstellung der Deep-Learning-Modelle als REST-APIs stehen verschiedene Optionen zur Verfügung. Sie können Azure-Machine-Learning-Operationalisierungsdienste nutzen (weitere Informationen dazu finden Sie in den nachfolgenden Kapiteln dieses Buchs), um das Modell in einem Docker-Container zu hosten, und einen oder mehrere REST-Endpunkte verfügbar machen. Alternativ dazu können Sie Ihren eigenen Hosting-Stack erstellen (z. B. mit Flask in einem CherryPy-Framework, gestützt durch einen leistungsstarken Webserver wie NGINX). Sie können diesen Hosting-Stack auch problemlos in Microsoft Azure bereitstellen. Je nach Szenario möchten Sie das Modell möglicherweise für einen umfangreichen Datensatz nach einem bestimmten Zeitplan im Batchmodus ausführen. Auch die Art der Hardware – beispielsweise GPUs – ist ein relevanter Faktor, den es zu berücksichtigen gilt. Weitere Details dazu finden Sie in Kapitel 10, »Operationalisieren von KI-Modellen«.

Für weitere Überlegungen zur Herangehensweise an datenwissenschaftliche Workflows im Allgemeinen empfehlen wir den Microsoft Team Data Science-Prozess, der im folgenden Artikel beschrieben wird: *https://docs.microsoft.com/de-de/azure/machine-learning/team-data-science-process/overview*. Dieser Artikel enthält einen Überblick über den datenwissenschaftlichen Lebenszyklus, eine Empfehlung für eine standardisierte Projektstruktur sowie Infrastruktur und Ressourcen für datenwissenschaftliche Projekte.

2.2.6 Deep-Learning-Frameworks und Berechnungen

Wie bereits erwähnt, sind zwei Schlüsselkomponenten zum Trainieren eines Deep-Learning-Modells ganz entscheidend: die Verwendung eines *Deep-Learning-Frameworks* sowie die Durchführung des Trainings mit Hilfe einer GPU. Allgemeine Berechnungsvorgänge auf GPUs – insbesondere durch den effizienten Einsatz der Matrixmultiplikation – wurden durch Frameworks wie CUDA und OpenCL erheblich beschleunigt. Diese haben Bibliotheken auf höherer Ebene wie z. B. die cuDNN (*NVIDIA CUDA Deep Neural Network Library*) ermöglicht, die auf der CUDA (*Compute Unified Device Architecture*) aufsetzt und für den Aufbau von Deep Neural Networks eingesetzt werden kann. Die cuDNN unterstützt beliebte Deep-Learning-Bibliotheken.

Es gibt heute zahlreiche beliebte Deep-Learning-Frameworks wie TensorFlow, PyTorch, CNTK, MXNet und Caffe2 sowie ebenso beliebte APIs auf hoher Ebene wie Keras und Gluon. Die Auswahl eines Deep-Learning-Toolkits hängt von vielen Faktoren ab: der Verfügbarkeit von guten Tutorials, vorhandenen Implementierungen von Modellarchitekturen und vortrainierten Modellen, den Kenntnissen und Fähigkeiten der für KI-Funktionalität verantwortlichen Mitarbeiter im Unternehmen, der Flexibilität des Toolkits für die Gestaltung von komplexen Deep Neural Networks, der Verfügbarkeit integrierter Hilfsfunktionen (ist z. B. ein umfassender Satz an APIs für die Erweiterung und Transformation von Daten vorhanden?), der Möglichkeit zur effektiven Nutzung von CPUs und GPUs sowie der Fähigkeit, ein verteiltes Training durchzuführen.

Denjenigen, die die Unterschiede zwischen verschiedenen Deep-Learning-Frameworks in einigen gängigen Szenarien verstehen möchten, empfehlen wir das unter *https://github.com/ilkarman/DeepLearningFrameworks* verfügbare Repository. Es schließt Trainingszeiten für verschiedene Varianten von Azure-GPU-VMs, die für die Ausführung von Deep-Learning-Code verfügbar sind, mit ein. Die betrachteten Beispielframeworks sehen Sie in Abbildung 2.10.

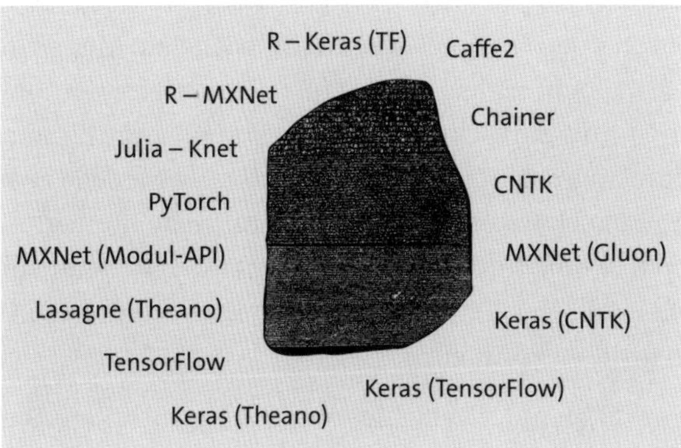

Abbildung 2.10 Empfohlener »Stein von Rosetta« mit Deep-Learning-Frameworks, zu finden auf GitHub

Dieses Repository hat mehrere Ziele:

1. ein »Stein von Rosetta« aus Deep-Learning-Frameworks, mit dem Datenwissenschaftler ihr Fachwissen möglichst einfach in verschiedenen Frameworks nutzen können
2. optimierter GPU-Code, bei dem die neuesten APIs auf höchster Ebene zum Einsatz kommen
3. ein gemeinsames Setup für Vergleiche zwischen GPUs (möglicherweise CUDA-Versionen und CUDA-Präzision)

4. ein gemeinsames Setup für Vergleiche zwischen Sprachen (Python, Julia, R)
5. die Möglichkeit, die erwartete Leistung der eigenen Installation zu überprüfen
6. Zusammenarbeit zwischen verschiedenen Open-Source-Communitys

Anhand der Vergleiche in diesem Repository lässt sich keinerlei Aussage über die Gesamtleistung der verschiedenen Frameworks treffen, da wichtige Vergleiche wie die Verfügbarkeit von vortrainierten Modellen nicht berücksichtigt werden (um nur ein Beispiel zu nennen). Trotzdem stellen sie eine gute Einstiegsmöglichkeit dar und vergleichen viele beliebte Frameworks für gängige Szenarien.

Hinweis

Keras entwickelt sich zu einer beliebten Deep-Learning-Bibliothek, da sie in der Lage ist, Abstraktionen auf hoher Ebene für die Modellierung von Deep Neural Networks bereitzustellen, und gleichzeitig Flexibilität bei der Auswahl von Back-Ends bietet (z. B. TensorFlow, CNTK, Theano).

2017 stellten Facebook und Microsoft das Open-Source-Format ONNX für Deep-Learning-Modelle vor, das es Datenwissenschaftlern beispielsweise ermöglicht, ein Modell in einem Framework zu trainieren, aber in einem anderen bereitzustellen. Seit der Einführung haben sich weitere Unternehmen und Entwickler populärer Frameworks diesem Open-Source-Interoperabilitätsstandard angeschlossen, um Deep-Learning-Modelle zwischen Frameworks zu übertragen. Es gibt auch Pakete, mit denen eine direkte Konvertierung von einem Framework in ein anderes möglich ist (z. B. MMdnn), so dass Benutzer ihre Modelle nicht nur direkt zwischen verschiedenen Frameworks konvertieren, sondern die Modellarchitektur auch visualisieren können.

Viele Deep-Learning-Bibliotheken enthalten auch verschiedene ML-Algorithmen. Die meisten dieser Bibliotheken unterstützen ein verteiltes Training, was bei sehr umfangreichen Deep-Learning-Projekten ein immenser Vorteil ist. Ein Großteil der Deep-Learning-Bibliotheken verfügt über Python-Wrapper. Wenn Sie mit R arbeiten, können Sie für einige der Deep-Learning-Bibliotheken auch R-Schnittstellen verwenden (z. B. R-Schnittstellen zu TensorFlow, Microsoft Cognitive Toolkit [CNTK] und Keras). In diesem Buch konzentrieren wir uns auf die Verwendung der Bibliotheken für die Modellierung von Deep Neural Networks. Abbildung 2.11 zeigt verschiedene Deep-Learning-Bibliotheken sowie die Codeaktivität auf GitHub.

Die meisten Beispiele im vorliegenden Buch verwenden zwar TensorFlow, die Microsoft-KI-Plattform unterstützt jedoch jedes Open-Source-Framework. Darüber hinaus zeigen wir in Kapitel 9, »Trainieren von KI-Modellen«, einige Beispiele für die Verwendung anderer Frameworks – etwa zum Trainieren eines CNN-Modells mit vielen verschiedenen Deep-Learning-Frameworks mit Hilfe des Microsoft Batch AI-Diensts.

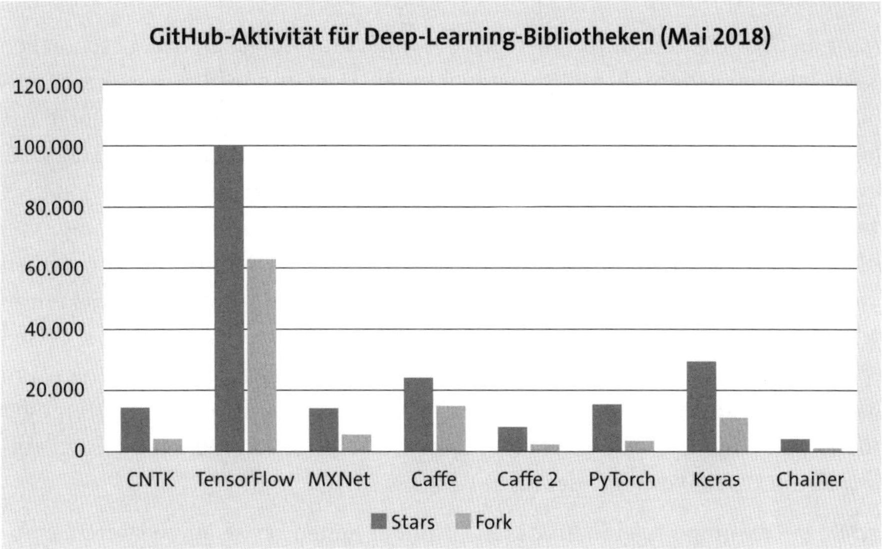

Abbildung 2.11 Stars und Forks für Deep-Learning-Bibliotheken auf GitHub

GPUs ermöglichen das Training von Deep-Learning-Modellen in einem vernünftigen Zeitrahmen. In den letzten Jahren haben Innovationen sowohl bei Algorithmen als auch bei der Verfügbarkeit schnellerer GPUs dazu geführt, dass das Training von Deep-Learning-Modellen schneller abgeschlossen werden kann.

So dauerte beispielsweise das Training von CNN wie ResNet-50 unter Verwendung des öffentlich zugänglichen ImageNet-Datensatzes vor dem Jahr 2017 mindestens 14 Tage. 2017 konnte die Trainingsdauer für ResNet-50 innerhalb weniger Monate von einer Stunde auf etwa 15 Minuten verkürzt werden. Preferred Network konnte im November 2017 das ResNet-50-CNN-Modell mit ChainerMN unter Nutzung von 1.024 P100 GPUs innerhalb von 15 Minuten trainieren.

2.2.7 Starthilfe für Deep-Learning-Lernen per Transfer und Anpassung an Fachgebiete

Ein wichtiger Trend, der als *Starthilfe* für die Erstellung von Deep-Learning-Lösungen genutzt werden kann, besteht darin, vorhandenes Wissen bereits in die Entwicklung des Modells einfließen zu lassen, so dass das Modell nicht allein aus den Daten des jeweiligen Problems lernt. Dieses Ziel lässt sich auf zwei Arten erreichen: zum einen über das sogenannte *Transferlernen* beim maschinellen Sehen und zum anderen über eine Anpassung an Fachgebiete, primär durch Verwendung von Worteinbettungen bei der Verarbeitung natürlicher Sprache.

Das Lernen per Transferleistung eignet sich besonders für Aufgaben des maschinellen Sehens wie Bildklassifizierung und Objekterkennung. Der Grundgedanke ist, dass Lernergebnisse von einer Anwendung auf eine andere übertragbar sein sollen. Durch das Transferlernen können Datenwissenschaftler existierende vortrainierte Modelle (z. B. AlexNet, ResNet-50 oder InceptionV3) schnell an neue Fachgebiete anpassen. Ein CNN kann beispielsweise auf den umfangreichen ImageNet-Datensatz mit Millionen von Beispielen trainiert werden. Dieses CNN »weiß« dann, wie sich Bilder gut verarbeiten lassen, also wie Kanten, Formen und Muster erkannt werden, um zwischen Objekten zu unterscheiden. Dieses innerhalb der Gewichtungen des Netzwerks erworbene Wissen soll in einem Klassifizierungsszenario mit deutlich weniger Daten genutzt werden, um z. B. zwischen Hemdentypen auf einer Einzelhandels-Website zu unterscheiden oder um anhand von Bildern, die in einer Fertigungsstraße aufgenommen wurden, zu entscheiden, ob ein Defekt vorliegt oder nicht.

Um also Deep-Learning-Projekte für das maschinelle Sehen schneller zu starten, empfehlen wir Datenwissenschaftlern die Nutzung von Modellen, die mit öffentlich verfügbaren Datensätzen wie ImageNet, CIFAR-10 oder COCO vortrainiert wurden. Diese Datensätze enthalten Millionen von Bildern (aus unterschiedlichsten Fachgebieten) und werden von den jeweiligen Forschungslabors (häufig per Crowdsourcing) sorgfältig kuratiert und mit Klassenbezeichnungen versehen.

Mit diesen vortrainierten Modellen lassen sich Probleme der Bildklassifizierung, Objekterkennung und Bildsegmentierung viel schneller angehen. Diese mit umfassenden Datensätzen vortrainierten Modelle werden entweder zur Merkmalsbestimmung für neue Bilder oder zur weiteren Feinabstimmung für fachgebietsspezifische Bilder (z. B. Röntgenbilder, Leiterplattenbilder) verwendet, um die Qualität der Vorhersagen zu verbessern. Tabelle 2.2 zeigt die verschiedenen Arten des Transferlernens. Tabelle 2.3 zeigt die Initialisierung von Ein- und Ausgabe, die für jede Art von Transferlernen erforderlich ist.

Art	Wie wird Transferlernen eingesetzt?	Wie wird trainiert?
Standard-DNN	nicht verwendet	Trainieren der Merkmalsbestimmung und gemeinsame Ausgabe

Tabelle 2.2 Verschiedene Arten des Transferlernens

Art	Wie wird Transferlernen eingesetzt?	Wie wird trainiert?
Headless DNN	Verwenden der bei einer verwandten Aufgabe gelernten Merkmale	Verwenden der Merkmale zum Trainieren eines separaten Klassifizierers
Optimierungs-DNN	Verwenden und Optimieren der bei einer verwandten Aufgabe gelernten Merkmale	erneutes Trainieren der Merkmalsbestimmung und gemeinsame Ausgabe mit einer kleinen Lernrate
Multitasking-DNN	Gelernte Merkmale müssen viele verwandte Aufgaben lösen.	gemeinsame Nutzung eines Netzwerks zur Merkmalsbestimmung durch beide Aufgaben

Tabelle 2.2 Verschiedene Arten des Transferlernens (Forts.)

Art	Initialisieren der Schichten zur Merkmalsbestimmung	Initialisieren der Ausgabeschicht
Standard-DNN	zufällig	zufällig
Headless DNN	Lernen unter Verwendung einer anderen Aufgabe	separater ML-Algorithmus
Optimierungs-DNN	Lernen unter Verwendung einer anderen Aufgabe	zufällig
Multitasking-DNN	zufällig	zufällig

Tabelle 2.3 Initialisierung von Ein- und Ausgaben eines Deep-Learning-Modells mittels Transferlernen

Die Verarbeitung natürlicher Sprache wurde ebenfalls durch vortrainierte Modelle beschleunigt, in diesem Fall ist es aber häufig das Training der Darstellung von Wörtern, das in Form von Worteinbettungen in das Deep-Learning-Modell einfließt. Bei der Verarbeitung natürlicher Sprache wurden Wörter bisher in der Regel per *One-Hot-Codierung* (auch als 1-aus-n-Codierung bezeichnet) repräsentiert, wobei jedes Wort durch einen Vektor dargestellt wird, dessen Länge gleich der Größe des Vokabulars ist. Alle Werte sind Nullen, außer an der Position, die dem Wort im Vokabular entspricht, diese weist den Wert 1 auf. Modelle mussten jedes Mal von Grund auf neu nur mit den Daten für das jeweilige Problem lernen, um zu verstehen, wie die Wörter verarbeitet werden sollen und welche Bedeutung sie im Kontext der spezifischen Aufgabe der Verarbeitung natürlicher Sprache haben. Im Gegensatz dazu sind Worteinbettungen niedrigdimensionale Vektoren, die die semantische Bedeutung von Wörtern codieren. Semantisch verwandte Wörter werden dabei im Vektorraum nahe beieinander codiert.

Ein wichtiger Aspekt hierbei ist, dass Worteinbettungen mit großen Mengen nicht bezeichneter Daten trainiert werden können und viele vortrainierte Worteinbettungen für die Verwendung in anderen Aufgaben der Verarbeitung natürlicher Sprache zur Verfügung gestellt werden. Durch Verwendung einer Worteinbettung, die z. B. mit Google News vortrainiert wurde, ist das Wissen, welche Wörter zueinander in Beziehung stehen, in das mit diesen Daten erstellte Modell eingebettet.

Worteinbettungsvektoren werden mit Hilfe von sogenannten *Word2Vec-Algorithmen* wie Skip-Gram und CBOW gelernt. Dabei handelt es sich um einfache neuronale Netzwerkmodelle, die darauf abzielen, Wörter in einem Fenster um jedes Wort herum vorherzusagen. Dahinter steht das Konzept, dass semantisch verwandte Wörter in einem ähnlichen Kontext vorkommen werden und daher ähnliche Vektordarstellungen erhalten. Natürlich könnten fachgebietsspezifische Worteinbettungen nützlich sein, um Wörter innerhalb des Modells besser zu repräsentieren. In jüngerer Zeit konzentriert sich die Forschung auch darauf, herauszufinden, wie sich bei verschiedenen Anwendungen zur Verarbeitung natürlicher Sprache eine bessere Anpassung an Fachgebiete erzielen lässt.

2.2.8 Modellbibliothek

Für jede der Deep-Learning-Bibliotheken stehen viele vortrainierte Deep Neural Networks zur Verfügung. Microsoft CNTK und TensorFlow stellen beispielsweise vortrainierte Modelle für verschiedene hochmoderne CNN (AlexNet, GoogLeNet, ResNet und VGG) bereit. Der »Model Zoo« von Caffe enthält über 40 vortrainierte Modelle für solche modernen CNN (ResNet, Inception, VGG und viele weitere) und unterstützt eine Vielzahl von Szenarien (z. B. Identifizieren von Fahrzeugmodellen, Erkennen verschiedener Sehenswürdigkeiten und Orte, Erkennen von Szenen). Google Word2Vec ist ein beliebtes vortrainiertes Worteinbettungsmodell mit vielen verfügbaren Tutorials.

Sie können diese vortrainierten Modelle als Starthilfe für Ihre Deep-Learning-Projekte oder zur Optimierung des Netzwerks für Ihre Geschäftsszenarien verwenden. So lässt sich beim Training der Basismodelle mit einem Satz verschiedenartiger Daten häufig sehr viel Zeit sparen.

Weitere Informationen

In den folgenden Quellen finden Sie weitere Details zu vortrainierten Beispielmodellen:

- Vortrainiertes CNTK-Bildmodell: *https://github.com/Microsoft/CNTK/tree/master/PretrainedModels*
- Offizielles TensorFlow-Modell: *https://github.com/tensorflow/models/tree/master/official*
- Model Zoo von Caffe: *https://github.com/BVLC/caffe/wiki/Model-Zoo*
- TensorFlow Word2Vec: *https://www.tensorflow.org/tutorials/representation/word2vec*

2.3 Zusammenfassung

In diesem Kapitel haben wir verschiedene gängige Arten von neuronalen Netzen vorgestellt, z. B. CNN, RNN und GAN, die wir in späteren Kapiteln zusammen mit Beispielcode näher erläutern werden. Beschrieben wurden auch der Deep-Learning-Workflow, die wichtigsten Aspekte für den Start eines Deep-Learning-Projekts sowie einige der Bibliotheken, die zum Entwickeln und Trainieren von Deep Neural Networks verwendet werden können. Um Deep-Learning-Projekte schneller zu starten, können Datenwissenschaftler und Entwickler vortrainierte Modelle als Grundlage für die Merkmalsbestimmung in Bildern nutzen oder diese Modelle zur weiteren Anpassung und Optimierung für das gewünschte Geschäftsfeld verwenden. Im nächsten Kapitel erläutern wir einige Trends im Bereich Deep Learning und zeigen Grenzen dieser Art von Modellierungsansatz auf.

Kapitel 3
Trends im Deep Learning

In diesem Kapitel stellen wir Ihnen einige der Trends bei Deep Learning und verwandten Forschungsfeldern vor. Insbesondere erläutern wir, welche Trends für welche Aufgaben nützlich sein könnten, und wir beschreiben einige Methoden und Ideen, die weitreichende Auswirkungen haben könnten, bisher aber noch nicht auf viele reale Probleme angewendet wurden. Danach behandeln wir einige der aktuellen Grenzen und Einschränkungen von Deep Learning sowie einige weitere Entwicklungen auf dem Gebiet der künstlichen Intelligenz, die für zukünftige KI-Anwendungen vielversprechend erscheinen. Zum Abschluss des Kapitels gehen wir kurz auf einige ethische und rechtliche Auswirkungen von Deep-Learning-Anwendungen ein.

3.1 Variationen in Netzwerkarchitekturen

Einer der ersten Trends im Forschungsgebiet des Deep Learnings war der Aufbau tieferer Netzwerke mit mehr Schichten, um immer komplexere Probleme zu lösen. Das Training solcher Netzwerke ist jedoch schwierig, da sie sich schwerer optimieren lassen, und die Genauigkeit kann sinken statt steigen. Wie in Kapitel 1, »Einführung in die künstliche Intelligenz«, bereits erwähnt, veröffentlichte Microsoft im Jahr 2015 mit der Architektur ResNet eine Netzwerkstruktur, die auf dem Konzept des Residual Learnings basiert, also des Lernens von Restgrößen (He, Zhang, Ren und Sun, 2015).

Anstatt zu versuchen, eine direkte Abbildung der zugrundeliegenden Beziehung zwischen einer Eingabe und einer Ausgabe im Netzwerk zu lernen, wird der Unterschied bzw. die Restgröße zwischen beiden gelernt. Mit diesem Konzept wurde das Training von Netzwerken möglich, die wesentlich tiefer waren als alle bisher verwendeten: Ein Netzwerk mit 152 Schichten gewann im Jahr 2015 den ILSVRC-Wettbewerb mit den ImageNet-Daten. Alternativ dazu konzentriert sich eine Klasse von Netzwerken, die als *Inception Networks* bezeichnet werden, auf ausgedehnte Architekturen, bei denen nicht alle Schichten einfach sequenziell aufeinandergestapelt sind. Ziel dieses Ansatzes ist es, sowohl die Leistung als auch die Recheneffizienz von neuronalen Netzwerkmodellen zu erhöhen (Szegedy, Liu u. a., 2014).

Hinweis

Um die Entwicklung beschleunigen, sollten Sie in der Praxis Netzwerkarchitekturen aus der Forschungsgemeinschaft benutzen – z. B. ResNet-152. Vom Versuch, CNN von Grund auf neu aufzubauen und zu trainieren, ist eher abzuraten.

3.1.1 Residual Networks und Varianten

In den letzten Jahren wurden viele Netzwerkarchitekturen entwickelt – ein anhaltender Trend, der zu einer größeren Auswahl an Netzwerkarchitekturen führt. Viele Architekturen basieren auf Varianten von *Residual Networks* (ResNets), wie etwa ResNeXt, Multi-ResNet und PolyNet (Abdi und Nahavandi, 2017; Xie, Girshick, Dollár, Zhuowen und He, 2017; Zhang, Li, Loy und Lin, 2017). Auch die Kombination verschiedener Arten von Ansätzen wurde in Betracht gezogen, wie beispielsweise bei Inception-ResNet der Fall (Szegedy, Ioffe und Vanhoucke, 2016). Im Gegensatz dazu ist FractalNet eine extrem tiefe Architektur, die nicht auf der Restgrößenberechnung basiert (Larsson, Maire und Shakhnarovi, 2017).

3.1.2 DenseNet

DenseNet ist eine weitere beliebte Netzwerkstruktur, in der jede Schicht mit allen anderen Schichten vernetzt ist. Die Struktur erfreut sich deswegen so großer Beliebtheit, weil sie durch Wiederverwendung von Merkmalen eine erhebliche Reduzierung der Parameteranzahl ermöglicht und Probleme beim Training der Netzwerke abmildert, die durch sogenannte *verschwindende Gradienten* entstehen (G. Huang, Liu, van der Maaten und Weinberger, 2018).

3.1.3 Kleine Modelle, weniger Parameter

Im Zusammenhang mit der Reduzierung der Anzahl der Parameter bei DenseNet lässt sich bei CNN ein weiterer Trend beobachten: Es werden effizientere Netzwerke erstellt, die auf weniger Parametern basieren und eine geringere Modellgröße aufweisen. Im Allgemeinen ermöglichen größere Netzwerke genauere Vorhersagen. Allerdings gibt es clevere Möglichkeiten für das Erstellen von Architekturen und Komprimieren von Modellen, so dass sich eine Leistung erzielen lässt, die der großer Netzwerke sehr nahe kommt oder diesen sogar gleichwertig ist. Solche Netzwerke können daher schneller und mit weniger Verarbeitungsleistung ausgeführt werden, was z. B. auf eingebetteten und mobilen Geräten besonders nützlich sein kann, deren Rechen- und Speicherkapazität begrenzt ist.

SqueezeNet, das 2016 von Iandola u. a. vorgestellt wurde, weist der Beschreibung nach eine ähnliche Genauigkeit auf wie AlexNet, benötigt aber 50-mal weniger Parameter und eine Modellgröße von unter 0,5 MB. Im Hinblick auf die Tiefe werden trennbare Faltungen verwendet, um die Anzahl von Parametern zu verringern. MobileNet ist ein weiteres Beispiel, das speziell für mobile und eingebettete Anwendungen für das maschinelle Sehen entwickelt (Howard u. a., 2017) und kürzlich auf MobileNetV2 erweitert wurde. Neben dem Entwurf effizienter kleinerer Netzwerke gibt es noch weitere Alternativen, wie etwa das Ausdünnen von Gewichten in vorhandenen Deep Neural Networks, das Ausdünnen von Filtern sowie das quantitative Messen von Gewichten innerhalb des Netzwerks (Mittal, Bhardwaj, Khapra und Ravindran, 2018). Ein Beispiel: Durch Ausdünnen bestimmter Verbindungen in der VGG16-Architektur lässt sich die Größe um den Faktor 49 reduzieren – ohne dass sich die Vorhersagen des Modells ändern (Han, Mao und Dally, 2016).

In der Praxis empfehlen wir Datenwissenschaftlern, viele Netzwerkstrukturen auf dem neuesten Stand der Forschung zu testen, die häufig in sogenannten *Modellzoo* sowie verschiedenen Deep-Learning-Frameworks zur Verfügung gestellt werden, wie in Kapitel 2, »Überblick über Deep Learning«, beschrieben. Datenwissenschaftler müssen die verschiedenen Optionen ausprobieren und für den jeweiligen Datensatz und das jeweilige Problem die Vor- und Nachteile von Aspekten wie einem einfachen Training und der Geschwindigkeit bei der Bewertung der Modelle gegeneinander abwägen.

3.1.4 Kapselnetzwerke

CNN sind eine fantastische Architektur und einer der Hauptgründe für das Wiederaufleben neuronaler Netzwerke. Wie bereits erwähnt, arbeiten CNN unter der Prämisse der *Translationsinvarianz*. Diese Translationsinvarianz ist jedoch begrenzt, und die Netzwerke weisen erhebliche Nachteile auf, da sie andere Translationen wie Größe, Beleuchtung und Drehung einer Eingabe nicht gut verarbeiten können, wie in Abbildung 3.1 veranschaulicht. Dieser Nachteil wird in der Regel dadurch überwunden, dass viele Beispiele bereitgestellt und die Daten um per Translation veränderte und allgemein modifizierte Beispiele sowie – wie bereits erläutert – um Pooling-Schichten ergänzt werden.

CNN erstellen keine interne Repräsentation von Objekten und können daher nur schwer Objekte erkennen, die aus einem anderen Blickwinkel gezeigt werden. Und sie lassen sich täuschen, wenn die Reihenfolge der Bestandteile des Objekts geändert wurde.

Im Beispiel aus Abbildung 3.1 denkt ein Modell, dass es sich bei demselben Stuhl in der Draufsicht um ein anderes Objekt handelt, und erkennt das Gesicht als Person, obwohl Teile des Gesichts vertauscht wurden. Kapselnetzwerke wurden dafür konzipiert, dieses Problem mit Hilfe von Urbildern auf eine natürlichere Weise anzugehen.

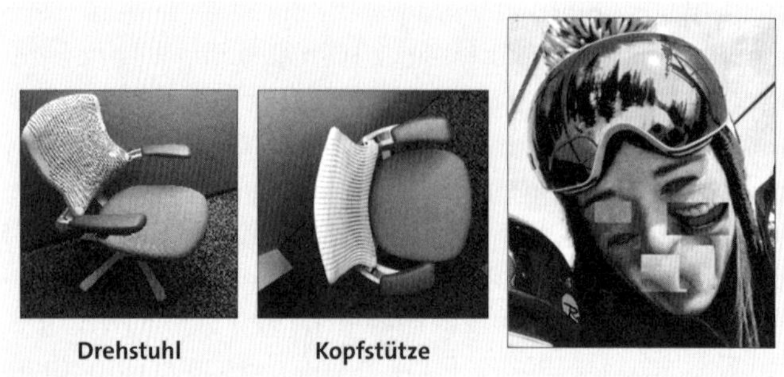

Abbildung 3.1 Diese Objekte lassen sich nur schwer erfassen

Im Allgemeinen berücksichtigen CNN die räumliche und richtungsbezogene Beziehung zwischen den Elementen in einem Bild nicht. Für sie ist nur von Interesse, ob diese Merkmale existieren. Merkmale auf höherer Ebene sind einfach nur eine Kombination aus Merkmalen auf niedrigerer Ebene. Darüber hinaus nutzen CNN Methoden, die die räumlichen Dimensionen der Daten reduzieren und damit das Aufnahmefeld vergrößern, also das Sichtfeld der Knoten auf höherer Ebene. So können die Knoten Merkmale auf höherer Ebene in größeren Bereichen des Eingabebilds erkennen. Eine der Methoden dafür ist das *Max-Pooling*, das wir in Kapitel 2 erläutert haben. Durch Max-Pooling geht in CNN jedoch räumliche Schärfe verloren. Aus diesem Grund ist Hinton das Max-Pooling ein Dorn im Auge, und so hat er es sich zur Aufgabe gemacht, eine neue Architektur zu entwickeln: Kapselnetzwerke (Sabour, Frosst und Hinton, 2017).

Kapselnetzwerke wurden durch das mathematische Konzept des Urbilds inspiriert. In der herkömmlichen Grafikdarstellung beschreiben wir ein Objekt und die Parameter seiner Pose, und durch den Prozess des Renderns wird das Objekt auf einem Bildschirm dargestellt. Beim Konzept der Urbilder beobachten wir eine Szene und möchten daraus Rückschlüsse auf die Objekte und ihre Posen ziehen.

Eine Kapsel in einem Kapselnetzwerk versucht, das Vorhandensein und die Eigenschaften eines bestimmten Objekts an einer bestimmten Stelle in der Szene vorherzusagen. Kapseln geben Vektoren statt Skalare aus. Die Vektorlänge codiert die geschätzte Wahrscheinlichkeit, dass das Objekt an dieser bestimmten Stelle vorhanden ist, und die Vektorrichtung codiert die Parameter der Pose des Objekts.

Kapselnetzwerke nutzen auch eine neue Art der Informationsübermittlung zwischen Schichten, die als dynamische Weiterleitung bezeichnet werden kann. Das bedeutet, dass die Weiterleitung nicht von vornherein festgelegt ist, sondern während der Ausführung dynamisch ermittelt wird. Die von Sabour, Frosst und Hinton (2017) hierfür vorgeschlagene Methode ist eine Weiterleitung per Vereinbarung. Die Architektur von

Kapselnetzwerken ist der von CNN sehr ähnlich: Die Kapselschichten folgen aufeinander. Dabei werden Merkmale auf niedriger Ebene von Kapseln auf niedriger Ebene erkannt, und Kapseln auf höherer Ebene setzen diese Merkmale zu Merkmalen auf höherer Ebene zusammen. Bei der Weiterleitung per Vereinbarung gibt eine Kapsel auf niedriger Ebene n-dimensionale Vektoren aus. Dabei codiert die Vektorlänge die Wahrscheinlichkeit, und die Vektorrichtung im n-dimensionalen Raum gibt die Pose des erkannten Objekts an. Die folgende Kapselschicht erhält die Eingaben all dieser Kapseln und bestimmt dann durch einen iterativen Prozess die Gewichte der Eingaben. Im Wesentlichen wird die Schätzung der Posenparameter jeder Schicht mit den Posenparametern der folgenden Schicht abgeglichen. Je höher die Übereinstimmung ist, desto höher sind die Gewichte zwischen den nachfolgenden Kapseln. Das Skalarprodukt der Vektoren wird als Maß für die Ähnlichkeit verwendet. Das bedeutet, dass die Gewichte zwischen den Kapseln nicht statisch sind, sondern sich je nach vorhandenen Kapselvektoren verändern.

Kapselnetzwerke zeigen bereits herausragende Ergebnisse und benötigen dank ihrer *Poseninvarianz* weniger Trainingsbeispiele als CNN. Aufgrund der iterativen Natur der dynamischen Weiterleitung lässt die Trainingsgeschwindigkeit bisher allerdings zu wünschen übrig, und die Netzwerke müssen ihren Nutzen für all die Gebiete des maschinellen Sehens, die derzeit von CNN dominiert werden, noch beweisen.

3.1.5 Objekterkennung

Ein weiterer Trend im Deep Learning ist die Verwendung von *Meta-Architekturen*, die auf früheren Lösungen aufbauen, um andere Arten von Aufgaben zu lösen. Bei der Analyse von Bildern werden beispielsweise Konzepte und Teile von CNN als Grundlage verwendet, um über die Bildklassifizierung hinaus Probleme wie Objekterkennung und Bildsegmentierung zu lösen. Ein grundlegendes Modell für die Objekterkennung war das R-CNN-Modell: Auf jedes Bild wird eine Methode wie die selektive Suche angewendet, um Regionen vorzuschlagen, danach werden extern Ausschnitte des Bilds erstellt. Basierend auf einem CNN-Modell werden Merkmale aus jedem Bildausschnitt extrahiert, und dann wird jedes Bild mit seinen Ausschnitten mit Hilfe von Vektormaschinenmodellen klassifiziert (SVMs; Girshick, Donahue, Darrell und Malik, 2013). Bei der Objekterkennung entwickelt sich der Trend zur Verwendung der neuesten Netzwerkarchitektur, um Merkmale zu extrahieren, aber ebenso zu neu aufkommenden, verbesserten Meta-Architekturen sowie zu verbesserten Optionen für die Leistung. Schnellere R-CNN und R-FCNs sind z. B. alternative Meta-Architekturen, die ebenfalls auf Standard-CNN aufbauen, aber während des Trainings mit Hilfe von *Ankern* auch Umgrenzungsrahmen (Bounding Boxes) vorhersagen können – dabei handelt es sich um Rechtecke, die an verschiedenen Stellen, in verschiedenen Maßstäben und mit verschiedenen Seitenverhältnissen auf das Bild gelegt werden (Ren, He, Girshick und Sun, 2015; Dai, He und Sun, 2016).

Beim *YOLO-Ansatz* (*You Only Look Once*: einheitliche Objekterkennung in Echtzeit, siehe Abbildung 3.2) kommt ein einfaches CNN zum Einsatz, das auf das gesamte Bild angewendet wird (Redmon, Divvala, Girshick und Farhadi, 2015). YOLO war der erste Ansatz, mit dem die Echtzeit-Objekterkennung praktisch machbar wurde: Die Erkennung von Rahmenobjekten wird nicht als Klassifizierungsproblem mit Umgrenzungsrahmen betrachtet, sondern als Regressionsproblem für Umgrenzungsrahmen und zugehörige Klassenwahrscheinlichkeiten. Andere verwandte Ansätze wie SSD, MultiBox und YoloV2 wurden vor nicht allzu langer Zeit veröffentlicht und bedienen den Trend, Modelle bereitzustellen, die schneller ausgeführt werden können und gleichzeitig eine ausreichend hohe Genauigkeit gewährleisten sollen (Liu u. a., 2015; Redmon und Farhadi, 2016; Szegedy, Reed, Erhan, Anguelov und Ioffe, 2014).

Abbildung 3.2 Anwenden eines vortrainierten Objekterkennungsmodells zum Auffinden von Objekten mit YOLO

In der Praxis müssen möglicherweise Kompromisse eingegangen werden: Ist es wichtiger, dass die Ergebnisse präzise sind, oder sollen Rückschlüsse schneller gezogen werden? Dies hängt u. a. davon ab, ob die Anwendung beispielsweise Echtzeitleistung erbringen soll. Aufgrund der verschiedenen Meta-Architekturen, der Entscheidungen beim Training – z. B. über die CNN-Architektur, die zum Extrahieren von Merkmalen verwendet werden soll –, der Bildauflösung sowie der verwendeten Hardware und Software ist es extrem schwierig, eine allgemeine Aussage darüber zu treffen, welcher Ansatz der ideale ist (J. Huang u. a., 2017).

3.1.6 Objektsegmentierung

Es gibt eine Vielzahl neuer Vorschläge auf diesem Gebiet: Es wird untersucht, wie sich die Notwendigkeit von Umgrenzungsrahmen für die Objekterkennung reduzieren lässt. *Neuronale Segmentierungsmodelle* wie z. B. LinkNet werden getestet. Geforscht wird auch an der Verwendung besser spezialisierter Netzwerke für andere Aufgaben des maschinellen Sehens, wie etwa an CortexNet, das nicht einzelne Frames kategorisiert, sondern Aktionen in Bildern identifiziert (Culurciello, 2017). Ein R-CNN für das Erkennen von Objektmasken (Mask R-CNN) und der Unterschied in der Schärfe von Objekten im Vorder- und Hintergrund (Focal Loss For Dense Object Detection) sind weitere aktuelle Trends in der Objekterkennung, die in Form eines Open-Source-Ansatzes durch Facebook AI Research in einem Softwaresystem namens Detectron gefördert werden und daher auf der Microsoft-KI-Plattform ausgeführt werden können (He, Gkioxari, Dollár und Girshick, 2017; Lin, Goyal, Girshick, He und Dollár, 2017).

Wie Sie sehen, sind auf dem Gebiet der Objektsegmentierung wirklich spannende Fortschritte zu beobachten!

3.1.7 Weiterentwickelte Netzwerke

Die in diesem Kapitel behandelten Arten von Netzwerken sind nur einige Beispiele im weiten Feld des Deep Learnings. Es gibt viele Möglichkeiten, Deep Neural Networks zu entwerfen und diese im Rahmen einer umfassenderen Lösung mit anderen Methoden zu kombinieren. Ein Beispiel aus dem Bereich der Sprachübersetzung: Microsoft Research erzielte 2014 in einem Workshop bahnbrechende Ergebnisse bei der Übersetzung aus dem Englischen ins Französische mit einem großen Benchmark-Datensatz (*http://www.statmt.org/wmt14/*). Für das dabei verwendete Modell wurde der Begriff *Deliberation Network* (abwägendes Netzwerk) geprägt (Tian, 2017). Dieses Netzwerk setzt auf einer einfachen LSTM-Architektur auf und wird mit einem dualen Lernansatz kombiniert, der durch die Fähigkeit des Menschen inspiriert ist, Dinge abzuwägen. Die Voraussetzungen sind einfach: Ein *First-Pass-Decoder* durchläuft den Satz und erstellt eine

Rohübersetzung. Der *Second-Pass-Decoder* verwendet sowohl die ursprüngliche Eingabe als auch die Rohfassung als Eingabe, um zur endgültigen Lösung zu gelangen. Dies ist nur ein Beispiel von vielen, und es gibt zahlreiche weitere Versuche, im Rahmen größerer Lösungen Deep-Learning-Technologien miteinander oder mit anderen Methoden zu kombinieren.

Ähnlich wie bei CNN und RNN ist die Vielfalt der vorgeschlagenen Arten und Anwendungen von GAN ebenfalls erheblich größer geworden. Und auch für GAN gibt bereits viele kommerzielle Anwendungen. Microsoft arbeitet mit der Bildagentur Getty Images zusammen, um Translationen (Veränderungen) zwischen Bildern zu erforschen – beispielsweise wird das Foto eines sonnigen Strands in ein Strandfoto mit bedecktem Himmel umgewandelt, um den Kunden mehr Optionen zu bieten (Liakhovich, Barraza und Lanzetta, 2017). Microsoft Research hat auch einen *Zeichen-Bot* entwickelt, der GAN nutzt und in der Lage ist, Bilder nur anhand einer Textbeschreibung zu kreieren. Das heißt, dass diese Bilder nur auf der »Vorstellungskraft« des Computers basieren (Roach, 2018). Das für diesen Zweck vorgeschlagene AttnGAN-Modell konnte in einem Industriestandardtest Anfang 2018 die bis dahin modernsten Modelle übertreffen und bei der Erzeugung von Bildern nur anhand eines Texts die Bildqualität nahezu verdreifachen (Xu u. a., 2017).

3.1.8 Automatisiertes Machine Learning

Ein weiterer Bereich des Machine Learnings, der in den letzten Jahre weitreichendes Interesse geweckt hat, ist das *automatische Machine Learning* und die intelligente Feinabstimmung von Hyperparametern (Bergstra, Yamins und Cox, 2013; Domhan, Springenberg und Hutter, 2015; Fusi und Elibol, 2017; Golovin u. a., 2017; Li, Jamieson, DeSalvo, Rostamizadeh und Talwalkar, 2016). Diese beiden Forschungsbereiche versuchen, historische Informationen, Optimierung und Funktionen des Metalernens zu nutzen, um automatisch oder halbautomatisch zu optimalen *ML-Pipelines*, neuronalen Netzwerktopologien usw. zu gelangen.

Ein Forschungsthema ist auch das Lernen durch Verstärkung (Reinforcement Learning, RL) und die Verwendung von LSTMs zur Schaffung neuer neuronaler Netzwerkarchitekturen (Zoph und Le, 2016). Das Lernen durch Verstärkung ist ein Teilbereich der künstlichen Intelligenz, in dem Software-Agents über einen Belohnungs-Feedback-Prozess automatisch das optimale Verhalten bestimmen, um die Leistung zu maximieren. Es handelt sich um eine Art automatisierten Lernmechanismus. Die resultierende CNN-Architektur namens NASNet erzielte Ende 2017 herausragende Ergebnisse mit dem CIFAR10-Datensatz und ist 1,05-mal schneller als das beste Vorgängermodell. Andere Forscher haben sich in jüngerer Zeit auf effizientere Suchmechanismen wie die Nutzung aktueller Netzwerke und die Wiederverwendung trainierter Netzwerkgewichte konzentriert (Cai, Chen, Zhang, Yu und Wang, 2017). Wir werden in Zukunft sicherlich weitere Fortschritte in diesem Bereich beobachten können, da Berechnungen immer schneller durchgeführt werden können und die horizontale und vertikale Skalierung von Cloudinfrastrukturen vollständig realisiert ist.

Im Zusammenhang mit der Suche nach geeigneten Architekturen ist seit einiger Zeit die Neuroevolution verstärkt ins Blickfeld von Forschung und Industrie gerückt. Hierbei handelt es sich um ein Teilgebiet der künstlichen Intelligenz: Es wird versucht, den evolutionären Prozess zu verstehen, dem wir die Intelligenz im menschlichen Gehirn verdanken, und einen solchen Prozess in einem Computer anzustoßen. Während sich NASNet und verwandte Forschungsbereiche darauf konzentrieren, die Erstellung von Netzwerken zu automatisieren, erfordern die meisten Deep-Learning-Anwendungen heute einen Menschen, um die Architektur des neuronalen Netzwerks zu definieren. Anstatt eine festgelegte Architektur zu verwenden und sie zu optimieren, untersuchen Forscher auf dem Gebiet der Neuroevolution den Prozess des Lernens selbst.

Neuroevolutionsforscher haben einige interessante Fakten herausgefunden, von denen wir glauben, dass sie KI-Anwendungen in Zukunft stärker beeinflussen werden. Ein Beispiel aus der Neuroevolution ist das Konzept der Suche nach Neuem und Unerwartetem, also die Idee, dass die Optimierung in Bezug auf diese beiden Aspekte bessere Ergebnisse liefern könnte als die Optimierung in Bezug auf das direkte Resultat. Stanley veranschaulichte das Konzept 2017 anhand der Aufgabenstellung, ein Modell für einen Roboter zu finden, der laufen lernen soll. Man könnte vermuten, dass die beste Methode, einen hervorragenden Laufroboter zu bauen, darin bestünde, die besten Laufmodelle der Vorgängergeneration künstlich miteinander zu kombinieren. Vielleicht aber taumeln die Roboter, die in den ersten Generationen als »gut laufend« betrachtet wurden, in Wirklichkeit unzuverlässig durch die Gegend. Auf der anderen Seite fallen Roboter, die versuchen, ihre Beine in einem regelmäßigen Ablauf zu bewegen, direkt um, könnten aber in Zukunft zu einem stabileren Laufverhalten führen. Eine einfache Weiterentwicklung auf Basis der besten Ergebnisse der Vergangenheit ist daher nicht unbedingt von Vorteil für die Zukunft. Dieser Forschungsbereich profitiert enorm von der heute verfügbaren massiven Rechenleistung, und wir erwarten weitere Fortschritte und direkte Auswirkungen auf das Gebiet des Deep Learnings.

Vor einiger Zeit wurden Algorithmen und Prozesse für die Ableitung von künstlicher Intelligenz aus dem Bereich der Neuroevolution auf das Problem der Suche nach Deep-Learning-Architekturen angewendet und mit Methoden des Lernens durch Verstärkung verglichen, aus denen das NASNet resultierte. Real, Aggarwal, Huang und Le (2018) fanden heraus, dass eine geregelte Evolution in frühen Suchphasen besser abschnitt als

Lernen durch Verstärkung. Die Forscher kamen allgemein zu dem Ergebnis, dass beide Ansätze eine ähnliche oder höhere Genauigkeit erzielten, ohne dass Parameter neu optimiert werden müssen. AmoebaNets, die aus diesem evolutionären Suchprozess resultierende neue Architektur, erzielte Anfang 2018 wegweisende Ergebnisse bei verschiedenen Aufgaben der Bildklassifizierung.

3.2 Hardware

Deep Neural Networks erfordern eine enorme Rechenleistung und verwenden häufig sehr große Datensätze, um die Zusammensetzung eines extrem parameterlastigen Modells zu berechnen. Grafikprozessoren (Graphical Processing Units, GPUs), die ursprünglich für Berechnungen in Bezug auf das Rendern von Grafiken auf dem Computer entwickelt wurden, haben die Verwendung von Deep Learning beschleunigt, da sie ein hohes Maß an Parallelität auf der GPU-Karte ermöglichen. GPUs können für bestimmte Anwendungskategorien einen höheren Durchsatz und mehr Effizienz als Hauptprozessoren (Central Processing Units, CPUs) bereitstellen – dazu gehören auch die Arten von Berechnungen, die beim Deep Learning zum Trainieren und zum Ziehen von Rückschlüssen erforderlich sind. GPUs weisen einen klar definierten Befehlssatz und eine feste Datenbreite auf (Ganzzahl- und Gleitkommawerte mit spezifischer Präzision).

GPUs sind im Laufe der Zeit immer leistungsfähiger geworden, wie in Kapitel 2, »Überblick über Deep Learning«, bereits erwähnt. Beispielsweise versprach die Veröffentlichung des NVIDIA Tesla V100 im Mai 2017 ein 2,4-mal schnelleres Training des ResNet-50-DNN als mit dem P100, der ein Jahr zuvor auf den Markt gekommen war (Durant, Giroux, Harris und Stam, 2017). Darüber hinaus wird zurzeit an Trainingsmodellen mit gemischter Präzision geforscht, die den Arbeitsspeicherverbrauch reduzieren und somit den Zeitraum verkürzen können, der zum Trainieren und Ziehen von Rückschlüssen benötigt wird (Micikevicius, 2017).

3.2.1 Spezialisiertere Hardware

Mit dem Aufkommen von FPGAs (*Field-Programmable Gate Arrays*, beim Kunden programmierbare Gate-Arrays) und ASICs (*Application-Specific Integrated Circuits*, anwendungsspezifische integrierte Schaltungen) für die Modellierung neuronaler Netzwerke steht immer spezialisiertere und effizientere Hardware zur Verfügung, wie in Abbildung 3.3 dargestellt. FPGAs sind integrierte Schaltungen, die weder einen vordefinierten Befehlssatz noch eine feste Datenbreite aufweisen, anders als es bei GPUs der Fall ist.

Bei der FPGA-Beschleunigung verarbeitet das FPGA die extrem rechenintensiven Aufgaben, die für die Beschleunigung durch die Hardware konzipiert wurden, während die CPU andere Vorgänge übernimmt. FGPAs bieten Potential für Berechnungen mit extrem niedriger Latenz, indem sie die numerische Präzision für Rückschlüsse optimieren. Zudem eröffnen sie Möglichkeiten für die Entwicklung neuer ML-Anwendungsgebiete. Zum Erzielen einer optimalen Effizienz können sie Workloads mit geringer Präzision ausführen, die wesentlich weniger Leistung erfordern, und sind somit viel kostengünstiger als GPUs.

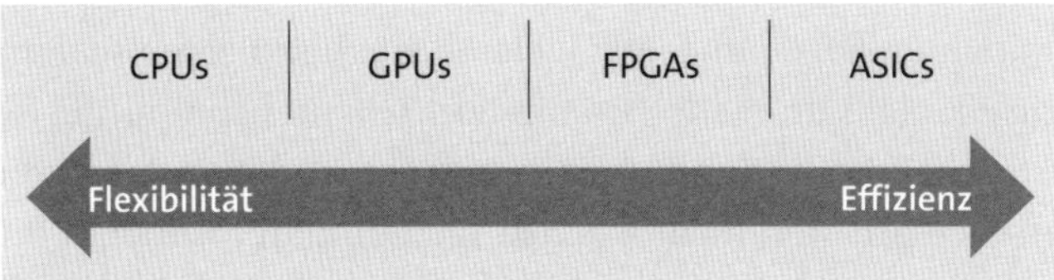

Abbildung 3.3 Alternativen für die Verarbeitung von Berechnungen, wie sie in Deep-Learning-Modellen vorkommen

Aufgrund der Rekonfigurierbarkeit von FPGAs und ihres Zugriffs sowohl auf die Hardware- als auch auf die Softwareebene ist der zunehmende Einsatz dieser Technologie ein ausgesprochen vielversprechender Trend auf dem Gebiet der künstlichen Intelligenz. Dies gilt in besonderem Maß für das Potential im Hinblick auf den notwendigen Kompromiss zwischen Flexibilität und Spezialisierung. ASICs bieten für die Anwendung, für die sie entwickelt wurden, eine höhere Leistung, eignen sich aber nicht für Allzweckberechnungen, da sie nach der Fertigung nicht neu konfiguriert werden können.

Anders gesagt; FPGAs sind flexibler als ASICs, da sie für Deep-Learning- und KI-Anwendungen eingesetzt und dann für andere Workloads wiederverwendet werden können, z. B. für Graphenanalysen, Datenbankbeschleunigung und Datenverschlüsselung. Die Programmierung von FPGAs erfordert die Unterstützung durch spezialisierte Compiler und ist um einiges schwieriger als die Programmierung für herkömmliche Prozessoren.

3.2.2 Hardware auf Azure

Microsoft hat in spezialisierte Hardware investiert, die auf der Azure-Cloudcomputingplattform sowohl mit den eigenen Produkten als auch mit den Produkten anderer Hersteller verwendet werden kann. Um beispielsweise den Bing-Algorithmus für die Suchrangfolge zu beschleunigen, wurden FPGAs speziell für diesen Zweck programmiert – so ließ sich bei nur 10 Prozent mehr Leistung der doppelte Durchsatz erzielen (Feldman, 2016). 2016 wurden Altera-FPGAs in jedem Azure-Cloudserver-Rechenzentrum installiert, als Microsoft sich darauf vorbereitete, diese Funktionalität für Drittanbieter zu veröffentlichen. Die Möglichkeit, FPGAs für das Ziehen von Rückschlüssen in Deep-Learning-Modellen zu verwenden, wurde Anfang 2018 angekündigt. Weitere Einzelheiten dazu finden Sie in Kapitel 10, »Operationalisieren von KI-Modellen«.

3.2.3 Quantencomputing

Deep Learning wird durch immer höher entwickelte und spezialisierte Hardware wie moderne GPUs und FPGAs unterstützt. Gleichzeitig könnte sich die Zukunft der Computertechnik aufgrund der laufenden Forschung auf Gebieten wie beispielsweise dem Quantencomputing langfristig ebenfalls dramatisch verändern. Quantencomputing ist eine grundlegend andere Art von Berechnung als diejenige, die in Computern von heute erfolgt. Quantenprozessoren arbeiten nicht wie heutige Computer mit dem Bit als grundlegendem Baustein, sondern basieren auf sogenannten *Quantenbits* oder *Qubits*. Diese sind eine Kombination aus Zuständen zu einem bestimmten Zeitpunkt und können alle gleichzeitig manipuliert werden. Noch ist nicht genau erforscht, welche Arten von Problemen am besten durch Quantencomputing gelöst werden können, es gibt aber bereits einige eindeutige Anwendungsgebiete wie etwa die Kryptographie. Leider sind sowohl der Aufbau als auch die Verwendung und Skalierung von Quantencomputern ausgesprochen schwierig. Bisher können diese Computer nur für einige wenige Berechnungsaufgaben eingesetzt werden. Qubits sind extrem empfindlich gegenüber der Umgebung, und jede Störung führt zu Berechnungsfehlern. Microsoft arbeitet an der Entwicklung von universelleren Quantencomputern, um Probleme anzugehen, die heute noch als praktisch unlösbar gelten. Hierbei forscht Microsoft insbesondere an sogenannten *topologischen Qubits*, die das Potential haben, durch Erschließen bisher ungeahnter Rechenkapazitäten das Gebiet der künstlichen Intelligenz zu revolutionieren.

> *Die Probleme, die wir mit Quantencomputern angehen möchten, sind die Probleme, deren Lösung heute noch ein ganzes Weltalter dauern würde. ... Die Lösung einiger dieser Probleme würde buchstäblich Abermilliarden von Jahren in Anspruch nehmen. Wie wir in einigen neueren Forschungen gezeigt haben, könnten sich einige dieser Probleme auf einem Quantencomputer innerhalb von Wochen, Tagen, Stunden, ja vielleicht nur Sekunden lösen lassen.*
>
> *– Krysta Svore, Microsoft Research*

Obwohl wir uns hier noch im Stadium der aktiven Forschung befinden, hat Microsoft bereits einige Tools und Programmiersprachen für die Entwicklung von Quantenalgorithmen herausgebracht. Weitere Forschungsgebiete umfassen Näherungsberechnungen – diese erfordern eine geringere Präzision und lassen zufällige kleine Fehler zu, die sich im Laufe der Zeit gegenseitig aufheben. So wird Energie gespart, und die Effizienz der Berechnungen steigt. Viele glauben, dass das Quantencomputing ein großes Potential besitzt, die Entwicklung und Anwendung der künstlichen Intelligenz zu beschleunigen – was diese Art des Computings letztendlich tatsächlich leisten kann, bleibt jedoch abzuwarten.

3.3 Grenzen des Deep Learnings

Deep Learning hat in den Anwendungsgebieten der künstlichen Intelligenz zu unglaublichen Fortschritten geführt. Deep Neural Networks transformieren einen Eingabevektor in einen Ausgabevektor – eine komplizierte Transformation, die nur durch eine Reihe von einfachen Transformationen durchgeführt wird. Mit enormen Datenmengen und massiver Rechenleistung kann das relativ einfache Konzept der neuronalen Netzwerkmodelle genutzt werden, um eine effektive Zuordnung zwischen vielen Eingaben und Ausgaben zu erstellen, wie etwa bei der Erkennung von Sprache aus Audioausschnitten. Wir sind davon überzeugt, dass Deep Learning bei der Entwicklung von KI-Anwendungen weiterhin eine große Rolle spielen wird. Aber wir müssen die Grenzen ebenso wie die Möglichkeiten wirklich verstehen, um diese Technologie in den richtigen Szenarien und auf angemessene Weise anzuwenden.

3.3.1 Vorsicht vor Hypes

Tatsächlich sollten wir die Fähigkeiten von Deep-Learning-Modellen nicht überschätzen. Sie können abstrakte Konzepte nicht auf die gleiche Weise lernen oder »verstehen« wie Menschen. Seit Anbeginn der Menschheit sind wir Menschen in der Lage, über abstrakte Modelle der Welt nachzudenken, diese zu verstehen und zu verändern, hypothetische Situationen zu prüfen und durch kritisches Denken Entscheidungen zu treffen. Der vielleicht wichtigste Punkt ist, dass künstliche neuronale Netze weder auf diese Weise denken noch langfristig planen können und für sich genommen keinerlei Form allgemeiner Intelligenz darstellen – denn auch wenn ein Algorithmus vorhersagen kann, was ein Objekt ist, bedeutet das nicht, dass der Algorithmus die Eigenschaften des Objekts tatsächlich versteht. Der Algorithmus weiß nicht, wie das Objekt mit der Umgebung interagieren würde, wofür es verwendet wird oder woher es stammt. Computer können zwar aus sehr großen Datenmengen lernen, besser zwischen verschiedenen Vogelarten zu unterscheiden als ein Mensch, aber die Menschen sind den Computern beim Extrapolieren, Interpretieren und Ziehen von Rückschlüssen – beispielsweise beim Verstehen einer komplexen Szene – noch immer weit überlegen.

Ähnliches gilt bei der Verarbeitung natürlicher Sprache: Menschen sind in der Lage, Nuancen bei Aspekten wie Wortfolge und Kontext zu verstehen. Neuronale Netzwerkmodelle dagegen haben Schwierigkeiten damit, umfassendere abstrakte Konzepte und Kontextinformationen zu verstehen, die für das richtige Verständnis von Sprache unabdingbar sind. Wenn beispielsweise jemand sagt: »Die Couch passt nicht durch die Tür, weil sie zu groß ist«, ist es für Menschen offensichtlich, dass *sie* sich auf die Couch bezieht, da wir das Konzept von Couch und Tür verstehen und die Aussage keinen Sinn ergibt, wenn *sie* sich auf die Tür bezieht. Obwohl es in den verschiedenen Sprachmodellen viele Fortschritte hinsichtlich der Verwendung von Wortfolgen sowie umfassenderen Assoziationen zwischen Wörtern gibt, lernen diese Modelle noch immer nicht auf die gleiche Weise wie Menschen.

Hinweis

Deep Learning ist eine unglaublich leistungsfähige Technik, aber wir sind der Überzeugung, dass diese Technik nicht zu einer allgemeinen künstlichen Intelligenz an sich führen wird. Deep Learning weist zudem einige Einschränkungen auf – z. B. die Unfähigkeit, Konzepte auf höherer Ebene zu verstehen –, derer sich Entwickler von KI-Anwendungen bewusst sein sollten.

3.3.2 Grenzen der Fähigkeit zur Verallgemeinerung

> *Modelle können nur eine lokale Verallgemeinerung durchführen und sich dabei an neue Situationen anpassen, die früheren Daten sehr nah sein müssen. Die menschliche Wahrnehmung dagegen ist zu extremer Verallgemeinerung fähig und kann sich schnell an gänzlich neue Situationen anpassen oder für Situationen planen, die weit in der Zukunft liegen.*
>
> *– Chollet, 2017*

Tatsächlich ist die Genauigkeit der Modelle oft geringer, als wir ihnen zuschreiben: Ribeiro, Singh und Guestrin (2016) fanden heraus, dass ein Modell nur zwischen Wölfen und Hunden unterscheiden konnte, weil sich auf Wolfsbildern im Hintergrund weiße Schneefelder befanden – und nicht etwa, weil es den Unterschied wirklich verstanden hätte. Jo und Bengio (2017) lieferten auch quantitative Beweise dafür, dass tiefe CNN keine abstrakten Konzepte auf höherer Ebene lernen, sondern eher statistische Regelmäßigkeiten herausfinden. Sie zeigten, dass CNN, die mit einer Klasse von Fourier-Bildstatistiken trainiert, aber mit anderen Arten von Fourier-Bildstatistiken validiert wurden, einen Genauigkeitsunterschied von bis zu 28 % aufwiesen, auch wenn die Bilder für das menschliche Auge dem ursprünglichen ungefilterten Datensatz recht nahe kamen.

Diese Unfähigkeit von Deep-Learning-Modellen, abstrakte oder vollständig realisierte Darstellungen von Konzepten zu verstehen, zeigt sich sehr deutlich in einem neuen Trend des Deep Learnings: Zum Schutz vor sogenannten *Adversarial Examples* (widersprüchlichen Beispielen) werden synthetische Beispiele durch Verändern eines Eingabebilds in einer Weise erstellt, dass das Modell glaubt, das Bild gehöre zu einer anderen Klasse. Dies wird in Abbildung 3.4 veranschaulicht. Es ist sehr einfach, widersprüchliche Beispiele zu erstellen, die für das menschliche Auge nicht erkennbar sind – dies ist das Äquivalent zu optischen Täuschungen, nur für Computer. Es gibt bedeutende neue Forschungen zum Schutz vor solchen Beispielen. Dabei wird versucht, Modelle oder Algorithmen so zu stabilisieren, dass diese Arten von Störungen ein Modell nicht täuschen. Bisher (2018) gibt es noch keinen wirklich brauchbaren Schutz, und die Forschung hat bislang nur bewiesen, wie wirkungsvoll solche »Angriffe« sein können, auch in der physischen Welt. Einige widersprüchliche Beispiele können sogar auf Normalpapier ausgedruckt oder mit einem Smartphone fotografiert werden und täuschen das Modell weiterhin (Kurakin, Goodfellow und Bengio, 2016).

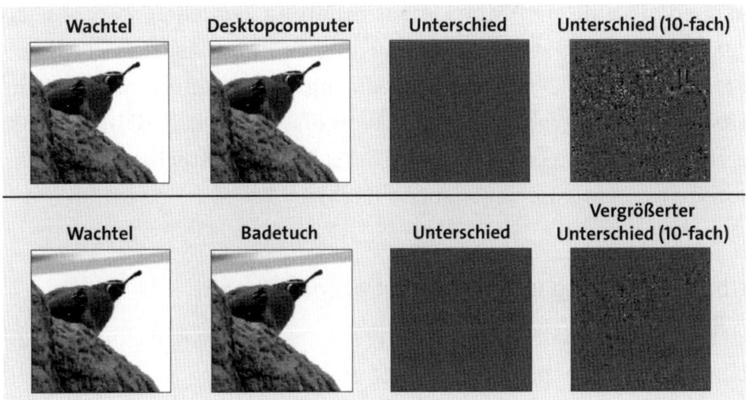

Abbildung 3.4 Widersprüchliche Beispiele

In Abbildung 3.4 sehen Sie widersprüchliche Beispiele. Mit leichten Veränderungen der Pixelwerte (für das menschliche Auge häufig nicht erkennbar) kann das Modell so getäuscht werden, dass es die Wachtel fälschlicherweise als Desktopcomputer oder Badetuch klassifiziert.

3.3.3 Riesige Datenmengen für Modelle und Bezeichnungen

Eine Einschränkung für Deep-Learning-Modelle sind auch die riesigen Datenmengen, die zum Trainieren des Netzwerks notwendig sind. Eine besondere Schwierigkeit hierbei ist der Bedarf an hochwertigen, kuratierten Bezeichnungen, aus denen die Modelle lernen können. Zwar können einige in diesem Kapitel bereits erläuterte Techniken wie Transferlernen und Worteinbettungen dieses Problem in manchen Kontexten in gewisser Weise abmildern, aber dennoch können Deep-Learning-Modelle weder aus expliziten Definitionen lernen noch viele Arten von Aufgaben ausführen, bei denen es nicht um simple Eingabe-Ausgabe-Paarungen handelt. Obwohl Deep Learning unglaublich leistungsfähig ist, steht außer Frage, dass diese Technik allein keine Lösung für allgemeine künstliche Intelligenz ist. Deep Learning stößt beispielsweise schon beim Darstellen eines grundlegenden Sortieralgorithmus an seine Grenzen.

Viele der Grenzen von Deep Learning sind eigentlich Einschränkungen von ML-Algorithmen im Allgemeinen – z. B. die Unfähigkeit, Korrelation von Kausalität zu unterscheiden. Letztendlich ist Deep Learning nichts anderes als eine statistische Technik, die sich hervorragend dafür eignet, die Zuordnung von Eingaben zu Ausgaben zu optimieren. Im Gegensatz zu einigen einfacheren Methoden kann es jedoch extrem schwierig sein, die Lösungen von Deep Neural Networks zu erklären. Das Entwickeln und Erstellen des Netzwerks kann ebenfalls eine ziemliche Herausforderung darstellen, wenn es beispielsweise darum geht, Fehler zu beheben oder einen bestimmten Aspekt der Modellierungsergebnisse zu optimieren. Obwohl Deep Learning viele Grenzen hat und nur eines von vielen verwendbaren Tools ist, sind wir davon überzeugt, dass diese Technik das Sprungbrett für viele zukünftige Fortschritte im Bereich der künstlichen Intelligenz sein wird. Darauf werden wir später noch genauer eingehen.

3.3.4 Reproduzierbare Forschung und zugrundeliegende Theorie

Mit der zunehmenden Popularität von Deep Learning hat die Zahl der Forschungsarbeiten jedes Jahr erheblich zugenommen. In letzter Zeit äußern Forscher zunehmend Zweifel an der Reproduzierbarkeit dieser Arbeiten, beispielsweise dann, wenn Code oder bestimmte Details, die zur Reproduktion des Ergebnisses wichtig sind, nicht veröffentlicht werden. Verstärkt werden diese Zweifel durch den Mangel an theoretischen Kenntnissen davon, wie solche Netzwerke am besten entwickelt und optimiert werden, sowie durch die Tatsache, dass viele der Arbeiten auf diesem Gebiet enorme Rechenressourcen für die Reproduktion benötigen. In der Praxis sind Überanpassungen gang und gäbe, und je nach Art der Bewertungsmethode und Aufteilung der Daten können sehr unterschiedliche Ergebnisse erzielt werden.

Rahimi brachte dieses Fehlen theoretischer Grundlagen im Dezember 2017 in seinem NIPS-Vortrag *Machine Learning Has Become Alchemy* (Maschinelles Lernen ist zur Alchemie geworden) ans Licht. Aus seiner Sicht mangelt es uns an eindeutigen theoretischen Erklärungen dafür, warum Deep Learning funktioniert und wie wir verstehen können, wann es nicht funktioniert – das sogenannte *Black-Box-Problem*. Eine exemplarische Ausnahme ist hier die Vorstellung eines Informationsengpasses: Diese postuliert, dass ein Netzwerk irrelevante Nebeninformationen beseitigt, indem es die Daten durch einen Engpass presst, wobei nur die für allgemeine Konzepte relevanten Merkmale erhalten bleiben (Tishby und Zaslavsky, 2015). Es wurde auch darauf hingewiesen, dass die Theorie im Allgemeinen oft empirischen Ergebnissen hinterherhinkt und dass ein Übermaß an Vorsicht das Risiko eines weiteren *KI-Winters*[1] birgt. Stattdessen sollte sich die Forschung weiter darauf konzentrieren, wie Modelle zur Lösung realer Probleme eingesetzt werden können – nur so lassen sich Fortschritte erzielen.

Nichtsdestoweniger ist klar, dass Deep Learning für viele Anwendungen in der Praxis tatsächlich funktioniert und ein nützliches Instrument ist. Wir müssen aber sowohl den Nutzen als auch die Schwächen dieser Technik genau kennen, damit KI in Zukunft einen Mehrwert für die Gesellschaft schaffen kann. Wir sind überzeugt: Je offener die Community im Hinblick auf die Veröffentlichung des für die Forschung verwendeten Codes sowie – sofern möglich – der verwendeten Daten sein kann, desto mehr wird sie zum Fortschritt auf diesem Gebiet beitragen.

3.4 Ein Blick in die Zukunft: Was können wir von Deep Learning erwarten?

Obwohl wir anerkennen, dass Deep Neural Networks als statistische Methodik viele Grenzen und Einschränkungen aufweisen, sind wir optimistisch, dass diese Netzwerke einen grundlegenden Baustein in immer mehr immer fortschrittlicheren Methoden darstellen, die in den kommenden Jahren entstehen werden. In jüngerer Zeit ist beispielsweise die Anzahl dynamischer Netzwerke gestiegen, bei denen Deep Neural Networks zum Einsatz kommen, die sich aber gleichzeitig dynamisch und in Abhängigkeit von den in das Modell eingegebenen Daten ändern können.[2] Durch Kombination aus Deep Neural Networks, die in auf Verstärkung basierende Lernsysteme eingebettet sind, lassen sich immer komplexere Probleme lösen. LeCun regte 2018 an, dass *Deep Learning* durch den Begriff *Differentiable Programming* (differenzierbare Programmierung) abgelöst werden sollte, um dem Übergang zu einer neuen Art von Software Rechnung zu tragen, die differenzierbar und optimierbar ist. Karpathy wies 2017 drauf hin, dass

1 Lighthill veröffentlichte 1973 einen Bericht, in dem er zu dem Schluss kam, dass die künstliche Intelligenz ein Misserfolg und zu oberflächlich für einen Einsatz in der Praxis sei. Dies führte zu einem massiven Rückgang des Interesses an diesem Gebiet.

2 Frameworks wie MXNet/Gluon, PyTorch und Chainer unterstützen diese Arten von Netzwerken, und wir gehen davon aus, dass sich dieser Trend fortsetzt.

neuronale Netzwerke nicht einfach nur ein weiterer Klassifizierer sind, sondern den Beginn eines grundlegenden Wandels in der Art und Weise darstellen, in der Software geschrieben wird. Sie sind Software 2.0.

Wir rechnen damit, dass die Forschung die Anwendbarkeit des Deep Learnings weiter vorantreiben wird, beispielsweise durch potentielle Durchbrüche bei der Optimierung neuronaler Netzwerkarchitekturen, wie wir bereits erläutert haben. Auch sind einige Forschungsgebiete noch weitgehend unberührt, etwa die Erforschung der Fähigkeit, von nicht bezeichneten Daten zu lernen: das sogenannte *nicht überwachte Lernen*. Hier ist noch viel Raum für Innovationen. Darüber hinaus erwarten wir weitere Forschungsarbeit im Bereich Programmsynthese und Graphennetzwerke sowie das Entstehen weiterer Anwendungen für Adversarial Networks.

3.4.1 Ethische und rechtliche Fragen

Es ist völlig klar, dass es ethische Bedenken in Bezug auf Aspekte wie Voreingenommenheit, Sicherheit, Datenschutz und die angemessene Nutzung von Deep-Learning- und KI-Technologien gibt. Diese ethischen Überlegungen werden sich in immer größerem Maß auf die Entwicklung von KI-Systemen auswirken, da zunehmend Gesetze und Vorschriften erlassen und in Kraft gesetzt werden, mit denen die negativen Auswirkungen dieser Systeme eingedämmt werden sollen. Wie weiter oben bereits erwähnt, sind Deep-Learning-Systeme heute anfällig für widersprüchliche Beispiele – selbst in der physischen Welt –, wodurch ein Sicherheitsrisiko entsteht. Neben den Auswirkungen auf die Sicherheit bestehen auch ethische Bedenken im Hinblick auf Voreingenommenheit.

In KI- und ML-Algorithmen wird Voreingenommenheit typischerweise als systematische Abweichung beschrieben und untersucht – ein mathematisches Konstrukt zur Beschreibung der Differenz zwischen einem erwarteten Wert und dem wahren Wert des geschätzten Parameters. Je nach Art des Modells kann es auf unterschiedliche Weise zu solchen Abweichungen kommen. Aber auch wenn ein System keine Abweichung im mathematischen Sinne aufweist, kann es allgemeinsprachlich als »voreingenommen« angesehen werden.

Das Wort *Voreingenommenheit* konnotiert normalerweise eine Form von Vorurteil gegenüber oder Bevorzugung einer bestimmten Gruppe. Dies wird in der Regel als ungerecht empfunden. An dieser Stelle sei darauf hingewiesen, dass der Begriff der Gerechtigkeit kulturell definiert ist und im Laufe der Geschichte immer wieder unterschiedlich bewertet wurde. Daher können solche Abweichungen tatsächlich zu Ungerechtigkeit führen. Der knifflige Teil hierbei ist, dass Menschen normalerweise davon ausgehen, dass Computer unvoreingenommen sind und dass die aus mathematischen Modellen gewonnenen Ergebnisse gerechter sind als die von Menschen erzielten Ergebnisse. Es liegt aber in der Natur von Deep-Learning-Modellen, dass sie ein gewisses Maß an Voreingenommenheit aufweisen, da ihre treibende Kraft die Daten aus der realen Welt sind, auf denen die Modelle aufgebaut sind. Leider stecken diese wahren historischen Daten voller Voreingenommenheit.

Bei Deep-Learning-Anwendungen, bei denen viel auf dem Spiel steht – wie etwa bei Personalentscheidungen oder Kreditanträgen –, liegt es auf der Hand, dass dieser Aspekt sehr nachteilige Auswirkungen haben kann. Nehmen wir als Beispiel Worteinbettungen, die Wörter in einem niedrigdimensionalen Raum repräsentieren. Es ist klar, dass Worteinbettungen voreingenommen sind, wenn sie beispielsweise mit Google-News-Artikeln trainiert wurden. Diese Worteinbettungen basieren auf voreingenommenen eingebetteten Beziehungen zwischen Wörtern, die sich ganz einfach z. B. als »*Mann* verhält sich zu *Computerprogrammierer* wie *Frau* zu *Hausfrau*« extrahieren lassen (Bolukbasi, Chang, Zou, Saligrama und Kalai, 2016). Es kann sich nachteilig auf Deep-Learning-Anwendungen mit Worteinbettungen auswirken, wenn diese Arten von Problemen keine Berücksichtigung finden. Personalabteilungen setzen z. B. immer häufiger Algorithmen ein, um Lebensläufe automatisch mit Stellenangeboten abzugleichen. Wenn in einem solchen Prozess Worteinbettungen blind angewendet werden und aus historischen Daten gefolgert wird, dass »erfolgreiche« Menschen in einer bestimmten Rolle meist Männer waren, können die Ergebnisse dieses Prozesses durchaus als negativ angesehen werden. O'Neil skizzierte 2016 in ihrem Buch *Weapons of Math Destruction*, auf welch vielfältige Weise Algorithmen im Big-Data-Zeitalter nachteilig genutzt werden können, und sie stellte heraus, wie wichtig es ist, sich möglicher Schäden bewusst zu sein.

Leider kann es ausgesprochen schwierig sein, Abweichungen und damit Voreingenommenheit zu entdecken und zu beseitigen. Ein anderes Beispiel stammt aus dem Jahr 2015: Eine Foto-App kennzeichnete eine dunkelhäutige Person als »Gorilla«, woraufhin sich das betreffende Unternehmen sofort entschuldigen musste. Wäre dem Unternehmen dies bewusst gewesen, wäre diese Technologie sicherlich nicht eingesetzt worden. Allerdings liegt es in der Natur der Sache, dass die prädiktive Modellierung von künstlicher Intelligenz und Machine Learning schwieriger zu testen ist als herkömmliche Softwareanwendungen. Schließlich erzeugt in einem klassischen Softwaresystem eine Eingabe eine bekannte Ausgabe, was für KI-basierte Systeme nicht gilt. KI-basierte Systeme werden anhand ihrer statistischen Ergebnisse bewertet, und diese Ergebnisse können sich oft von einem Datendurchlauf zum nächsten ändern. Solange keine geeigneten Testmethoden für KI-basierte Systeme entwickelt werden, könnte die Bereitstellung von KI-basierten Systemen auf große Hindernisse stoßen.

Es gibt nicht nur ethische und kulturelle Aspekte, sondern auch eine Vielzahl rechtlicher Auswirkungen. Glücklicherweise wird die Voreingenommenheit von ML-Anwendungen sowohl in der Forschung als auch in der Industrie zunehmend diskutiert. Es ist jedoch wichtig zu erkennen und zu akzeptieren, dass der technologische Fortschritt allein das Problem nicht lösen wird – es gibt einfach keine einheitliche Patentlösung dafür. Das Testen von KI-Modellen und die Entwicklung von gerechten Systemen erfordern zweifellos einen interdisziplinären Ansatz, um das Ziel zu erreichen, eine sichere, weit verbreitete künstliche Intelligenz aufzubauen.

3.5 Zusammenfassung

In diesem Kapitel haben wir einige der Trends im Bereich Deep Learning erläutert, wie etwa die Suche nach optimalen Netzwerkarchitekturen im Hinblick sowohl auf die Genauigkeit als auch auf die Geschwindigkeit. Wir haben auch zwei neue spannende Entwicklungen bei neuronalen Netzwerken für das maschinelle Sehen beleuchtet: Bei der ersten wird versucht, die Grenzen von CNN durch Kapselnetzwerke aufzuheben. Die andere verwendet neuronale Netzwerke, um zu versuchen, mit Hilfe automatisierter ML-Techniken optimale Architekturen zu definieren, bei denen nur minimale menschliche Eingriffe notwendig sind.

Wir haben verschiedene weitere Trends im Deep Learning beschrieben, beispielsweise die Entwicklung und den Einsatz spezialisierter Hardware sowie die Verwendung von vortrainierten Modellen. Letztere ermöglichen das Seeding von Lösungen mit einer geringeren Menge an Daten, als für den vollständig neuen Aufbau einer Deep-Learning-Lösung erforderlich ist. Zum Abschluss haben wir einige Einschränkungen und Grenzen des Deep Learnings aufgezeigt, derer sich Entwickler bewusst sein sollten, wie etwa die Unfähigkeit dieser Modelle, abstrakte Konzepte zu verstehen. Hierzu gehören aber auch die rechtlichen und ethischen Bedenken aufgrund von widersprüchlichen Beispielen sowie die Voreingenommenheit von Modellen, die aus den zugrundeliegenden Daten herrührt, auf denen die Modelle aufgebaut sind.

In Kapitel 4, »Microsoft-KI-Plattform«, beschrieben wir, wie Sie die Tools, Infrastruktur und Dienste der Microsoft-KI-Plattform nutzen können, um den Entwicklungslebenszyklus Ihrer Deep-Learning-Projekte und -Modelle zu verwalten, Ihre Modelle mit großen Datenmengen zu trainieren und sie schnell in Form von Web-APIs zu operationalisieren.

TEIL 2

Die Azure KI-Plattform und Ihr Werkzeugkasten

Kapitel 4
Microsoft-KI-Plattform

In diesem Kapitel stellen wir die KI-Plattform von Microsoft vor, die eine Reihe von Diensten, Infrastrukturen und Tools für die Entwicklung intelligenter Anwendungen auf Basis von künstlicher Intelligenz bietet. Die Microsoft-KI-Plattform wird in der Microsoft Azure-Cloudcomputingumgebung ausgeführt, die Computing als Hilfsprogramm bereitstellt, bei dem Sie nur für das bezahlen, was Sie tatsächlich nutzen, und nicht für das, was Sie besitzen. Weitere Informationen zur gesamten Azure-Plattform finden Sie im E-Book *Developer's Guide to Microsoft Azure* (Crump und Luijbregts, 2017). Die Microsoft-KI-Plattform ermöglicht es Data Scientists und Entwicklern, KI-Lösungen auf effiziente und kostengünstige Weise zu erstellen.

Microsoft bietet weitere Produkte für die Entwicklung von KI-Lösungen – wie z. B. Machine Learning Server –, die zusätzlich zur Cloud lokal oder in Hybridform eingesetzt werden können. Dieses Kapitel konzentriert sich aber vor allem auf die Cloudcomputingplattform, die aus Gründen, die wir zu einem späteren Zeitpunkt näher beschreiben werden, am besten für die Entwicklung von Deep-Learning-Lösungen geeignet ist. In der Praxis können die mit der Microsoft-KI-Plattform entwickelten Modelle dann an vielen Stellen eingesetzt werden, z. B. für hochskalierbare Echtzeitanwendungen in der Cloud, im Edge über Azure IoT oder innerhalb einer Datenbank wie beispielsweise in einer in SQL-Server gehosteten gespeicherten Prozedur. Die Microsoft-KI-Plattform besteht aus einer Reihe flexibler, offener Dienste, Tools und Infrastrukturen auf Unternehmensniveau, mit denen Entwickler und Datenwissenschaftler ihre Produktivität bei der Entwicklung von KI-Lösungen maximieren können.

Die Entwicklung einer Deep-Learning-Lösung erfordert sehr viele Experimente, eine hohe Rechenleistung – wofür häufig fortschrittliche Hardware wie GPUs und FPGAs zum Einsatz kommt, wie in Kapitel 3, »Trends im Deep Learning«, beschrieben – sowie eine große Menge an Trainingsdaten. Es besteht definitiv ein großer Bedarf daran, Trainings in großem Umfang durchführen zu können. Cloudcomputing bietet die Möglichkeit, verschiedene Verwaltungsebenen – von der reinen Infrastruktur bis hin zu verwalteten Diensten – problemlos hoch- und herunterzuskalieren, und macht damit datenwissenschaftliche Aufgaben einschließlich Training und Bewertung von Deep-Learning-Modellen deutlich praktikabler.

In der Tat erfordert die Entwicklung einer Deep-Learning-Lösung die gründliche Überlegung und sorgfältige Einrichtung vieler Aspekte, wie z. B. Datenspeicherung, Entwicklungsumgebung, Planung von Training und Bewertung sowie Clusterverwaltung und Kostenmanagement. Deep-Learning-Lösungen sind berühmt-berüchtigt für ihre komplexen Konfigurationen, wie etwa in Bezug auf die Sicherstellung der Treiber- und Softwarekompatibilität. Es ist wichtig, Daten an einem Ort zu speichern, der auf zunehmende Datenvolumen skalierbar ist und es ermöglicht, mehr Daten zu sammeln, um Lösungen im Laufe der Zeit zu verbessern. Diese Daten müssen an einem sicheren Ort und gemäß den lokalen Gesetzen und Vorschriften gespeichert werden. Entwicklungsumgebungen müssen die Anforderungen der Entwickler oder Datenwissenschaftler erfüllen, die den Code erstellen, und Workflows wie den Wechsel von einem Laptop in die Cloud ermöglichen. Workflows für Deep-Learning-Trainings müssen geplant und überwacht werden. Die Azure-Cloudcomputingumgebung lässt sich zur besseren Kostenkontrolle hoch- und herunterskalieren und verfügt über Produktangebote auf verschiedenen Ebenen, um diese Aspekte zu berücksichtigen: von der reinen Infrastruktur mit VMs, die bereits für Deep Learning konfiguriert sind, bis hin zu vollständig verwalteten Diensten mit zuvor trainierten, einsatzbereiten Modellen.

Natürlich sind nicht all diese Dienste für eine einzelne Lösung notwendig, sondern bilden zusammengenommen eine Plattform, auf der jede Art von intelligenter Anwendung aufgebaut werden kann. Dabei profitieren Datenwissenschaftler und Entwickler von der besten Open-Source-Technologie sowie von den Ergebnissen der jahrzehntelangen Forschung seitens Microsoft sowohl zu KI-Algorithmen als auch zu Tools für die Entwicklung. Mit der Azure-Plattform können Entwickler und Datenwissenschaftler eine Infrastruktur nutzen, die praktisch unbegrenzt skalierbar ist und Sicherheit, Verfügbarkeit, Compliance und Verwaltbarkeit auf Unternehmensniveau bietet.

In den folgenden Abschnitten werden die wichtigsten auf der Microsoft-KI-Plattform verfügbaren Dienste, Infrastrukturen und Tools beschrieben (siehe Abbildung 4.1). Für die Nutzung der Plattform ist ein Azure-Abonnement erforderlich. Sie erhalten eine kostenlose Testversion über folgende Website: *https://azure.microsoft.com/de-de/offers/ms-azr-0044p/*.

Im Folgenden beschreiben wir zunächst die Microsoft-KI-Plattform und erläutern dann die Schritte zum Aufbau einer Deep-Learning-VM (DLVM), die für die Ausführung der in nachfolgenden Kapiteln sowie in Teil 4 bereitgestellten Codebeispiele erforderlich ist.

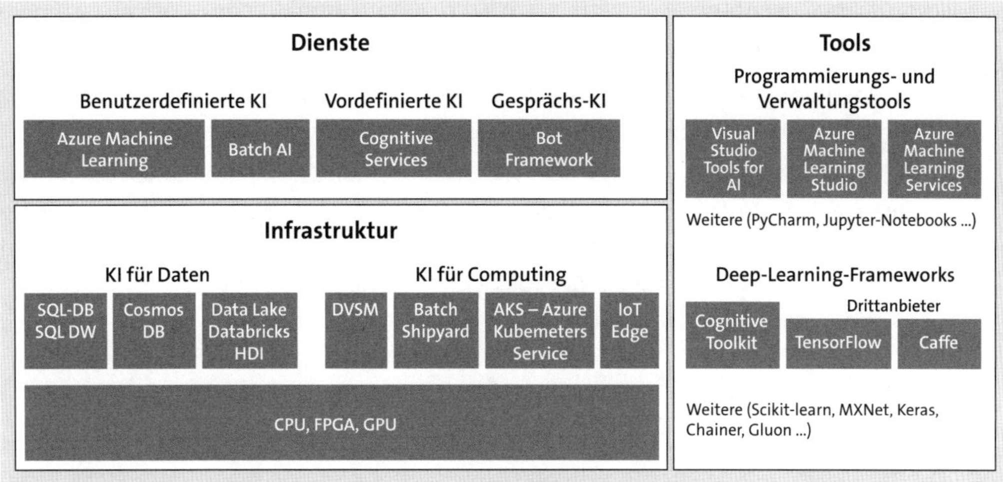

Abbildung 4.1 Microsoft-KI-Plattform

4.1 Dienste

Die Microsoft-KI-Plattform besteht aus einer Reihe von Diensten, von vollständig verwalteten Softwarediensten bis hin zu Diensten für die Erstellung benutzerdefinierter KI-Anwendungen. Je nach Szenario und erforderlicher Flexibilität können unterschiedliche Lösungen möglich sein. Die Dienste sind in folgende drei Hauptbereiche unterteilt:

1. *Vorkonfigurierte KI*: Diese Dienste nutzen vorkonfigurierte Modelle innerhalb einer Anwendung über Algorithmen, die mit Hilfe der Cognitive Services-Dienstfamilie bereits zum Sehen, Hören, Sprechen und Verstehen entwickelt wurden.
2. *Gesprächs-KI*: Diese Dienste integrieren über das Bot Framework natürliche Interaktionen in eine Anwendung. Das Bot Framework verfügt über Konnektoren zu gängigen Kanälen wie Facebook Messenger, Slack, Skype und Bing.
3. *Benutzerdefinierte KI-Dienste*: Diese Dienste lassen sich mit der Flexibilität von *Azure Machine Learning Services, Batch AI Service* oder beiden an verschiedene Szenarien anpassen.

4.1.1 Vorkonfigurierte KI: Cognitive Services

Cognitive Services sind eine Reihe von Diensten, mit denen Entwickler und Datenwissenschaftler KI-Lösungen mit Fähigkeiten in den Bereichen Sehvermögen, Sprechkompetenz, Sprachkenntnisse, allgemeines Wissen und Suchfunktionen entwickeln können (siehe Tabelle 4.1). Cognitive Services bestehen aus zwei Haupttypen:

1. Vorab trainierte Modelle, die als REST-APIs verfügbar sind und ohne jede Anpassung in Endbenutzeranwendungen verwendet werden können.
2. Bring-your-own-Data-Dienste, wie z. B. *Custom Vision Service*, mit denen Entwickler ohne jegliche Kenntnisse in den Bereichen maschinelles Sehen oder Deep Learning ein benutzerdefiniertes Bildklassifizierungsmodell erstellen können: Sie müssen einfach nur Bilder verschiedener Klassen hochladen und auf eine Schaltfläche klicken, um das Modell zu trainieren.

Sehvermögen	Sprachkenntnisse	Sprechkompetenz	Suchfunktionen	Wissen
maschinelles Sehen	Textanalyse	Sprechererkennung	Websuche	Academic Knowledge
Gesichtserkennung	Rechtschreibprüfung	Spracheingabe	Bildersuche	Entity Linking-Dienst
Emotionen	Web Language Model	Speech Service[1]	Videosuche	Knowledge Exploration
Content Moderator	linguistische Analyse		News-Suche	Empfehlungen
Video Indexer	Übersetzer		Vorschlagssuche	QnA Maker
Vision Service[1]	Language Understanding[1]		Search[1]	Decision Service[1]

[1] Benutzerdefinierter Cognitive Service mit Bring-your-own-Data-Funktionen.

Tabelle 4.1 Beispiel für Cognitive Services auf der Microsoft-KI-Plattform

Beispielsweise ist in fast jeder Anwendung eine Suchfunktion vorhanden, diese lässt sich aber oft nur schwer implementieren, da sie unter anderem die Verarbeitung natürlicher Sprache und sprachspezifische Linguistik erfordert. *Azure Search* bietet die zugrundeliegende Suchmaschine dafür: Entwickler müssen einen Index erstellen, um die Suche zu unterstützen und mit Daten zu füllen, während Azure Search sich um alle Aspekte auf darunter liegenden Ebenen kümmert. Dazu nutzt der Dienst umfangreiche

Funktionen wie intelligente Filterung, Suchvorschläge, Wortzerlegung und geografische Suche.

Diese Dienste sind sehr beliebt, da sie problemlos in Anwendungen integriert werden können. Beispielsweise sind nur wenige Zeilen Code erforderlich, um ein Emotionserkennungsmodell in eine Anwendung zur Messung des Kundendiensterlebnisses zu integrieren. Die heute verfügbaren Cognitive Services und Custom Cognitive Services sind ausgesprochen breit gefächert und werden in Kapitel 5, »Cognitive Services und Custom Vision«, näher beschrieben.

4.1.2 Gesprächs-KI: Bot Framework

Das Bot Framework umfasst Tools und Dienste, mit denen Entwickler Bots erstellen können, die mit Benutzern kommunizieren. So kann beispielsweise ein Entwickler ganz einfach einen Bot entwickeln, der mit Benutzern auf einer Website interagiert, um sie durch den Kauf eines Produkts oder einer Dienstleistung zu führen, so dass sie nicht durch die Webseite navigieren müssen. Durch dieses Framework können Entwickler den Bot einmal erstellen und dann über viele im Bot Framework enthaltene Kanäle, wie Skype, Facebook und das Web, verfügbar machen. Bots können mit dem *Bot Builder Software Development Kit (SDK)* mit C# oder Node.js oder mit dem *Azure Bot Service* erstellt werden.

Bots können so aufgebaut werden, dass sie sich auf natürliche Weise unterhalten können, insbesondere durch die Nutzung erweiterter Fähigkeiten mit der Integration von Cognitive Services wie dem *Language Understanding Intelligence Service (LUIS)* und der Integration in andere kognitive Dienste. Als verwalteter Dienst in Azure ist das Bot Framework skalierbar, und es fallen daher nur Kosten für die tatsächlich genutzten Ressourcen an.

4.1.3 Benutzerdefinierte KI: Azure Machine Learning Services

Azure Machine Learning Services wurden Ende 2017 in der öffentlichen Vorschau eingeführt. Diese Dienste sind nützlich für den Aufbau maßgeschneiderter KI-Lösungen und helfen Ihnen dabei, die End-to-End-Entwicklung intelligenter Anwendungen zu beschleunigen.

- Sie können Modelle in großem Umfang entwickeln, bereitstellen und verwalten.
- Für Ihre Entwicklungen können Sie die in der Open-Source-Community beliebten Tools und Frameworks verwenden.

Azure Machine Learning Services bieten ein Framework für die Verwaltung eines datenwissenschaftlichen Projekts. Mit diesen Diensten können Sie die Computingumgebung bereitstellen, die sich für das Training der jeweiligen KI-Modelle am besten eignet:

1. *Data Science Virtual Machine*
2. *Spark on Databricks* oder *HDInsight*
3. *Azure Batch AI*

Diese Computingumgebungen werden wir später in diesem Kapitel beschreiben.

Der Experimentierdienst hilft bei der Verwaltung von Projektabhängigkeiten, der Hochskalierung von Trainingsaufträgen und der gemeinsamen Nutzung von datenwissenschaftlichen Projekten. Der Modellverwaltungsdienst nutzt eine auf Docker-Containern basierende Bereitstellung, um Datenwissenschaftler und Entwickler dabei zu unterstützen, Lösungen auf einem einzelnen Knoten (in der Cloud oder lokal) bereitzustellen und *Scale-out-Clusterbereitstellungen* wie Azure Container Services sowie die Edge-Bereitstellung über Azure IoT Edge zu skalieren.

Derzeit arbeiten Azure Machine Learning Services mit Python und sind in mehreren Azure-Regionen verfügbar. Darüber hinaus gibt es KI-Erweiterungen für Visual Studio und Visual Studio Code, die in Abschnitt 4.3, »Tools«, weiter unten in diesem Kapitel behandelt werden und eine Interaktion mit der Azure-Machine-Learning-Plattform ermöglichen (*https://docs.microsoft.com/de-de/azure/machine-learning/service/overview-what-happened-to-workbench*). Da der Dienst regelmäßig aktualisiert wird, haben wir uns in diesem Buch auf die wichtigsten Computingumgebungen konzentriert und empfehlen, die aktuelle Dokumentation zu den Azure Machine Learning Services zu lesen, die unter *https://docs.microsoft.com/de-de/azure/machine-learning/service/overview-what-is-azure-ml* verfügbar ist.

4.1.4 Benutzerdefinierte KI: Batch AI

Batch AI ist ein verwalteter Dienst, der es Datenwissenschaftlern und Entwicklern ermöglicht, Deep-Learning- und andere KI-Modelle mit Hilfe von GPU-Clustern im großen Umfang zu trainieren. Mit Batch AI können Sie bei Bedarf einen Cluster aus Knoten mit GPUs erstellen. Nach Abschluss des Auftrags können Sie den Cluster deaktivieren und auf diese Weise Kosten sparen. Der Dienst ermöglicht es Ihnen, mit Hilfe von Containern oder VMs eine frameworkspezifische Konfiguration zu erstellen. Dies ist ideal für Experimente, wie z. B. das Durchführen von Parametersweeps oder Experimenten, das Testen verschiedener Netzwerkarchitekturen oder das Optimieren von Hyperparametern im Allgemeinen. Der Dienst ermöglicht darüber hinaus Multi-GPU-Trainings für Frameworks, die ein Training über Knoten hinweg erlauben, wenn die Trainingsdatenmenge sehr groß ist. Ein Beispiel mit zugehörigem Code für das Training von Deep-Learning-Modellen mit Batch AI finden Sie in Kapitel 9, »Trainieren von KI-Modellen«. Batch AI kann außerdem für Szenarien mit unübersichtlichen parallelen Batchbewertungen verwendet werden.

Batch AI basiert auf Azure Batch, einem cloudbasierten Tool zur Ressourcenverwaltung und Aufgabenausführung. Mit Batch AI bezahlen Sie nur für die tatsächlich von Ihnen genutzte Rechenleistung, wobei sowohl Standard-VMs als auch VMs mit niedriger Priorität verfügbar sind. Für die Auftragsplanung und Clusterverwaltung fallen im Allgemeinen keine zusätzlichen Kosten an. VMs mit niedriger Priorität bieten eine kostengünstige Lösung für Aufgaben mit niedrigerer Priorität, wie z. B. das Lernen und Experimentieren.

Batch Shipyard ist ein mit Batch AI verwandtes Open-Source-Tool und Vorläufer des verwalteten Batch AI-Diensts, der ebenfalls in der Azure Batch-Infrastruktur ausgeführt wird. Batch Shipyard unterstützt sowohl Docker- als auch Singularity-Container sowie Szenarien, die für die Entwicklung von Deep-Learning-Lösungen wichtig sind, wie beispielsweise die Optimierung von Hyperparametern. Batch Shipyard kann darüber hinaus für Batchbewertungen von Deep-Learning-Modellen eingesetzt werden. Weitere Einzelheiten zu Batch AI und Batch Shipyard finden Sie in Teil 4 dieses Buchs.

4.2 Infrastruktur

In diesem Abschnitt beschreiben wir die für KI-Rechenaufgaben verfügbare Infrastruktur – wie die *Data Science Virtual Machine (DSVM)* –, Spark-Cluster, die Infrastruktur für die Verwaltung der Containerbereitstellung sowie die Infrastruktur für die Speicherung von Daten, auf denen KI-Lösungen aufgebaut werden: SQL-Datenbank, SQL Data Warehouse, Cosmos DB und Data Lake.

4.2.1 Data Science Virtual Machine

Die DSVM ist eine vorkonfigurierte Umgebung in der Cloud für die datenwissenschaftliche Nutzung sowie die Modellierung, Entwicklung und Bereitstellung von künstlicher Intelligenz. Sie ist als Windows Server-Version, als Linux-Version und in einer speziellen Version für Deep Learning verfügbar – diese wird als *DLVM* bezeichnet und auf einer GPU ausgeführt. Wie in Abbildung 4.2 (siehe hierzu *https://azure.microsoft.com/de-de/services/virtual-machines/data-science-virtual-machines/*) dargestellt, können gängige Sprachen für die datenwissenschaftliche Entwicklung wie Python, R und Julia sofort verwendet werden. Darüber hinaus können Verbindungen mit vielen Datenspeichern wie SQL Data Warehouse, Azure Data Lake, Azure Storage und Azure Cosmos DB hergestellt werden, um Daten zu beziehen. Viele ML- und KI-Tools sind bereits vorinstalliert, wie z. B. einige beliebte Deep-Learning-Frameworks. Datenwissenschaftler und Entwickler können die VM nach Bedarf für den jeweiligen Einsatz anpassen. Es gibt auch eine auf die Analyse von räumlich-geografischen Daten spezialisierte Variante, die Geo AI DSVM: *http://aka.ms/dsvm/geoai/docs*.

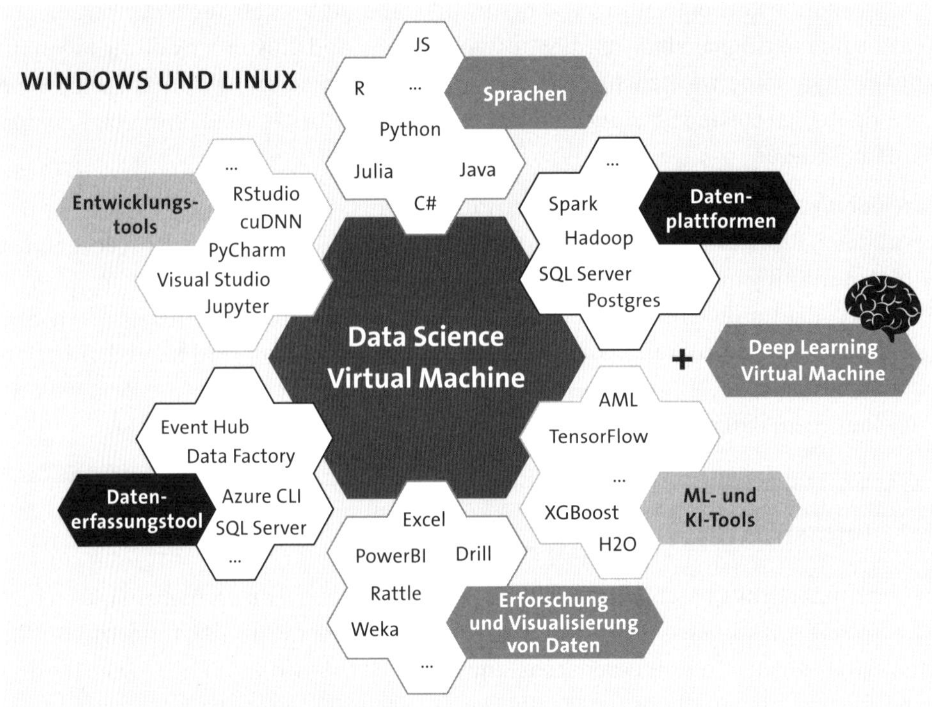

Abbildung 4.2 Funktionen der Data Science Virtual Machine

DSVMs sind bei Datenwissenschaftlern aus folgenden Gründen sehr beliebt:

- Sie bieten einen problemlos einzurichtenden Analysedesktop in der Cloud und die Möglichkeit, Projekte unkompliziert an Kollegen zu übertragen.
- Sie bieten eine bedarfsgesteuerte elastische Kapazität und die Möglichkeit, sie ein- und auszuschalten (z. B. können VMs nachts deaktiviert werden, wenn keine Aufträge ausgeführt werden).
- DSVMs enthalten Beispiele und Vorlagen, die den Einstieg in die Datenwissenschaft und das Deep Learning erleichtern.

- Außerdem besteht die Möglichkeit, Verbindungen mit anderen Diensten herzustellen. Damit kann eine DSVM z. B. in einem über Azure Machine Learning Services verwalteten Projekt als Computingziel verwendet oder als Computerressource für den Batch AI-Dienst genutzt werden.
- DSVMs eignen sich besonders für Trainings- und Lernszenarien in den Datenwissenschaften, da sie sich problemlos einrichten lassen und kostengünstiger sind als Umgebungen, in denen Hardware und Software selbst erworben und verwaltet werden müssen.

Im Hinblick auf Deep Learning kann speziell die Einrichtung eines GPU-basierten Systems mit allen notwendigen Treibern und Konfigurationen äußerst schwierig sein. Eine DLVM erleichtert diese Einrichtung erheblich und kann mit bis zu vier GPU-Karten auf einer einzigen VM ausgestattet werden. Für die VM fallen keine Softwarekosten an, und die Preise beginnen bei 0,90 US-Dollar/Stunde für die NC6-Serie.

DSVMs können sowohl für Experimente als auch für einfache Bereitstellungsszenarien verwendet werden, wie z. B. die Ausführung einfacher Webdienste mit Flask in Kombination mit Funktionen wie Azure Automation, Azure Functions und Azure Data Factory, um Aufträge auszulösen, die auf einer DSVM ausgeführt werden.

4.2.2 Spark

Es gibt verschiedene Optionen für die Ausführung von *Spark* auf Azure –hierzu zählen *Azure Databricks, Azure HDInsight* und die Nutzung des *Azure Distributed Data Engineering Toolkit (AZTK)* als wichtigste Beispiele. Databricks ist eine verwaltete Plattform für Spark mit einer umfangreichen Funktionspalette für Datenwissenschaftler und Entwickler, beispielsweise für die Teamzusammenarbeit und die Versionskontrolle. Der Dienst übernimmt einen Großteil der Clusteroptimierung für Entwickler, ist also ideal für Benutzer, die Spark vielleicht nicht kennen oder konfigurieren möchten. Allerdings weist er keine besonders große Flexibilität in Bezug auf die Konfiguration von Clustern auf. HDInsight ist ein vollständig verwalteter Clouddienst für Open-Source-Analysen wie HBase, Hive, Storm und weitere, die zusätzlich zu Spark verwendet werden.

Das AZTK ist eine Open-Source-basierte Python-Befehlszeilenanwendung (Command-Line Interface, CLI) zur bedarfsmäßigen Bereitstellung von Spark-Clustern in Azure. Die Spark-Cluster werden in Docker-Containern mit Bring-your-own-Docker-Imageflexibilität ausgeführt und lassen sich im Durchschnitt innerhalb von 5 Minuten bereitstellen, wobei VMs mit niedriger Priorität mit einem Rabatt von bis zu 80 Prozent erhältlich sind. Dieses Toolkit ist nützlich für die bedarfsbasierte Ausführung von verteilten Spark-Workloads, wie z. B. Batchworkloads, und kann mit Hilfe von Azure Functions so geplant werden, dass Ressourcen je nach Bedarf eingesetzt oder abgegeben werden. Es verfügt über ein umfangreiches Python SDK zur programmatischen Steuerung von Clustern und Aufträgen. Das AZTK stellt die flexibelste Option in Bezug auf die Unterstützung aller VM-Typen mit GPUs dar, was besonders für Deep-Learning-Szenarien hilfreich ist.

Für all diese Spark-Infrastrukturoptionen bietet *Microsoft Machine Learning for Apache Spark (MMLSpark)* eine Reihe von Deep-Learning- und datenwissenschaftlichen Tools für Apache Spark, einschließlich der Integration in das Framework CVTK (*Computer Vision Tool Kit*) für Deep Learning. Durch diverse Kooperationen wurde Spark darüber hinaus in jüngster Zeit im Hinblick auf Deep-Learning-Anwendungen verbessert – insbesondere in Bezug auf Aspekte wie die Unterstützung von Bilddaten, wie unter *https://blogs.technet.microsoft.com/machinelearning/2018/03/05/image-data-support-in-apache-spark/* erläutert.

4.2.3 Hosten von Containern

Azure Kubernetes Service (AKS) ist ein vollständig verwalteter Dienst für die Orchestrierung von *Kubernetes*-Containeranwendungen. Über die als *Azure Container Service (ACS)* bezeichnete Originalversion können Benutzer auch andere Orchestrierungsdienste auswählen. Bei der vollständig verwalteten Version von AKS fallen lediglich Kosten für die VMs an, die für die jeweiligen Aufgaben eingesetzt werden, das heißt, die Verwaltungsinfrastruktur ist völlig kostenlos.

AKS ist eine generische Computingplattform und extrem flexibel. Bei KI-Workloads wird diese Art von Dienst häufig verwendet, um skalierbare KI-Modelle für Echtzeitbewertungen bereitzustellen, obwohl AKS auch für skalierbares KI-Training genutzt werden kann. Die Azure Machine Learning Services enthalten einen Modellverwaltungsdienst, der die Bereitstellung von KI-Modellen als REST-API für Azure Container Services erleichtert. Eine beispielhafte Deep-Learning-Lösungsarchitektur sehen Sie in Abbildung 4.3 dargestellt – Daten werden in SQL Server gespeichert, Code wird mit einer von Azure Machine Learning Services verwalteten Deep Learning Virtual Machine entwickelt, die Bereitstellung erfolgt in Form einer Rest-API für Azure Container Services, wie unter *https://azure.microsoft.com/de-de/solutions/architecture/information-discovery-with-deep-learning-and-nlp/* beschrieben.

Azure Container Services bietet Kunden den Vorteil von Open-Source-Kubernetes zusammen mit einer integrierten Verwaltungsfunktion, um die Komplexität und den operativen Aufwand zu reduzieren. AKS verfügt über Funktionen für automatisierte Upgrades, Skalierung und Selbstreparatur, die über eine auf Azure gehostete Steuerungsebene zugänglich sind. Für Benutzer, die noch mehr Flexibilität wünschen, ist die

ACS-engine ein Open-Source-Projekt, das es Entwicklern ermöglicht, benutzerdefinierte Docker-fähige Containercluster zu erstellen und zu verwenden.

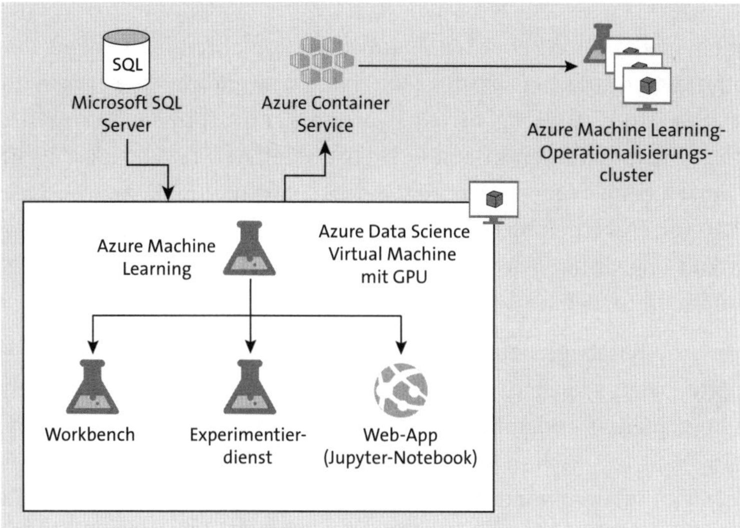

Abbildung 4.3 Eine Deep-Learning-Lösungsarchitektur

Entwickler können Container auch über Azure Container Instances hosten – dabei erfolgt das Hosting ohne Containerorchestrator, was besonders nützlich ist, um eine einfache Anwendung zu testen oder zu hosten, die keine Skalierung erfordert. *Azure App Service* ist eine Sammlung von Hosting- und Orchestrierungsdiensten, die aus den Features *Web-App*, *Web-App für Container* und *Mobile App* besteht. Web-App ermöglicht es Entwicklern beispielsweise, Webanwendungen oder APIs zu hosten, während Web-App für Container die Bereitstellung und Ausführung von containerbasierten Webanwendungen mit Images aus Docker Hub oder einer privaten Azure Container Registry ermöglicht.

4.2.4 Datenspeicherung

Azure SQL Database ist ein relationales cloudbasiertes *Database-as-a-Service-Modell* mit integrierten intelligenten Funktionen, das speziell für Anwendungen mit individuellen Updates, Einfügungen und Löschungen (OLTP) entwickelt wurde. *Azure SQL Data Warehouse* ist ein Warehouse, das nicht ausschließlich für OLTP-Workloads vorgesehen ist, da es für größere Datenbanken einfacher zu verwenden sein soll. Features können deaktiviert werden, um Kosten zu sparen. Die SQL-Datenbank unterstützt mehr aktive Verbindungen und gleichzeitige Abfragen als SQL Data Warehouse. SQL Data Warehouse dagegen unterstützt Polybase, eine Technologie, die über die Sprache T-SQL auf Daten außerhalb der Datenbank zugreift. Häufig werden diese Dienste in Verbindung mit einer größeren Datenarchitektur genutzt.

Azure Cosmos DB ist ein global verteilter Datenbankdienst mit mehreren Modellen, der extrem niedrige Latenzzeiten und hochgradig skalierbare Anwendungen ermöglicht. Der Dienst bietet native Unterstützung für NoSQL und kann Schlüssel-Wert-, Diagramm-, Spalten- und Dokumentdaten in einem Dienst bereitstellen. Für den Zugriff auf Daten können verschiedene APIs verwendet werden, darunter SQL, Apache Cassandra und MongoDB, und es werden mehrere Konsistenzvarianten für niedrige Latenz und hohe Verfügbarkeit angeboten, wie z. B. *stark*, *begrenzte Veraltung* und *letztlich*. Dieses Angebot ist äußerst nützlich für sehr ungleichartige Daten.

Azure Data Lake Store ist ein unbegrenzter Data Lake, der unstrukturierte, halbstrukturierte und strukturierte Daten speichert, die für Big-Data-Analyseworkloads optimiert sind. Es ist hochgradig skalierbar und auf dem offenen *HDFS-Standard (Hadoop Distributed File System)* aufgebaut, lässt sich so leicht in viele Tools integrieren und ermöglicht eine unkomplizierte Migration bestehender Hadoop- und Spark-Daten in die Cloud. Data Lake Store kann Billionen von Dateien speichern, und einzelne Dateien dürfen größer sein als ein Petabyte. *Azure Blob Storage* ist ein vielseitig einsetzbarer Objektspeicher, der auch für Big-Data-Analyseworkloads verwendet werden kann. Einen Vergleich dieser verschiedenen Datenspeicheroptionen finden Sie unter *https://docs.microsoft.com/de-de/azure/data-lake-store/data-lake-store-comparison-with-blob-storage*.

4.3 Tools

In den vorangegangenen Abschnitten haben wir diverse Tools und Toolkits für die Entwicklung und Bereitstellung von KI-Lösungen erwähnt, die sich auf Dienste und Infrastrukturen für KI beziehen. Hierzu gehören z. B. das AZTK für die Bereitstellung einer Spark-Infrastruktur und Batch Shipyard für die Ausführung von Batch- und HPC-Containerworkloads (High-Performance Computing). Der folgende Abschnitt enthält eine nicht abschließende Aufzählung weiterer Tools, die auf der Microsoft-KI-Plattform verfügbar sind.

4.3.1 Azure Machine Learning Studio

Azure Machine Learning Studio ist eine serverlose Umgebung für das Training und die Bereitstellung von ML-Modellen. Das Learning Studio bietet eine grafische Benutzeroberfläche (Graphical User Interface, GUI) mit der Möglichkeit, konfigurierte Module zur Datenaufbereitung sowie für Training, Bewertung und Auswertung ganz einfach per Drag-and-Drop zu verschieben. Viele vorkonfigurierte Algorithmen sind für gängige Szenarien wie Regression und Klassifizierung enthalten. Für Erweiterbarkeit sorgen R- und Python-Skriptmodule, in die kundenspezifischer Code eingefügt und mit anderen Modulen verknüpft werden kann. Azure Machine Learning Studio ist zwar äußerst nützlich, um schnell benutzerdefinierte ML-Lösungen für kleinere Datensätze zu entwickeln, aber wir empfehlen dieses Tool nicht für die Entwicklung von Deep-Learning-Lösungen, da sowohl die Größe der Eingabedaten als auch die Hardware, auf der das Tool ausgeführt wird, eingeschränkt sind. Derzeit besteht keine Möglichkeit, mit Azure Machine Learning Studio eine eigene Computingumgebung einzurichten oder Scale-out-Computing über mehrere Knoten hinweg zu verwalten. Aufgrund dieser Faktoren empfehlen wir stattdessen die Nutzung von Azure Machine Learning Services für die Entwicklung von Deep-Learning-Lösungen.

4.3.2 Integrierte Entwicklungsumgebungen

Mit Microsoft Azure kann jede integrierte Entwicklungsumgebung (*Integrated Development Environment, IDE*) und jeder Editor zur Erstellung von KI-Anwendungen verwendet werden. Einige der am häufigsten verwendeten IDEs bieten Plug-ins oder Erweiterungen, die die Nutzung deutlich vereinfachen, wie z. B. die Veröffentlichung direkt in Azure. Beispielsweise handelt es sich bei Visual Studio Code Tools for AI um eine Erweiterung für Visual Studio Code, eine plattformübergreifende Open-Source-IDE. Visual Studio Tools for AI ist eine Erweiterung für Visual Studio zur Entwicklung von KI-Anwendungen mit der Möglichkeit, Remotecomputingkontexte festzulegen. Zum Zeitpunkt der Erstellung dieses Buchs empfehlen wir die Verwendung von Visual Studio Tools for AI und stellen Ihnen im weiteren Verlauf dieses Kapitels ein Beispiel vor, in dem diese Entwicklungsumgebung verwendet wird.

Diese IDEs verfügen über hilfreiche Funktionen, die die Entwicklung beschleunigen, jedoch können selbstverständlich auch andere weit verbreitete IDEs wie PyCharm und RStudio für die Entwicklung des Codes verwendet werden, der auf der Microsoft-KI-Plattform ausgeführt wird. Im Laufe der Zeit werden darüber hinaus zusätzliche Erweiterungen verfügbar werden. Darüber hinaus können *Jupyter-Notebooks* genutzt werden, die bereits für die Entwicklung auf der DSVM vorbereitet sind. Azure-Notebooks stellen eine weitere Option für die Ausführung von Code mit gehosteten Jupyter-Notebooks dar. *Azure-Notebooks* sind völlig kostenlos, können jedoch nicht auf GPUs ausgeführt werden und sind daher für Deep-Learning-Lösungen nicht besonders geeignet.

4.3.3 Deep-Learning-Frameworks

Die Microsoft-KI-Plattform ist eine offene Plattform, die auf den besten Eigenschaften von Open-Source-Technologien aufbaut. Deep-Learning-Frameworks wie das Microsoft Cognitive Toolkit (CNTK), TensorFlow, Caffe und PyTorch, die alle Open-Source-Projekte sind, werden in vielen der bereits erwähnten Tools, Dienste und Infrastrukturen unterstützt. Die DLVM ist mit vielen der gängigen Frameworks vorkonfiguriert, die zur Entwicklung von KI-Lösungen verwendet werden und beispielsweise in Azure, Azure IoT Edge oder Windows Machine Learning eingesetzt werden können. Die Frameworks haben wir in Kapitel 2, »Überblick über Deep Learning«, genauer besprochen.

4.4 Gesamte Azure-Plattform

In der Praxis gibt es viele weitere Azure-Komponenten, die häufig zum Aufbau von KI-Lösungen verwendet werden, um die KI-spezifischen Dienste durch andere Anforderungen zu ergänzen, wie z. B. die Erfassung und Verarbeitung von Streamingdatenflüssen, die Authentifizierung und die Bereitstellung von Dashboards. So stellt beispielsweise Azure IoT Hub Entwicklern eine sichere Verbindung zwischen IoT-Assets und der Cloud bereit, Azure Stream Analytics sorgt für eine SQL-ähnliche Verarbeitung von Echtzeitdaten, und Power BI baut auf vielen verschiedenen Datenquellen auf, um umfangreiche, interaktive Visualisierungen in Dashboards zu ermöglichen.

Zu den weiteren häufig verwendeten Diensten zählen u. a. Azure Functions und Azure Logic Apps, die in Abbildung 4.4 als Bestandteil einer Architektur dargestellt sind. Azure Functions ist ein serverloser Dienst, der es Entwicklern ermöglicht, einfach den Code zu schreiben, den sie ausführen möchten, ohne sich um die zugrundeliegende Infrastruktur zu kümmern, auf der der Code ausgeführt werden soll. Kosten fallen nur dann an, wenn der Code tatsächlich ausgeführt wird. Die Funktion, die in Sprachen wie C#, Node.js und Java geschrieben ist, kann zeitgesteuert ausgeführt oder durch ein Ereignis wie eine HTTP-Anforderung oder ein Ereignis in einem anderen Azure-Dienst ausgelöst werden. Beispielsweise kann eine Funktion jedes Mal ausgelöst werden, wenn ein neues Bild in den Azure Blob Storage hochgeladen wird: Die Funktion ändert die Größe des Bilds und ruft ein KI-Modell auf, das über eines der Beispiele gehostet wird. Azure Logic Apps arbeiten ebenfalls serverlos und generieren nur bei tatsächlicher Ausführung Kosten. Darüber hinaus können sie einen Geschäftsprozess automatisieren. In einem einfachen Szenario können Azure Logic Apps beispielsweise aktiviert werden, wenn eine E-Mail in Office 365 ankommt: Dadurch wird ein Prozess ausgelöst, der Daten in SQL Server überprüft und nach der Überprüfung eine Textnachricht an einen

Endbenutzer sendet. Zusätzlich zu den Diensten von Microsoft gibt es einen Marktplatz für Dienste und Tools, die auf dem Azure-Ökosystem basieren. Eine mögliche Beispielarchitektur sehen Sie in Abbildung 4.4, die Ihnen die integrierten Komponenten auf der Azure-Plattform zur Verwaltung von Datenflüssen in Endanwendungen von *https://azure.microsoft.com/de-de/services/sql-database/* zeigt.

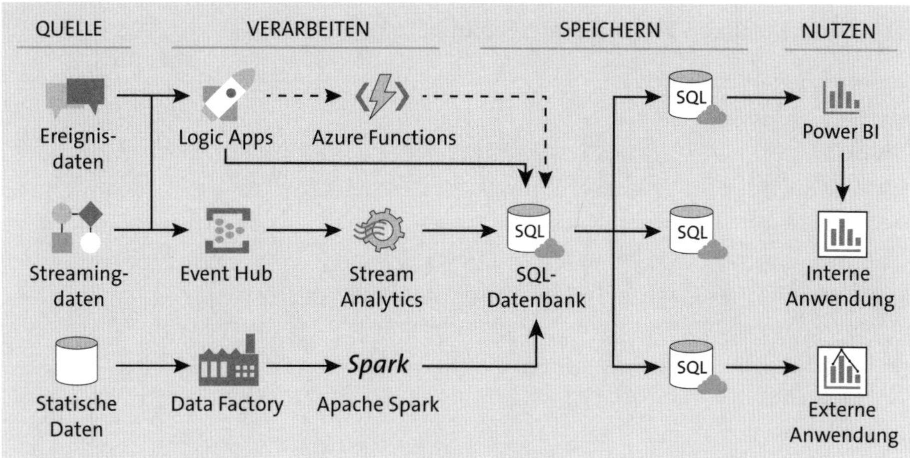

Abbildung 4.4 Beispielarchitektur mit den integrierten Komponenten

4.5 Erste Schritte mit der Deep Learning Virtual Machine

Für die im dritten Teil dieses Buchs enthaltenen Codebeispiele wird ein GPU-fähiger Computer benötigt. Wenn Sie planen, Ihren eigenen GPU-fähigen Computer zu verwenden, um die Codebeispiele nachzuvollziehen, können Sie diesen Abschnitt überspringen. Wie bereits erwähnt, bietet Azure eine VM namens DSVM/DLVM an, die bereits mit vielen Deep-Learning- und ML-Bibliotheken vorkonfiguriert ist. Wir können eine DLVM über das Portal oder mit Hilfe der Azure CLI erstellen. Anleitungen zur Bereitstellung einer VM finden Sie unter *https://docs.microsoft.com/de-de/azure/machine-learning/data-science-virtual-machine/provision-deep-learning-dsvm*. Sie können die Azure CLI lokal installieren, indem Sie den Anweisungen unter *https://docs.microsoft.com/de-de/cli/azure/install-azure-cli?view=azure-cli-latest* folgen. Wenn Sie nichts installieren möchten, können Sie einfach *https://shell.azure.com/* aufrufen und die CLI von dort aus nutzen. Anweisungen zur Bereitstellung einer DLVM/DSVM über die CLI finden Sie unter *https://docs.microsoft.com/de-de/azure/machine-learning/service/overview-what-happened-to-workbench*.

Um Ihnen Zeit und Mühe zu sparen, enthält Listing 4.1 einen Ausschnitt aus einer Reihe von Befehlen, die eine Linux-DSVM auf einer NC6-VM erstellen. Außerdem erhöht der Code die Laufwerksgröße auf 150 GB, öffnet den entsprechenden Port für den Jupyter-Notebook-Server und erstellt einen DNS-Namen (Domain Name Service), der auf dem Namen basiert, den Sie der VM gegeben haben. Die Azure CLI und auch die Azure Cloud Shell, die als Erweiterung installiert werden kann, sind sehr leistungsfähige und komfortable Tools, die Ihnen viel Zeit sparen können.

```
location=eastus
resource_group=myvmrg
name=myvm
username=username
password=password

az group create --location $location --name $resource_group

az vm create \
    --resource-group $resource_group \
    --name $name \
    --location $location \
    --authentication-type password \
    --admin-username $username \
    --admin-password $password \
    --public-ip-address-dns-name $name \
    --image microsoft-ads:linux-data-science-vm-ubuntu:linuxdsvmubuntu:latest \
    --size Standard_NC6 \
    --os-disk-size-gb 150

az vm open-port -g $resource_group -n $name --port 9999 --priority 1010
```

Listing 4.1 Erstellen der VM

Sie sollten sicherstellen, dass Sie den Benutzernamen und das Kennwort in Listing 4.1 in die für Sie zutreffenden Werte ändern. Außerdem erstellt die Codezeile `location=eastus` in Listing 4.1 die VM für die Region USA, Osten. Wenn Sie die VM lieber in einer anderen Region bereitstellen möchten, können Sie dies problemlos ändern. Sobald die VM in Betrieb ist, sollten Sie in der Lage sein, eine SSH-Verbindung (Secure Shell) mit der VM herzustellen. Dabei verwenden Sie den DNS-Namen der VM sowie den von Ihnen angegebenen Benutzernamen und das entsprechende Kennwort.

4.5.1 Ausführen des Notebook-Servers

Wir gehen davon aus, dass Sie eine Linux-DLVM/DSVM eingerichtet haben und in der Lage sind, über SSH eine Verbindung mit ihr herzustellen. Sobald Sie die SSH-Verbindung hergestellt haben, starten Sie den Jupyter-Notebook-Server. Sie können die Notebooks von *https://gitlab.com/msalvaris/whistler/tree/master/Chapter06* auf die VM herunterladen. Navigieren Sie dann zu dem Ordner, in den Sie die Notebooks heruntergeladen haben, und führen Sie den in Listing 4.2 angezeigten Code im Terminal aus.


```
source activate py35
jupyter notebook -ip=* --port=9999 -no-browser
```

Listing 4.2 Starten des Notebook-Servers

Wechseln Sie zu Ihrem Browser, und geben Sie die IP-Adresse oder den DNS-Namen Ihrer VM ein, wie z. B. *mydlvm.southcentralus.cloudapp.azure.com:9999*. Vergessen Sie nicht die Portnummer am Ende.[1] Sie werden aufgefordert, ein Autorisierungstoken einzugeben, der im Terminal zu sehen ist. Wenn Sie Ihr Jupyter-Notebook für die Verwendung eines Benutzernamens und eines Kennworts konfigurieren oder so einrichten möchten, dass Sie die Portnummer oder die anderen Argumente nicht eingeben müssen, folgen Sie der Anleitung unter *https://jupyter-notebook.readthedocs.io/en/stable/config_overview.html#configure-nbserver*.

4.6 Zusammenfassung

In diesem Kapitel haben wir die auf der Microsoft-KI-Plattform verfügbaren Dienste, Tools und Infrastrukturen für den Aufbau von KI-Lösungen vorgestellt. Die Entwicklung von KI-Lösungen erfordert sehr viele Experimente und spezielle Hardware für Deep Learning, und die Nutzung von Cloudcomputing in Kombination mit Diensten und Tools beschleunigt den Entwicklungsprozess von intelligenten Anwendungen.

Darüber hinaus wird künstliche Intelligenz auf andere Weise in die Produkte von Microsoft integriert, z. B. durch lokale KI-Lösungen wie SQL Server 2017 und Microsoft Machine Learning Server. SQL Server 2017 kann unter Windows Server, Linux und Docker ausgeführt werden und ermöglicht erweitertes datenbankinternes Machine Learning mit skalierbaren Python- und R-basierten Analysen. Mit SQL Server können Modelle innerhalb der Datenbank trainiert werden, ohne Daten verschieben zu müssen, während Vorhersagen auf natürliche Weise durch gespeicherte Prozeduren und native

1 Der entsprechende Port muss auf der VM offen sein. Anweisungen dazu finden Sie im Abschnitt zur DSVM weiter vorne im Kapitel.

ML-Funktionen in der Datenbank-Engine getroffen werden können. Diese Funktion ist auch in Azure SQL-Datenbank enthalten.

Im nächsten Kapitel erhalten Sie einen detaillierteren Überblick über vorkonfigurierte KI-Funktionen, die Sie direkt in Anwendungen einbinden können.

Kapitel 5
Cognitive Services und Custom Vision

In Kapitel 4, »Microsoft-KI-Plattform«, haben wir die Tools, Infrastrukturen und Dienste vorgestellt, die für die Entwicklung der nächsten Generation intelligenter Anwendungen zur Verfügung stehen. Sie bilden zusammen eine Plattform, die es Datenwissenschaftlern und Entwicklern ermöglicht, ML- und Deep-Learning-Modelle in der intelligenten Cloud und im intelligenten Edge zu erstellen, zu trainieren und bereitzustellen.

Cognitive Services sind eine Option der Microsoft-KI-Plattform und bieten Organisationen, die den Einsatz von künstlicher Intelligenz planen, vorkonfigurierte KI-Funktionen. Auf diese Weise können Organisationen ihre KI-Pläne kurzfristig in die Tat umsetzen und Cognitive Services als Grundlage für die Entwicklung intelligenter, innovativer Anwendungen nutzen. In diesem Kapitel beschreiben wir, wie Sie Cognitive Services am besten einsetzen. Außerdem zeigen wir auf, wie Sie Deep-Neural-Network-Modelle für Aufgaben des maschinellen Sehens anpassen, indem wir den Custom Vision-Dienst als Beispiel für einen anpassbaren kognitiven Dienst verwenden.

5.1 Vorkonfigurierte KI: Anlass und Vorgehensweise

Seit Jahren machen Forscher in den Deep-Learning-Communitys enorme Fortschritte bei Algorithmen und nutzen modernste Hardware, um Deep-Learning-Modelle mit öffentlich verfügbaren umfangreichen Datensätzen (z. B. ImageNet, CIFAR-10, CIFAR-100, Places2, COCO, MegaFace, Switchboard und viele andere) zu trainieren. Diese öffentlichen Datensätze werden häufig bei Wettbewerben und als Methode für das Benchmarking von Deep-Learning-Algorithmen verwendet. Darüber hinaus nutzen viele Unternehmen und Forschungseinrichtungen private Datensätze, um die Qualität ihrer Modelle weiter zu verbessern.

Um ein leistungsstarkes Deep-Learning-Modell zu trainieren, sind oft erhebliche Mengen an Rechenressourcen erforderlich. In Kapitel 2, »Überblick über Deep Learning«, haben wir die Menge der Rechenressourcen beschrieben, die für das Training eines Klassifizierers in ImageNet erforderlich sind (von 256 bis 1.024 NVIDIA P100-GPUs). Obwohl die Trainingsdauer im Lauf der Zeit deutlich zurückgegangen ist (von mehreren Tagen auf wenige Minuten), verfügt nicht jede Organisation über eine große Menge an GPU-Ressourcen und auch nicht über die Mittel, um die neueste Hard- und Software für diese GPU-Ressourcen über einen längeren Zeitraum hinweg vorzuhalten.

Forscher verbringen viel Zeit mit der Feinabstimmung ihrer Modelle. So hat sich beispielsweise die Genauigkeit der Klassifizierung von Objekten im ImageNet-Datensatz von 71,8 % auf 97,3 % deutlich verbessert (Russakovsky u. a., 2015). Ein weiteres Beispiel ist die deutliche Verbesserung der Forschungsergebnisse im Bereich der Spracherkennung, die mit Hilfe des Switchboard-Datensatzes erzielt wurde. Mit einer Kombination aus Akustik- und Sprachmodellen, die über neuronale Netzwerke gesteuert werden, CNNs und bidirektionalen Lang- und Kurzzeitgedächtnismodellen konnten Microsoft-Forscher die Fehlerquote bei der Spracherkennung auf 5,1 % verringern (Xiong u. a., 2016). Die auf Deep Learning basierenden Spracherkennungsmodelle übertreffen die Leistung professioneller menschlicher Schreibkräfte.

Vorab trainierte Deep-Learning-Modelle ermöglichen es Organisationen, die bedeutenden Innovationen, die Forscher im Lauf der Jahre erzielt haben, zu nutzen und die Modelle unmittelbar zur Lösung gängiger KI-Probleme einzusetzen. So können wir beispielsweise Spracherkennungs-APIs nutzen, die von hochwertigen Sprachmodellen unterstützt werden, oder APIs für maschinelles Sehen, die unter anderem auf umfangreichen Datensätzen mit Gesichtern, Szenen und Prominenten trainiert werden. Mit diesen APIs können Organisationen innerhalb kurzer Zeit intelligente Anwendungen entwickeln, ohne viel Zeit in das Training der Modelle investieren zu müssen.

In Kapitel 2 haben wir beschrieben, wie Sie das Transferlernen für Aufgaben des maschinellen Sehens anwenden können, wobei Sie vortrainierte Modelle als Basis nutzen und an neue Bereiche anpassen, indem Sie neue bezeichnete Bilder bereitstellen. Um es Organisationen zu erleichtern, benutzerdefinierte Deep-Learning-Modelle zu verwenden, bietet Custom Vision (ein Dienst der Cognitive Services-Familie) die Möglichkeit, eigene Bilder hochzuladen und einen benutzerdefinierten Bildklassifizierer mit einigen wenigen Mausklicks innerhalb kürzester Zeit zu trainieren. Ebenso können Sie akustische Modelle mit Custom Speech (einem weiteren Dienst der Cognitive Services-Familie) anpassen, indem Sie domänenspezifische Daten (*.wav*-Dateien, Textdateien oder beides) hochladen, um die Genauigkeit in verschiedenen Umgebungen zu verbessern.

Weitere Informationen

Unter *https://azure.microsoft.com/en-us/services/cognitive-services/custom-speech-service/* erhalten Sie weitere Informationen über die Erstellung eines benutzerdefinierten akustischen Modells und Sprachmodells mit Hilfe des Custom Speech-Diensts.

In diesem Kapitel beschäftigen wir uns mit den Diensten rund um das maschinelle Sehen. Wir betrachten verschiedene Arten vorkonfigurierter Dienste für maschinelles Sehen, die Sie ohne weiteres Zutun direkt verwenden können. Anschließend beschreiben wir, wie Sie mit dem Custom Vision-Dienst benutzerdefinierte Bildklassifizierer trainieren können.

5.2 Cognitive Services nutzen

Cognitive Services ermöglichen Entwicklern einen schnellen Einstieg dank der Nutzung vorkonfigurierter KI-Modelle. Um eine KI-Anwendung zu entwickeln, die einen oder mehrere der Cognitive Services nutzt, verwenden Entwickler die APIs, die von den einzelnen Cognitive Services bereitgestellt werden. So können Entwickler intelligente Anwendungen mit verschiedenen Programmiersprachen (z. B. C#, Java, JavaScript, PHP, Python oder Ruby) entwickeln.

Abbildung 5.1 zeigt, wie eine Anwendung mit Cognitive Services interagiert. Die Anwendung sendet eine Anforderung an eine Cognitive Services-URL. Dazu werden übliche HTTP-Methoden wie POST oder GET genutzt. Eine Anforderungs-URL für die Verwendung von Cognitive Services zum Taggen eines Bilds (Identifizieren der Tags für Objekte, die in einem Bild gefunden wurden), könnte beispielsweise folgendermaßen lauten: *https://[Standort].api.cognitive.microsoft.com/vision/v1.0/tag*. Dabei bezieht sich der Standort (*location*) auf eine der geografischen Regionen, in denen die APIs erstellt werden (z. B. USA, Westen; USA, Westen 2; USA, Osten; USA, Osten 2; Europa, Westen; Asien, Südosten).

Eine Liste der unterstützten Regionen für Cognitive Services finden Sie unter *https://azure.microsoft.com/de-de/global-infrastructure/services/*.

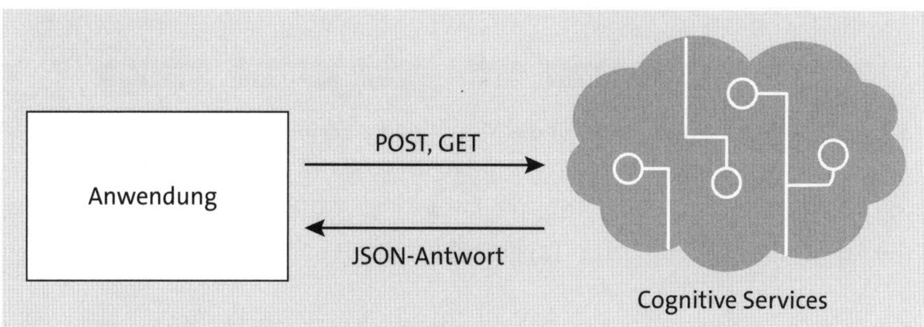

Abbildung 5.1 Nutzung von Cognitive Services in einer Anwendung

Abbildung 5.2 zeigt die REST-API-Dokumentation für Maschinelles Sehen-APIs (Quelle: *https://westus.dev.cognitive.microsoft.com/docs/services/56f91f2d778daf23d8ec6739/operations/56f91f2e778daf14a499e1fa*). Wenn Sie eine Anforderung an Cognitive Services senden, müssen Sie im Anforderungsheader den *Inhaltstyp* und den *Abonnementschlüssel* (*Ocp-ApimAbonnementschlüssel*) angeben. Nach der Verarbeitung der Anforderung werden die Ergebnisse als JSON-Objekt zurückgegeben. Diese Daten lassen sich leicht maschinell auslesen und automatisiert weiterverarbeiten. JSON-Objekte lassen sich mit allen gängigen Programmiersprachen nutzen.

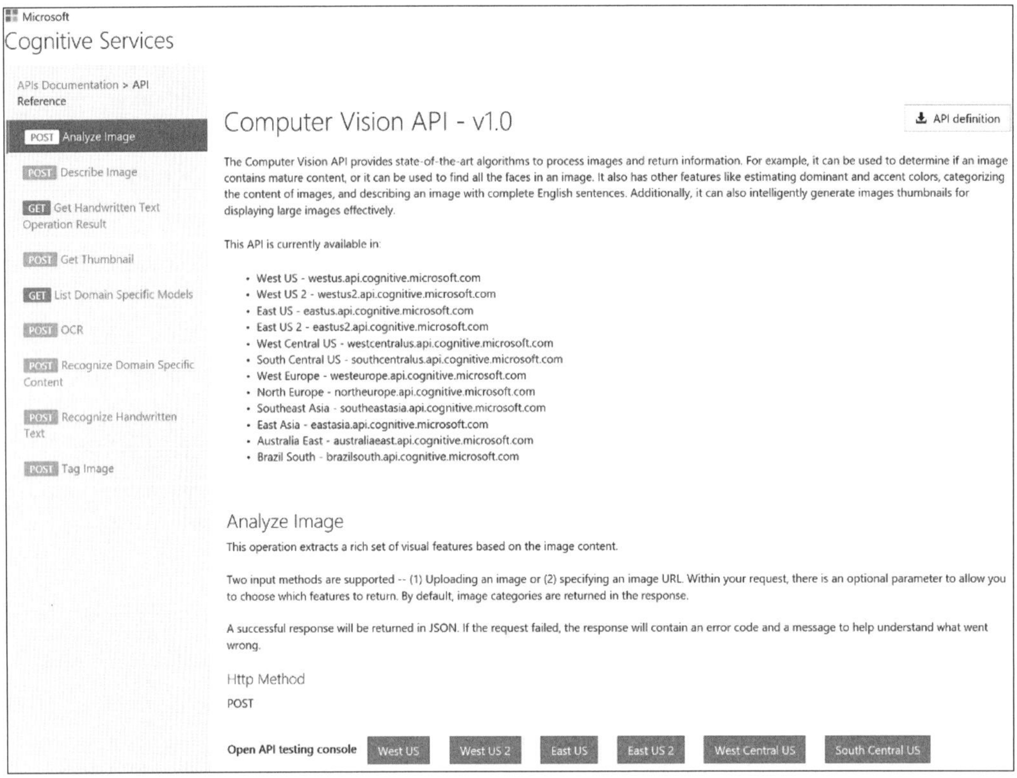

Abbildung 5.2 REST-API-Dokumentation für die Maschinelles Sehen-API

In Abbildung 5.3 sehen Sie die Tags (z. B. `grass`, `outdoor`, `sky`), die zurückgegeben werden, nachdem die Anwendung ein Bild zum Taggen übermittelt hat.

Response 200

application/json


```json
{
  "tags": [
    {
      "name": "grass",
      "confidence": 0.9999997615814209
    },
    {
      "name": "outdoor",
      "confidence": 0.99997067451477051
    },
    {
      "name": "sky",
      "confidence": 0.99928975105285645
    },
    {
      "name": "building",
      "confidence": 0.99646323919296265
    },
    {
      "name": "house",
      "confidence": 0.99279803037643433
    },
    {
      "name": "lawn",
      "confidence": 0.82268029451370239
    },
    {
      "name": "green",
      "confidence": 0.64122253656387329
    },
    {
      "name": "residential",
      "confidence": 0.31403225660324097
    }
  ],
  "requestId": "1ad0e45e-b7b4-4be3-8042-53be96103337",
  "metadata": {
    "width": 400,
    "height": 400,
    "format": "Jpeg"
  }
}
```


Abbildung 5.3 JSON-Antwort auf Anforderung zum Taggen eines Bilds

5.3 Verfügbare Arten von Cognitive Services

Zu den Cognitive Services gehören die folgenden leistungsstarken vorkonfigurierten KI-Dienste.

- *Vision*: Bietet modernste Bildverarbeitungsalgorithmen, die Bildklassifizierung, Bildbeschriftung, optische Zeichenerkennung (Optical Character Recognition, OCR) und Inhaltsmoderation ermöglichen.
- *Knowledge*: Bietet APIs, mit denen Sie Frage-Antwort-Paare schnell aus häufig gegebenen Antworten von Benutzern auf Fragen (Frequently Answered Questions, FAQs) sowie aus Dokumenten und Inhalten extrahieren können. Andere Knowledge-APIs umfassen einen benutzerdefinierten Entscheidungsdienst, Wissenserforschung und die Erkennung und Disambiguierung von benannten Entitäten.
- *Language*: Language Understanding (LUIS) ermöglicht es Entwicklern, leistungsstarke Funktionen zum Verständnis natürlicher Sprache in verschiedene Anwendungen zu integrieren. Andere Sprachdienste umfassen unter anderem die Bing-APIs für Rechtschreibprüfung, Textanalyse und Übersetzungen.
- *Speech*: Bietet APIs für die Echtzeit-Sprachübersetzung, die Umwandlung von Sprache in Text, die Sprechererkennung und die Anpassung von Sprachmodellen.
- *Search*: Bietet APIs, die Entwicklern sofortigen Zugriff auf verschiedene Bing-Funktionen ermöglichen. Dazu gehört die Möglichkeit, eine Vorschlagssuche, eine Nachrichtensuche, eine Websuche, eine Bildsuche, eine Videosuche und eine benutzerdefinierte Suche durchzuführen.

In diesem Kapitel beschreiben wir, wie Sie die Maschinelles Sehen-APIs verwenden, die als Teil der Cognitive Services verfügbar sind. Unter *https://azure.microsoft.com/de-de/services/cognitive-services/* können Sie weitere Cognitive Services erkunden. Alle Cognitive Services folgen einem ähnlichen Anforderung-Antwort-Muster, und Sie können Ihre Erkenntnisse aus der Verwendung der Maschinelles Sehen-APIs auf die anderen Cognitive Services anwenden und anpassen.

5.3.1 Maschinelles Sehen-APIs

Die *Maschinelles Sehen-APIs* liefern Ihnen Informationen über die Objekte, die sich in einem Bild befinden. Diese APIs basieren auf jahrelanger Forschung zur Anwendung von Deep-Learning-Algorithmen, um den Inhalt eines Bilds zu verstehen. In diesem Buch beschreiben wir unter anderem einige dieser Techniken zum Klassifizieren von

Bildern. Mit den Maschinelles Sehen-APIs stehen diese leistungsfähigen Bildverarbeitungstechniken nun als vorkonfigurierte KI zur Verfügung, die Sie als Grundlage für die Erstellung innovativer Anwendungen nutzen können.

Nachdem ein Bild analysiert wurde, geben die Maschinelles Sehen-APIs die Tags zurück, die für das Bild am relevantesten sind, und fügen eine beschreibende Bildunterschrift hinzu. Abbildung 5.4 zeigt, wie Sie die Maschinelles Sehen-APIs verwenden können, um ein Bild und die zurückgegebenen Ergebnisse zu analysieren. Die Tags `posing`, `group` und `crowd` werden dabei mit den Konfidenzwerten 0,95, 0,79 und 0,01 zurückgegeben.

Abbildung 5.4 Verwendung der Maschinelles Sehen-APIs

Zudem haben die Maschinelles Sehen-APIs die Gesichter im Bild identifiziert und Informationen über das vorhergesagte Geschlecht und Alter für jedes der Gesichter geliefert. Abbildung 5.5 zeigt, dass sich im Bild mehrere Gesichter befinden. Eines der Gesichter zeigt einen 43-jährigen Mann, das andere eine 56-jährige Frau. Die Umgrenzungsrahmen für jedes der Gesichter werden ebenfalls zurückgegeben. Das vorhergesagte Alter ist von vielen Faktoren innerhalb des Bilds abhängig.

Freizügigkeit	false
Bewertung für Freizügigkeit	0.00465372251
Kategorien	[{ "name": "people_group", "score": 0.97265625 }]
Gesichter	[{ "age": 43, "gender": "Male", "faceRectangle": { "top": 159, "left": 118, "width": 95, "height": 95 } }, { "age": 54, "gender": "Male", "faceRectangle": { "top": 111, "left": 490, "width": 91, "height": 91 } }, { "age": 56, "gender": "Female", "faceRectangle": { "top": 155, "left": 19, "width": 82, "height": 82 } }, { "age": 33, "gender": "Female", "faceRectangle": { "top": 166, "left": 386, "width": 81, "height": 81 } }, { "age": 17, "gender": "Female", "faceRectangle": { "top": 159, "left": 235, "width": 76, "height": 76 } }, { "age": 7, "gender": "Female", "faceRectangle": { "top": 163, "left": 323, "width": 68, "height": 68 } }]

Abbildung 5.5 Verwendung von Maschinelles Sehen-APIs zur Bildanalyse

Darüber hinaus werden auch andere Informationen über das Bild zurückgegeben. So wird beispielsweise das Bild daraufhin analysiert, ob es jugendgefährdende oder andere unangemessene Inhalte enthält. Dies ist äußerst nützlich für Entwickler, die Websites erstellen, die von Benutzern beigesteuerte Inhalte enthalten können. So können Entwickler hochgeladene Inhalte moderieren, indem sie die hochgeladenen Bilder auf möglicherweise anstößige Inhalte hin analysieren.

Weitere Informationen

Weitere Informationen zu den Maschinelles Sehen-APIs erhalten Sie unter *https://azure.microsoft.com/de-de/services/cognitive-services/computer-vision/*.

Mit Maschinelles Sehen-APIs können Entwickler innovative Anwendungen entwickeln. So wurde beispielsweise die Website *How-Old.net* (siehe Abbildung 5.6) mit Hilfe von Maschinelles Sehen-APIs erstellt. Abbildung 5.7 zeigt die zurückgegebenen Ergebnisse.

Ein weiteres Beispiel für eine innovative Anwendung, die mit Hilfe von Maschinelles Sehen-APIs erstellt wurde, ist die Intelligent-Kiosk-App. *Intelligent Kiosk* besteht aus einer Reihe von intelligenten Funktionen, die zeigen, wie Cognitive Services genutzt werden können. Mit dieser App lässt sich jede herkömmliche Webkamera an einen PC anschließen und in eine intelligente Kamera umwandeln.

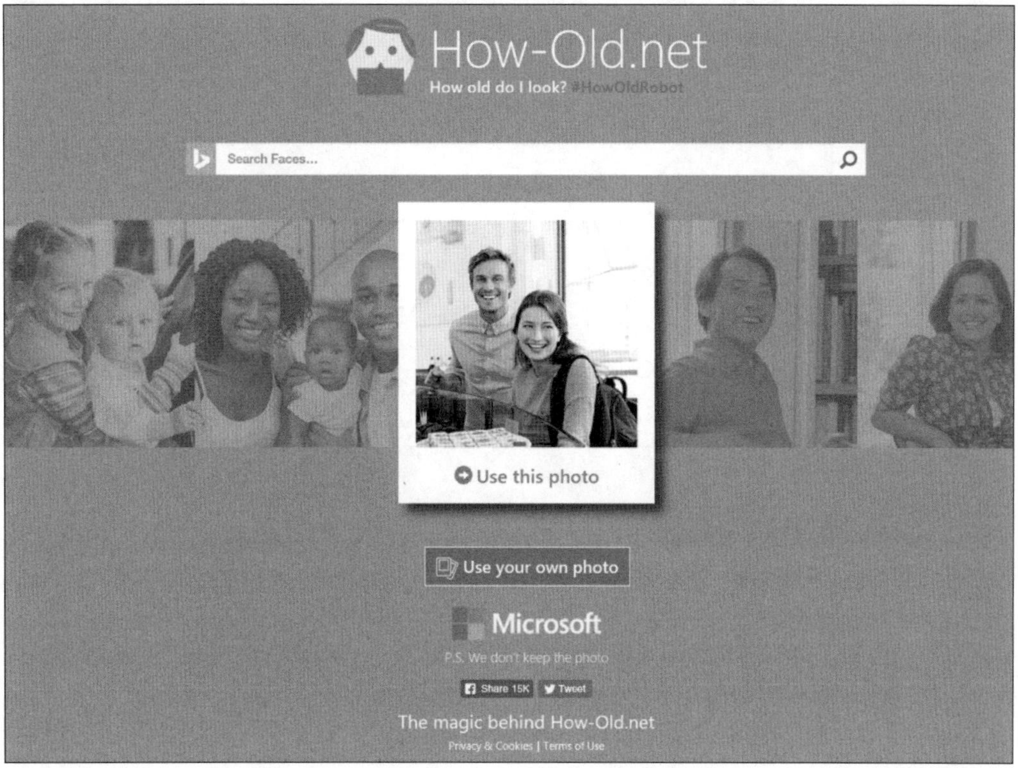

Abbildung 5.6 How-Old.net

Eine der intelligenten Funktionen, die im Kiosk verfügbar sind, sind die Realtime-Crowd-Insights-Beispiele (siehe Abbildung 5.8). *Realtime Crowd Insights* verwendet die Maschinelles Sehen-APIs als Grundlage für die Erfassung von Echtzeitinformationen über die Personen, die mit dem Kiosk interagieren. Dazu gehören das Erkennen der Anzahl einzelner Menschen, die vor dem Kiosk stehen, das Zählen der einzelnen Gesichter und das Betrachten aller Emotionen. Dieses Beispiel bildet die Grundlage für die Entwicklung interaktiver und intelligenter Benutzererlebnisse für Kioske, die in Einkaufszentren und ähnlichen Einrichtungen eingesetzt werden.

Abbildung 5.7 Ergebnisse von How-Old.Net

Weitere Informationen

Der Code für Intelligent Kiosk ist als Open-Source-Code verfügbar unter *https://github.com/Microsoft/Cognitive-Samples-IntelligentKiosk.*

Abbildung 5.8 Intelligent Kiosk – Realtime Crowd Insights

Verwenden der optischen Zeichenerkennung

Die Maschinelles Sehen-APIs ermöglichen es Ihnen, eine optische Zeichenerkennung (*OCR*) für gedruckten und handschriftlichen Text durchzuführen. Dazu können Sie ein Bild hochladen oder die URL angeben, unter der das Bild gespeichert ist. Die APIs erkennen den Text im Bild und geben die erkannten Zeichen in einer JSON-Nutzlast zurück. Es werden verschiedene Sprachen unterstützt, darunter »unbekannt« (automatische Erkennung der Sprache), Englisch, Dänisch, Niederländisch, Französisch, Deutsch und viele weitere. In Abbildung 5.9 haben wir ein Bild hochgeladen (auf der linken Seite). Wie Sie sehen, haben die OCR-APIs das Bild analysiert und den im Bild gefundenen Text zurückgegeben (auf der rechten Seite).

> **Weitere Informationen**
>
> Unter *https://westcentralus.dev.cognitive.microsoft.com/docs/services/56f91f2d778daf23d8ec6739/operations/56f91f2e778daf14a499e1fc* erhalten Sie weitere Informationen über die Nutzung der OCR-Funktionen für Cognitive Services.

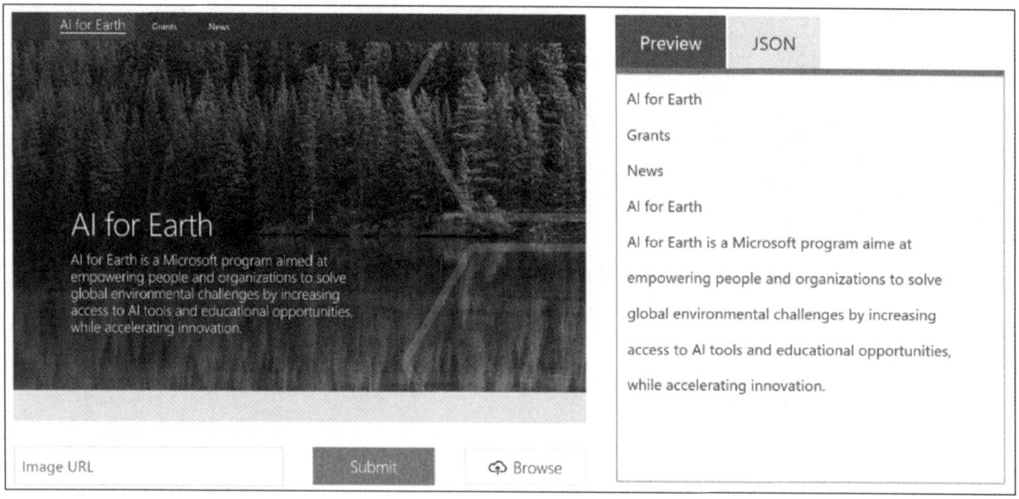

Abbildung 5.9 Verwendung der OCR-APIs

Erkennen von prominenten Personen und Sehenswürdigkeiten

Mit den Maschinelles Sehen-APIs lassen sich auch Prominente und Sehenswürdigkeiten erkennen. In den Cognitive Services werden diese »Objekte« als *domänenspezifische Modelle* bezeichnet. Um sich über die verschiedenen unterstützten Domänen (z. B. Prominente, Sehenswürdigkeiten) zu informieren, können Sie die Anforderung `/models GET` verwenden. Abbildung 5.10 zeigt die Verwendung dieser Anforderung zur Erkennung von »Donald E. Knuth« auf der rechten Seite. Cognitive Services erkennen bis zu 200.000 Prominente.

Abbildung 5.10 Verwendung domänenspezifischer Modelle für Prominente

Darüber hinaus sind die Maschinelles Sehen-APIs in der Lage, Sehenswürdigkeiten zu erkennen. Abbildung 5.11 zeigt, wie die API das Raffles Hotel, eine Touristenattraktion in Singapur, erkannt hat. Cognitive Services erkennen bis zu 9.000 natürliche und von Menschenhand geschaffene Sehenswürdigkeiten.

Abbildung 5.11 Verwendung domänenspezifischer Modelle für Sehenswürdigkeiten

> **Weitere Informationen**
>
> Unter *https://westcentralus.dev.cognitive.microsoft.com/docs/services/56f91f2d778daf23d8ec6739/operations/56f91f2e778daf14a499e200* erhalten Sie weitere Informationen über die Nutzung der Cognitive Services zum Erkennen von prominenten Personen und Sehenswürdigkeiten.

5.4 Erste Schritte mit Cognitive Services

Um mit der Nutzung von Cognitive Services zu beginnen, melden Sie sich zunächst beim Azure-Portal (*portal.azure.com*) an. Nach der Anmeldung können Sie im Azure-Portal eine neue Azure-Ressource erstellen. Wählen Sie KI + COGNITIVE SERVICES aus. In Abbildung 5.12 sehen Sie alle in dem Fenster aufgeführten Cognitive Services.

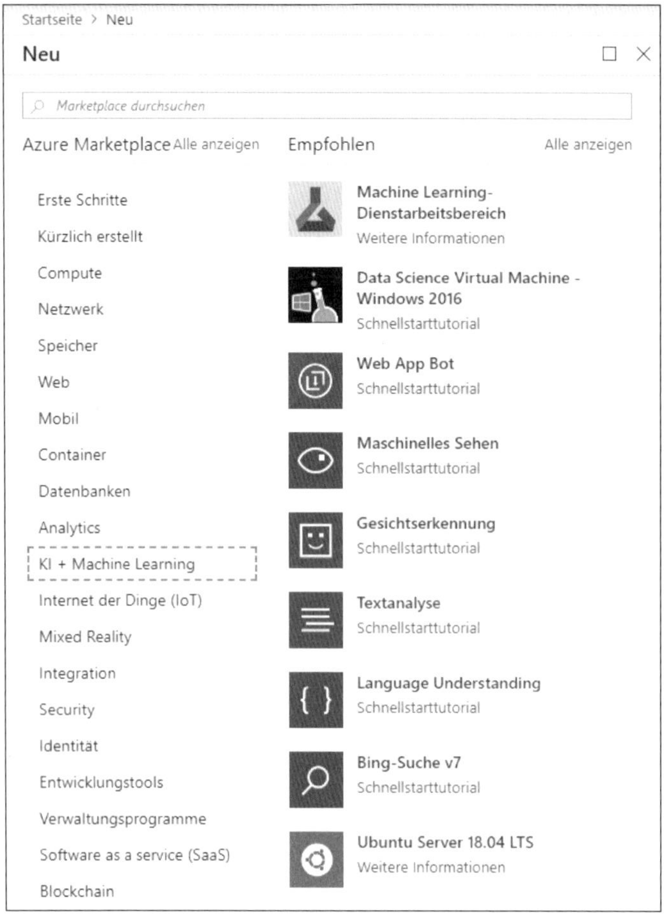

Abbildung 5.12 Erstellen einer neuen Cognitive Services-Instanz

Zur Veranschaulichung wählen wir die Maschinelles Sehen-API aus. Abbildung 5.13 zeigt den Screenshot zum Erstellen einer neuen Maschinelles Sehen-API. Nachdem Sie auf ERSTELLEN geklickt haben, werden Sie aufgefordert, die API zu benennen (siehe Abbildung 5.14) und den Tarif für die API auszuwählen. Für die Maschinelles Sehen-API stehen zwei Tarife zur Verfügung: *FO Free* und *S1 Standard*. Der Tarif *FO Free* unterstützt bis zu 20 Aufrufe pro Minute und 5.000 Aufrufe pro Monat. Der Tarif *S1 Standard* unterstützt 600 Aufrufe pro Minute. In beiden Tarifen können Sie Maschinelles Sehen-APIs verwenden, um den Inhalt eines Bilds zu analysieren, die wichtigsten Tags zu identifizieren, automatisch Bildunterschriften hinzuzufügen, die optische Zeichenerkennung zu verwenden und ein Miniaturbild zu generieren.

Abbildung 5.13 Erstellen einer neuen Maschinelles Sehen-API für Cognitive Services

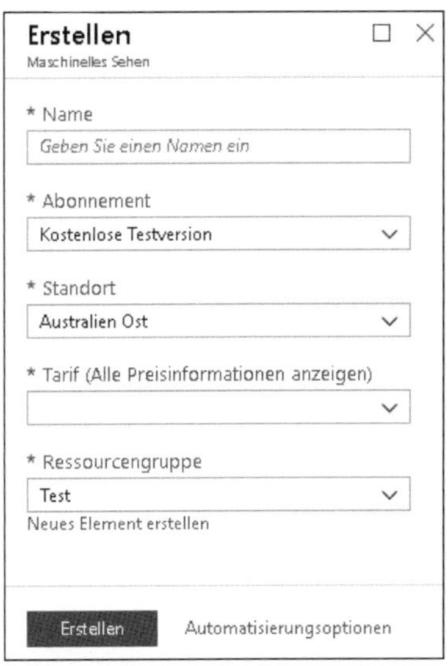

Abbildung 5.14 Konfigurieren der Maschinelles Sehen-APIs

Nachdem die Maschinelles Sehen-API erstellt wurde, können Sie sie über das Azure-Portal verwalten. Abbildung 5.15 zeigt, wie Sie die neu erstellte Maschinelles Sehen-API verwalten können. Um die API in Ihrer Anwendung nutzen zu können, müssen Sie den API-Schlüssel angeben. Klicken Sie dazu im Verwaltungsfenster auf SCHLÜSSEL, woraufhin die verfügbaren Schlüssel angezeigt werden.

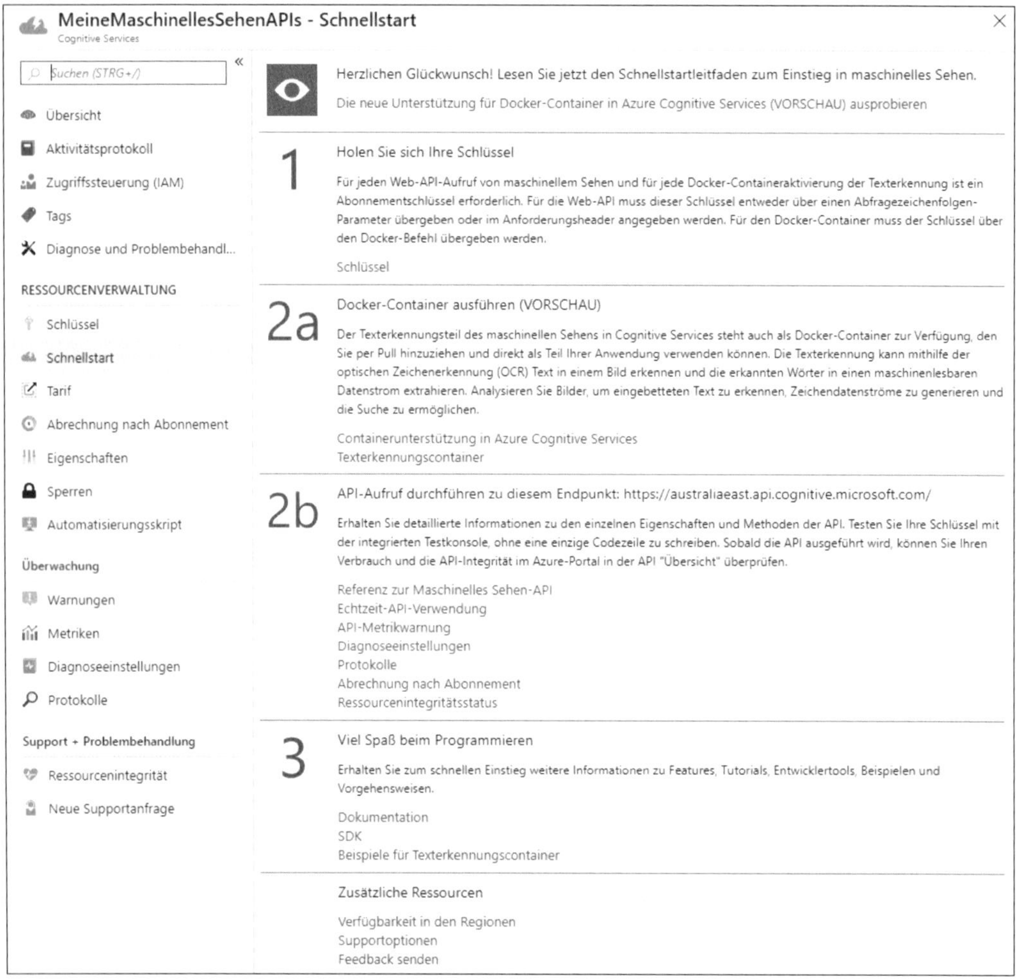

Abbildung 5.15 Verwalten von Cognitive Services

Abbildung 5.16 zeigt die beiden verfügbaren Schlüssel. Während der Schlüsselrotation können Sie sowohl den primären als auch den sekundären Schlüssel verwenden. Beide Schlüssel können in Ihrer Anwendung eingesetzt werden. Diese Information wird im Anforderungsheader angegeben. Wenn Sie eine .NET-Anwendung zur Nutzung von

Cognitive Services entwickeln, wird der Schlüssel als Teil des API-Aufrufs angegeben. Listing 5.1 enthält den Beispielcode für den Zugriff auf die Maschinelles Sehen-APIs. Sie sollten beispielsweise den Platzhalter `{subscription key}` im Code durch den Abonnementschlüssel ersetzen, den Sie aus dem Azure-Portal abgerufen haben.

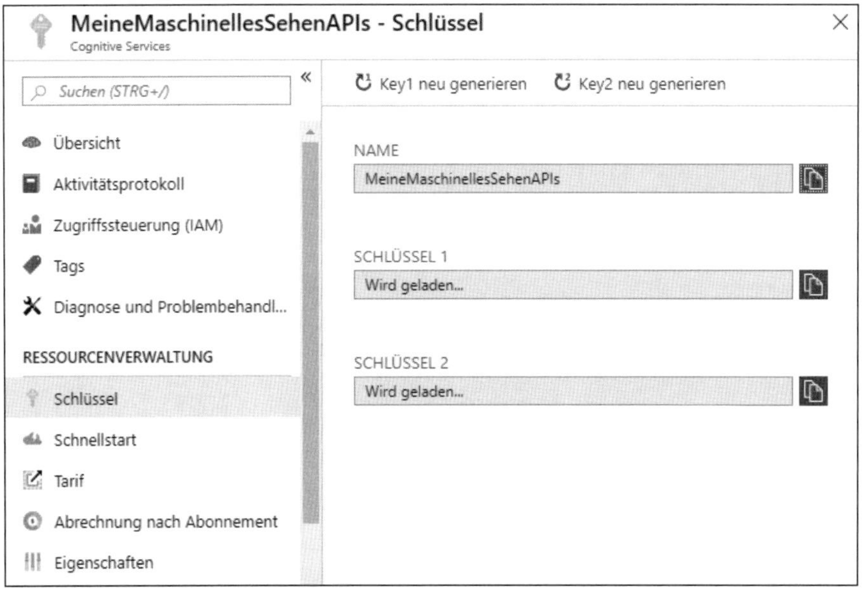

Abbildung 5.16 Abrufen der Schlüssel für Cognitive Services

```
using System;
using System.Net.Http.Headers;
using System.Text;
using System.Net.Http;
using System.Web;

namespace CSHttpClientSample {
  static classProgram {
    static voidMain() {
      MakeRequest();
      Console.WriteLine("Hit ENTER to exit...");
      Console.ReadLine();
    }

    static async voidMakeRequest() {
      var client = new HttpClient();
```

```
        var queryString =
          HttpUtility.ParseQueryString(string.Empty);

        // Anforderungsheader
        client.DefaultRequestHeaders.Add(
          "Ocp-Apim-Subscription-Key",
          "{subscription key}");

        // Anforderungsparameter
        queryString["visualFeatures"] = "Categories";
        queryString["details"] = "{string}";
        queryString["language"] = "en";

        var uri = "https://westcentralus.api.cognitive. ⤶
                   microsoft.com/vision/v1.0/analyze?" ⤶
                     + queryString;

        HttpResponseMessage response;

        // Anforderungstext
        byte[] byteData =
          Encoding.UTF8.GetBytes("{body}");

        using (
            var content =
              new ByteArrayContent(byteData))
            {
              content.Headers.ContentType =
                new MediaTypeHeaderValue("<content>");

              response =
                await client.PostAsync(uri, content);
            }
      } // MakeRequest-Methode
    } // Programm
} // Namespace
```

Listing 5.1 Beispielcode für die Verwendung von Cognitive Services (Maschinelles Sehen-APIs)

5.5 Custom Vision

In Kapitel 2, »Überblick über Deep Learning«, haben wir beschrieben, wie Datenwissenschaftler das Transferlernen nutzen können, um CNNs an neue Domänen anzupassen. So kann beispielsweise ein mit ImageNet-Daten trainiertes ResNet-50-CNN für die Bildklassifizierung in anderen Fachgebieten (z. B. Gesundheitswesen, Einzelhandel, Fertigung) angepasst werden.

Der *Custom Vision-Dienst* gehört zu den Cognitive Services. (Er ist derzeit leider nur in englischer Sprache verfügbar.) Mit Custom Vision können Sie hochmoderne Modelle für maschinelles Sehen mit einem kleinen Satz bezeichneter Bilder sehr schnell für Ihr individuelles Szenario anpassen. Im Hintergrund nutzt Custom Vision die Techniken des Transferlernens und der Datenerweiterung (Data Augmentation), um ein individuelles Modell für Ihr Szenario zu trainieren. Abbildung 5.17 zeigt die Hauptseite des Custom Vision-Diensts.

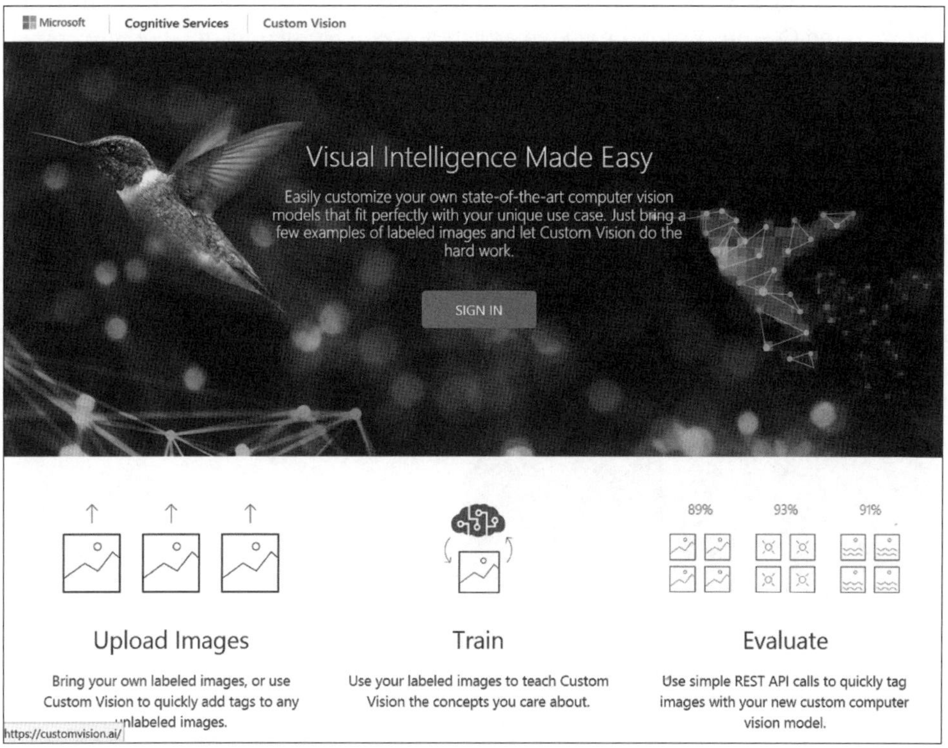

Abbildung 5.17 Custom Vision (»customvision.ai«)

Weitere Informationen

Sie können Custom Vision auch programmgesteuert nutzen. Mit C# oder Python können Sie programmgesteuert ein Custom Vision-Projekt erstellen, Tags hinzufügen, Bilder hochladen und das Projekt trainieren. Nachdem die Custom Vision-Modelle trainiert wurden, können Sie die Vorhersage-URL abrufen und den benutzerdefinierten Bildklassifizierer testen. Weitere Informationen erhalten Sie unter *https://docs.microsoft.com/de-de/azure/cognitive-services/custom-vision-service/csharp-tutorial.*

5.5.1 »Hallo Welt!« für Custom Vision

In diesem Abschnitt erhalten Sie einen Überblick über die ersten Schritte mit *Custom Vision*. Klicken Sie auf der Seite *customvision.ai* auf SIGN IN. Bei der ersten Anmeldung bei Custom Vision müssen Sie die Nutzungsbedingungen akzeptieren. Sie werden aufgefordert, anzugeben, ob Sie ein Azure-Konto verwenden möchten – damit können Sie mit weiteren Custom Vision-Projekten arbeiten. Wenn Sie sich nicht bei Azure anmelden, stehen Ihnen geringere Kontingente zur Verfügung. Abbildung 5.18 zeigt die Startseite nach der Anmeldung: Wenn Sie kein Azure-Abonnement besitzen, klicken Sie auf I'LL DO IT LATER.

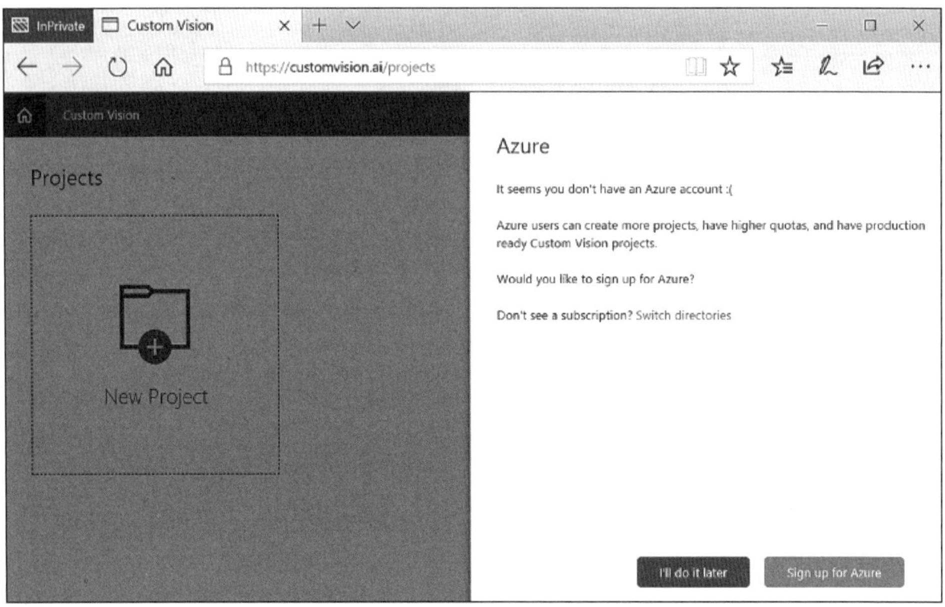

Abbildung 5.18 Erste Anmeldung bei Custom Vision

Nachdem Sie sich angemeldet haben, können Sie Ihr erstes Custom Vision-Projekt erstellen, indem Sie auf NEW PROJECT klicken. Wie in Abbildung 5.19 dargestellt, erstellen wir unser erstes HALLO WELT-Projekt mit Custom Vision. Es werden mehrere Domänen bereitgestellt, mit denen Sie das Basismodell anpassen können, das für Ihr Szenario am ehesten in Frage kommt.

In diesem Beispiel haben wir GENERAL (COMPACT) ausgewählt. Kompakte Domänen ermöglichen den Export der trainierten Modelle – dies werden wir in einem späteren Abschnitt behandeln.

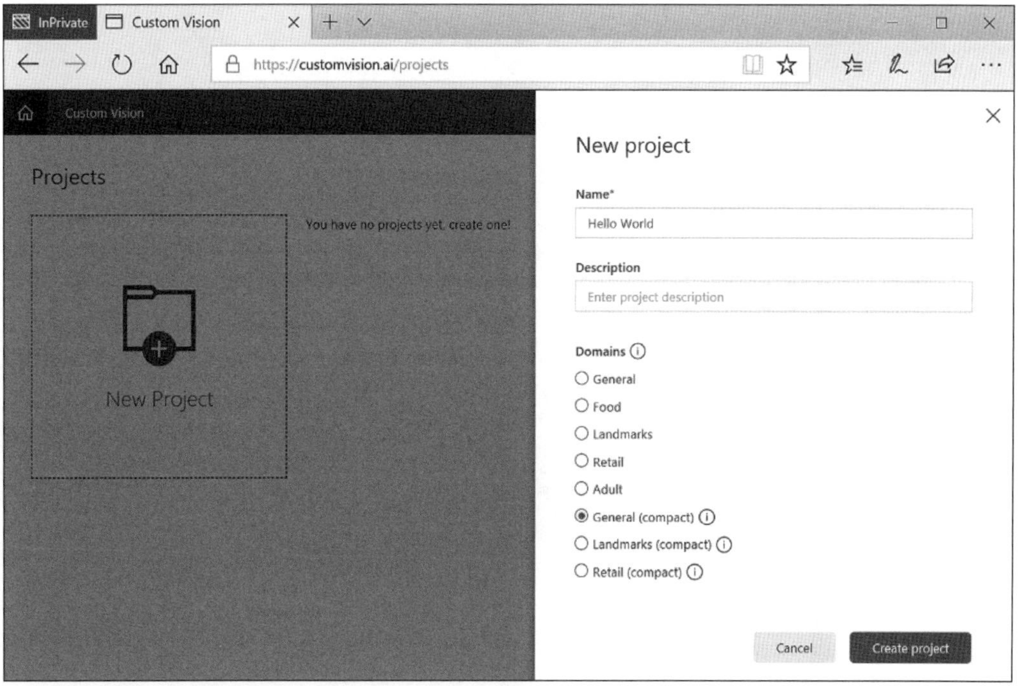

Abbildung 5.19 Erstellen Ihres ersten Custom Vision-Projekts

Abbildung 5.20 zeigt ein Beispiel für die intelligente Zoo-App, die wir entwickeln möchten. Nach dem Klicken auf CREATE PROJECT können wir mit der eigentlichen Arbeit beginnen (siehe Abbildung 5.21).

In diesem Szenario entwickeln wir eine Anwendung, mit der Kinder bei einem Zoobesuch ein Foto von einem Tier machen können und dann Informationen über dieses Tier erhalten.

Abbildung 5.20 Szenario: intelligente Zoo-App

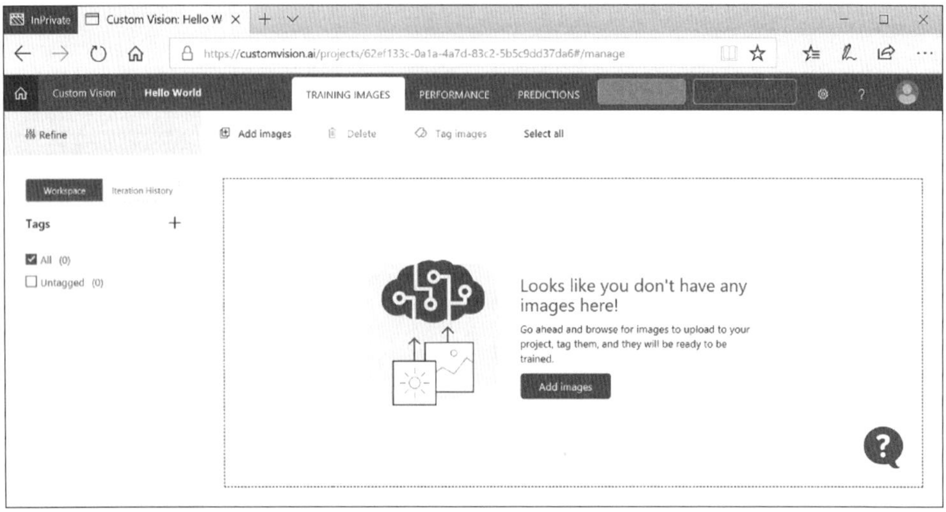

Abbildung 5.21 »Hallo Welt«-Projekt in Custom Vision

Wir müssen einen benutzerdefinierten Bildklassifizierer für Tiere entwickeln. Zu diesem Zweck trainieren wir mit Hilfe von Custom Vision einen benutzerdefinierten Klassifizierer, der verschiedene Tierarten unterscheiden kann, z. B. Giraffe und Elefant. Um den Klassifizierer zu trainieren, laden wir Trainingsbilder von Giraffen (siehe Abbildung 5.22) und von Elefanten in Custom Vision hoch. Bilder von Giraffen und Elefanten können Sie über eine Bildsuche in einer Suchmaschine (z. B. Bing) finden. Nachdem alle Bilder hochgeladen wurden (siehe Abbildung 5.23), können Sie den Klassifizierer trainieren. Klicken Sie auf TRAIN.

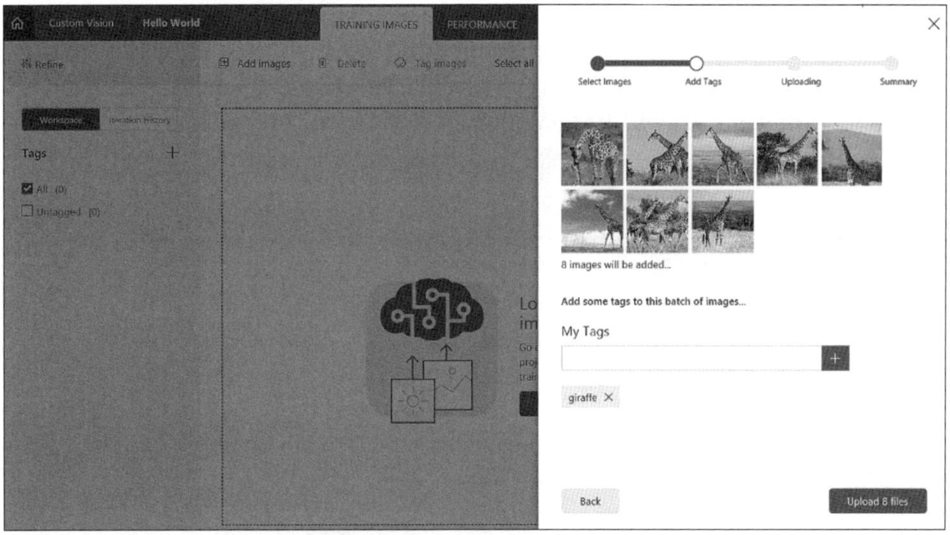

Abbildung 5.22 Hochladen von Giraffenbildern in Custom Vision

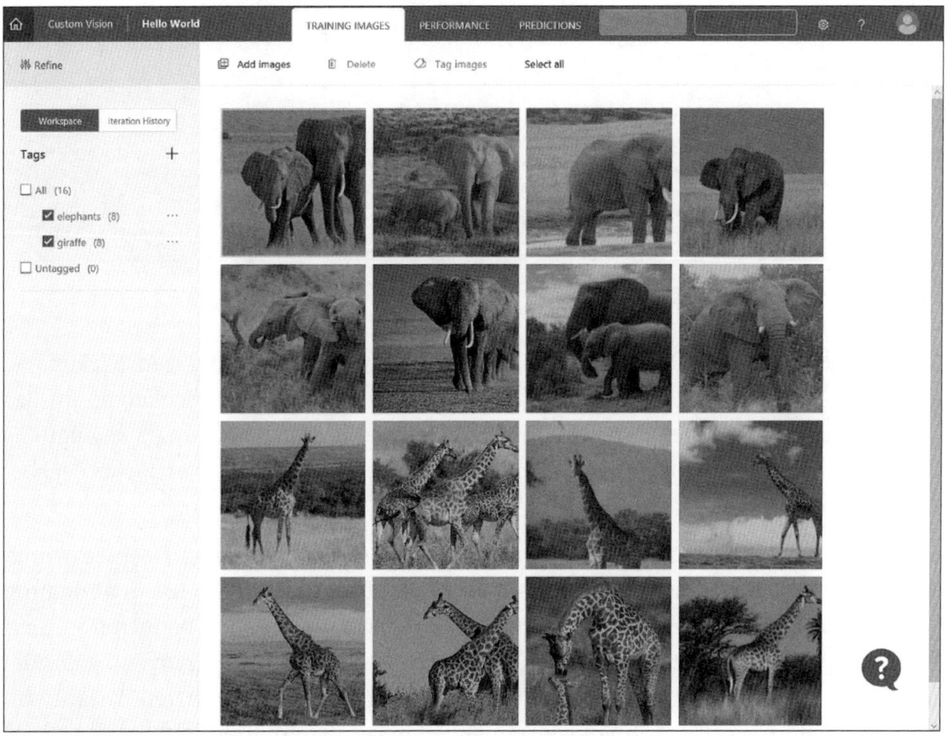

Abbildung 5.23 Trainingsbilder für Giraffen und Elefanten

Nach Abschluss des Trainings sehen Sie die in Abbildung 5.24 dargestellten Bewertungsergebnisse. Die allgemeinen Präzisions- und Erinnerungskennzahlen werden zurückgegeben. Darunter wird die Leistung für jedes Tag (d. h. Bezeichnung oder Klasse) dargestellt. Um den Custom Vision-Modus zu verwenden, klicken Sie auf die Vorhersage-URL. Diese entspricht einem *REST-Endpunkt*, der in jeder Anwendung verwendet werden kann.

Abbildung 5.24 Bewertungsergebnisse aus Trainingsiteration 1

Darüber hinaus können Sie das Modell testen, indem Sie auf QUICK TEST klicken. Sie können entweder eine URL zu einem Bild angeben oder ein Bild hochladen, um das benutzerdefinierte Modell für maschinelles Sehen zu testen. Abbildung 5.25 zeigt das Ergebnis nach dem Hochladen eines Testbilds und die vom Klassifizierer zurückgegebenen Ergebnisse.

Herzlichen Glückwunsch! Sie haben gerade ein benutzerdefiniertes Deep-Learning-Modell mit Trainingsbildern von Giraffen und Elefanten trainiert. Um das in Abbildung 5.20 dargestellte Szenario vollständig zu realisieren, müssen wir den benutzerdefinierten Bildklassifizierer weiter verbessern, indem wir Bilder von anderen im Zoo gefundenen Tieren zum Custom Vision-Dienst hochladen. Mit einer begrenzten Anzahl von Trainingsbildern pro Tier können wir schnell einen benutzerdefinierten Bildklassifizierer für Tiere erstellen.

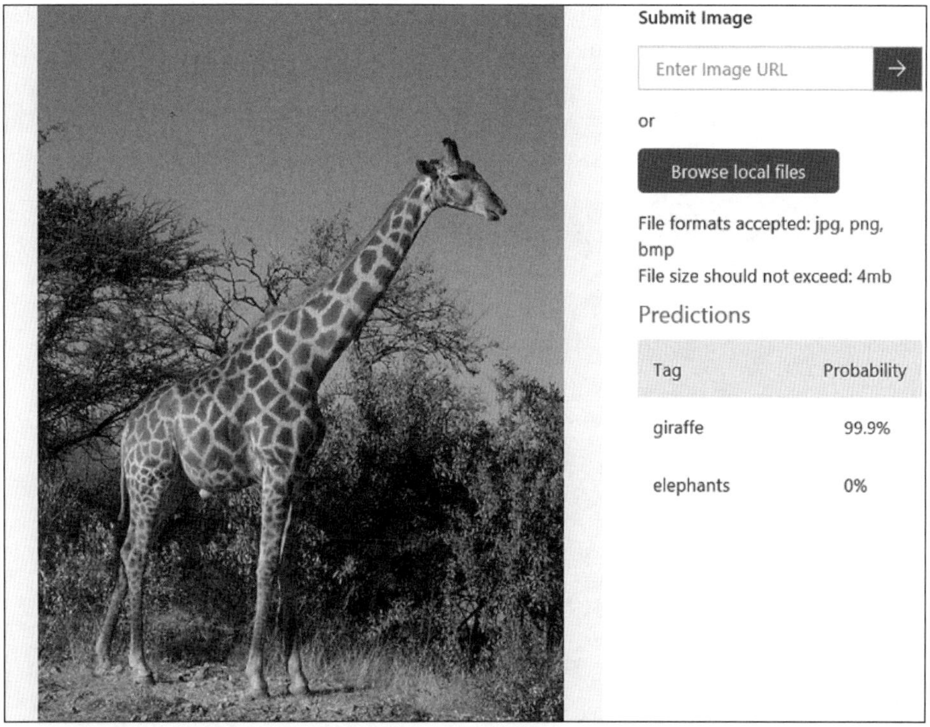

Abbildung 5.25 Schnelltest mit dem Testbild einer Giraffe

5.5.2 Exportieren von Custom Vision-Modellen

Nachdem wir das Modell trainiert haben, können wir eine Anwendung entwickeln, die die angegebene Vorhersage-URL verwendet. Eventuell möchten Sie auch, dass das Modell auf anderen Geräten (z. B. iPhone, iPads, Android-Tablets) ausgeführt werden kann. Die Frage, ob Sie eine Vorhersage-URL verwenden oder Modelle auf Geräten ausführen, hängt von Ihrem Anwendungsfall ab. In Situationen, in denen Sie Rückschlüsse ziehen möchten, wenn keine Internetverbindung verfügbar ist, oder in denen Sie eine niedrige Latenz benötigen, ist es eine gute Entscheidung, die Modelle auf einem Gerät auszuführen.

Zu diesem Zweck und damit Sie Anwendungen entwickeln können, die das Modell offline nutzen, ermöglicht Custom Vision den Export der Modelle. Klicken Sie auf EXPORT. Diese Schaltfläche ist bei Verwendung von kompakten Modellen verfügbar. Sie können die Modelle als *CoreML-*, *TensorFlow-* oder *ONNX-Modelle* exportieren. Darüber hinaus können Sie auch das Dockerfile exportieren, um einen Container für das Modell zu erstellen.

Abbildung 5.26 zeigt die Plattformen, die für den Export der Modelle zur Verfügung stehen. Sobald Sie die entsprechende Plattform für den Export ausgewählt haben, können die relevanten Dateien heruntergeladen werden (z. B. *.mlmodel* für *CoreML-*, *.zip* für *TensorFlow-* und *.onnx* für *ONNX*-Modelle). Diese Modelle können dann problemlos in iOS-, Android- oder Windows-Anwendungen integriert werden.

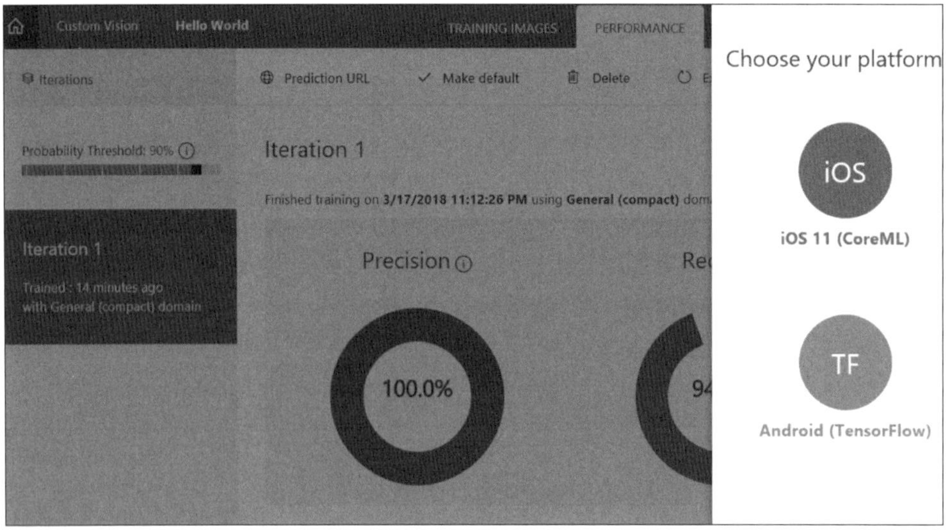

Abbildung 5.26 Exportieren von Custom Vision-Modellen nach CoreML oder TensorFlow

5.6 Zusammenfassung

In diesem Kapitel haben wir die verschiedenen Arten von Cognitive Services behandelt, die Ihnen über die Microsoft-KI-Plattform zur Verfügung stehen. Diese vorkonfigurierten KI-Funktionen ermöglichen es Entwicklern in Ihrer Organisation, sofort von künstlicher Intelligenz zu profitieren und mit der Entwicklung innovativer Anwendungen zu beginnen. Darüber hinaus haben wir veranschaulicht, wie vortrainierte Deep-Learning-Modelle für maschinelles Sehen mit Hilfe von Custom Vision an neue Daten angepasst werden können. So können Sie ein Bildklassifizierungsmodell schnell trainieren, indem Sie Ihre eigenen Daten einbringen. Damit Sie die KI im intelligenten *Edge* (IoT-Edge-Gerät, iOS- und Android-Geräte) verwenden können, ermöglicht Ihnen Custom Vision die Erforschung von CoreML- und TensorFlow-Modellen. Im Rahmen dieses Kapitel konnten wir uns nur mit einigen wenigen Cognitive Services auf der Microsoft-KI-Plattform beschäftigen. Je nach Anwendungsfall und Bedarf empfehlen wir Ihnen, auch die anderen Dienste wie den Language Understanding Intelligent Service, Azure Search und den Custom Speech-Dienst zu erkunden.

In den nächsten Kapiteln geht es nicht um die Nutzung vorkonfigurierter KI-Funktionen, sondern wir bieten Ihnen einen Überblick darüber, wie Sie benutzerdefinierte Deep-Learning-Modelle erstellen können. Dazu sehen wir uns im nächsten Kapitel zunächst gängige Modelle wie CNNs etwas genauer an.

TEIL 3

KI-Netzwerke in der Praxis

Kapitel 6
Convolutional Neural Networks

Convolutional Neural Networks (*CNNs*, faltende neuronale Netzwerke) sind ein Paradebeispiel dafür, wie Neurowissenschaften das Deep Learning beeinflussen (LeCun, Bottou, Bengio und Haffner 1998). Diese neuronalen Netze basieren auf der wegweisenden Arbeit von Hubel und Wiesel (1962). Sie entdeckten, dass einzelne neuronale Zellen in der Sehrinde (visueller Cortex) nur auf das Vorhandensein von visuellen Merkmalen wie Kanten mit bestimmten Ausrichtungen reagierten. Aus ihren Experimenten schlossen diese beiden Forscher, dass die Sehrinde eine hierarchische Anordnung von neuronalen Zellen enthält. Diese Neuronen reagieren auf bestimmte Subregionen im Gesichtsfeld, wobei diese Subregionen so angeordnet sind, dass sie das gesamte Gesichtsfeld abdecken. Sie wirken tatsächlich als örtlich begrenzte Filter über dem Eingabebereich und sind daher gut geeignet, die starke räumliche Korrelation in natürlichen Bildern zu nutzen. CNNs haben sich bereits für viele Aufgaben des maschinellen Sehens als sehr erfolgreich erwiesen – nicht nur aufgrund der Inspiration aus der Neurowissenschaft, sondern auch wegen der intelligenten Entwicklungsmethoden, die bei diesen Netzwerken eingesetzt werden. Obwohl sie ursprünglich für Anwendungen im Bereich des maschinellen Sehens wie Gesichtserkennung und Bildklassifizierung verwendet wurden, können CNNs auch in anderen Bereichen wie der Spracherkennung und der Verarbeitung natürlicher Sprache bestimmte Aufgaben erfüllen.

Dieses Kapitel beschreibt kurz, was Faltung bedeutet und welcher Zusammenhang zu neuronalen Netzen besteht. Anschließend erläutern wir die verschiedenen Elemente der CNN-Architektur und ihre Auswirkungen und zeigen auf, warum CNNs so gut funktionieren. Schließlich beschreiben wir die üblichen Schritte zum Trainieren von CNNs und veranschaulichen das Ganze anhand einiger praktischer Beispiele. Dabei verwenden wir den *CIFAR-10-Datensatz* zum Trainieren eines CNN mit Jupyter-Notebooks.

Eine der ersten erfolgreichen Anwendungen von CNNs fand in den 90er Jahren statt, als die *LeNet-Architektur* von Yann LeCun und Kollegen zum Lesen von Postleitzahlen eingesetzt wurde (LeCun, Boser u. a., 1989). Im Jahr 2012 wurden CNNs dann mit Hilfe der *AlexNet-Architektur* (Krizhevsky, Sutskever und Hinton, 2012) flächendeckend verbreitet, die die ImageNet *Large Scale Visual Recognition Competition (ILSVRC)* gewann – wie in Kapitel 1, »Einführung in die künstliche Intelligenz«, erwähnt – und zu einem entscheidenden Durchbruch auf dem Forschungsgebiet des maschinellen Sehens führte.

Seitdem hat es zahlreiche nützliche Entwicklungen und empfohlene Architekturen von Forschern wie *VGGNet* (Simonyan und Zisserman, 2014) und *ResNet* (He, Zhang, Ren und Sun, 2016) gegeben. Wir empfehlen in diesem Buch keine spezifische neuronale Netzwerkarchitektur, da es sich hierbei immer noch um ein schnelllebiges Forschungsfeld handelt, in dem häufig neue Durchbrüche zu verzeichnen sind. Stattdessen empfehlen wir, für den praktischen Einsatz eine bereits verfügbare, von Forschern entwickelte und getestete Architektur auszuwählen und diese bei Bedarf zu optimieren.

6.1 Die Faltung in Convolutional Neural Networks

Um das Thema nicht allzu kompliziert zu gestalten, legen wir an dieser Stelle fest, dass wir uns immer, wenn wir über *Faltung* sprechen, auf die diskrete Faltung beziehen. Mathematisch gesehen ist die Faltung die einfache Addition der punktweisen Multiplikation zweier Funktionen. Die Additionen können in einer oder mehreren Dimensionen erfolgen, so dass bei Graustufenbildern die Addition über zwei Dimensionen und bei Farbbildern über drei Dimensionen erfolgen würde.

Die Faltung ist vergleichbar mit der *Kreuzkorrelation*, und in vielen Deep-Learning-Bibliotheken ist die Implementierung tatsächlich eine Kreuzkorrelation, obwohl sie als Faltung bezeichnet wird. Was den praktischen Einsatz von CNNs betrifft, so ist dies lediglich ein Implementierungsdetail, das keinen Einfluss auf das Verhalten des Modells im Ergebnis hat. Damit Sie ein erstes Gefühl für das Verhalten der Faltung bekommen, zeigen wir in Abbildung 6.1 ein einfaches Beispiel.

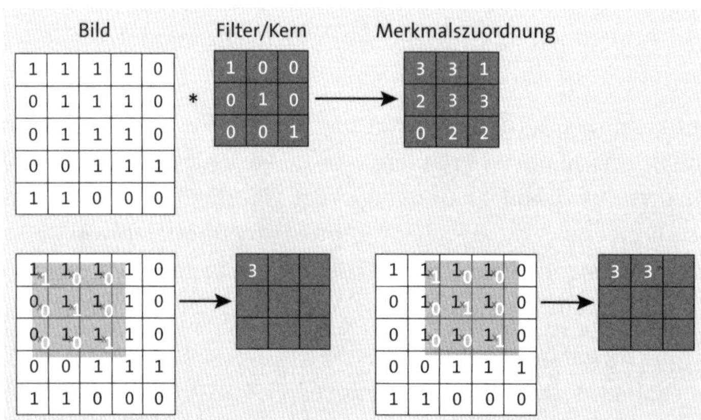

Abbildung 6.1 Faltung in CNNs

In diesem Beispiel wird das Bild durch eine 5-×-5-*Matrix* dargestellt, wobei jedes Pixel nur zwei Werte annehmen kann: 1 oder 0. Wir haben einen *Faltungskern*, der diagonale

Linien erkennt. Faltungskerne werden manchmal auch als *Filter* oder *Merkmalsdetektoren* bezeichnet. Indem wir unseren Kern mit dem Bild falten, erhalten wir unsere Merkmals- und Aktivierungszuordnung. Der Wert oben links in der Merkmalszuordnung ergibt sich aus der Multiplikation aller Werte in den sich überlappenden Matrizen und der Addition der Ergebnisse. In der unteren Reihe des Bilds sehen wir, dass wir beim Anwenden des Kerns auf unser Bild den Wert 3 erhalten. Der Kern wird auf die neun Pixel im oberen linken Bereich unseres Bilds angewendet. Wenn wir die Werte zeilenweise abflachen würden, erhielten wir den Vektor [1,1,1,0,1,1,0,1,1]. Der Kernel entspräche dem Vektor [1,0,0,0,1,0,0,0,1]. Wenn wir die beiden Vektoren elementweise wie folgt multiplizieren: [1 × 1, 1 × 0, 1 × 0, 0 × 0 ...], erhalten wir den Vektor [1,0,0,0,1,0,0,0,1], den wir zusammenfassen, um den Wert 3 zu erhalten. Im Wesentlichen berechnen wir das *Punktprodukt* der beiden Vektoren, um einen Skalarwert zu erhalten.

Dann verschieben wir den Kern einmal nach rechts – dies wird häufig als *Schrittgröße* bezeichnet – und wiederholen den Vorgang. Beachten Sie, dass die Merkmalszuordnung kleiner ist als das Originalbild. Um dies abzufedern, füllen CNNs das Eingabebild häufig auf, so dass die resultierende Merkmalszuordnung nicht verkleinert wird. Der Grund dafür ist, dass eine kontinuierliche Verkleinerung die Anzahl der aufeinanderfolgenden Faltungen, die angewendet werden können, begrenzen würde. Dies ist nur ein einfaches Beispiel, da echte Farbbilder drei Farbkanäle besitzen – Rot, Grün und Blau – und der Pixelwert jedes Kanals durch eine ganze Zahl zwischen 0 und 255 dargestellt wird. Für ein einzelnes Bild wäre unsere Eingabe eine dreidimensionale Matrix mit der Breite, Höhe und Anzahl der Kanäle. Je nachdem, welches Deep-Learning-Framework Sie verwenden, wird oft erwartet, dass bei den Matrizen die Kanäle zuerst (CHW-Reihenfolge: Channel, Height, Width) oder zuletzt (HWC-Reihenfolge: Height, Width, Channel) geschrieben werden.

6.1.1 Faltungsschicht

Bei CNNs erfolgt die Faltung in sogenannten *Faltungsschichten* – dies ist im Grunde nichts anderes als eine Reihe von *Faltungskernen*, die durch die Gewichte jeder Faltungsschicht dargestellt werden. Dimensionen und Schrittgröße der Faltung sind in der Regel vordefiniert, die Gewichte lernt das Netzwerk jedoch während des Trainings. Ein CNN weist in der Regel eine Vielzahl von Faltungsschichten auf, und jede Faltungsschicht besitzt einen eigenen Satz aus gelernten Kernen bzw. Filtern.

Abbildung 6.2 zeigt eine Auswahl von Faltungsfiltern, die einem vortrainierten CNN entnommen wurden. Die oberste Reihe besteht aus sechs Filtern aus der ersten Faltungsschicht. Die untere Reihe stammt aus der letzten Faltungsschicht im CNN. Von oben nach unten sieht es so aus, als würden die Faltungsschichten immer komplexere

Muster betrachten. Die erste Schicht codiert Richtung und Farbe. In der zweiten Schicht liegt der Fokus eher auf Punkt- und Rasterstrukturen. Die letzte Schicht sieht aus wie eine komplexe Kombination aus verschiedenen Strukturen. Daraus können wir ersehen, dass die Muster beim Durchlaufen des Netzwerks komplexer werden. Also gilt: Je tiefer das Netzwerk, desto komplexer die Muster, die die Faltungsschichten zu extrahieren lernen.

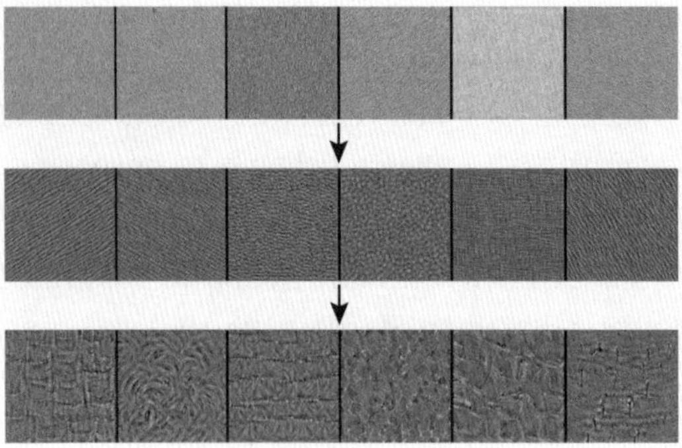

Abbildung 6.2 Visualisierung von Faltungsschichten. Detailliertere Visualisierungen finden Sie bei Zeiler und Fergus (2013).

Ein weiterer interessanter Aspekt: Wenn wir uns den ersten und den letzten Filter in der mittleren Reihe ansehen, scheint es so, als könnten dies leicht gedrehte Variationen des gleichen Filters sein. Dieses Phänomen verdeutlicht einen der Mängel von CNNs: Sie sind nicht rotationsinvariant. Wie in Kapitel 3, »Trends im Deep Learning«, erläutert, hat Hinton versucht, dieses Problem mit *Kapselnetzwerken* zu überwinden.

6.1.2 Pooling-Schicht

Faltungen sind nicht *äquivariant*, das heißt, sie allein können mit der Skalierung und Drehung von Eingabe nicht gut umgehen (Sabour, Frosst und Hinton, 2017). Eine in modernen CNNs häufig verwendete Schicht, mit deren Hilfe dieses Problem gelöst werden kann, ist die *Pooling-Schicht*, deren häufigste Form die Max-Pooling-Schicht ist. Max-Pooling ersetzt die Ausgabe von räumlich benachbarten Ausgaben durch das Maximum dieser Werte. Im Allgemeinen ersetzen Pooling-Schichten die Ausgaben durch eine Art Summenstatistik, die auf diesen Ausgaben basiert.

Prinzipiell dient die Pooling-Schicht dazu, neuronale Netzwerke lokal *invariant* zu kleinen Übersetzungen der Eingabe zu machen, und sie kümmern sich im Wesentlichen eher darum, ob ein Merkmal überhaupt erkannt wird, und nicht darum, wo genau es sich in der Eingabe befindet. Dies wiederum reduziert die räumliche Schärfe des Modells und gilt als Einschränkung von CNNs. Dennoch haben sich Pooling-Schichten als äußerst nützlich erwiesen.

6.1.3 Aktivierungsfunktionen

Aktivierungsfunktionen sind in CNNs und künstlichen neuronalen Netzwerken im Allgemeinen sehr wichtig. Ohne sie wären CNNs einfach eine Reihe von linearen Operationen und nicht in der Lage, all die erstaunlichen Dinge auszuführen, für die sie heutzutage eingesetzt werden. Aktivierungsfunktionen sind lediglich nichtlineare Transformationen der Ausgabe eines Neurons in einer Schicht. Die Bezeichnung *Aktivierungsfunktion* bezieht sich auf die Funktionsweise biologischer Nervenzellen, die nach Erreichen eines bestimmten Schwellenwerts aktiviert werden und einen elektrischen Impuls »feuern«. Zwar gibt es eine Reihe verschiedener Aktivierungsfunktionen mit unterschiedlichen Eigenschaften und Spezialisierungen, wir werden im Folgenden aber nur auf die am häufigsten verwendeten Typen eingehen.

Sigmoid

Eine *Sigmoidfunktion* (logistische Funktion) ist eine nichtlineare Funktion, die die Eingabe zwischen die Werte 0 und 1 »quetscht« (siehe Abbildung 6.3).

$$f(x) = \frac{1}{1 + e^{-x}}$$

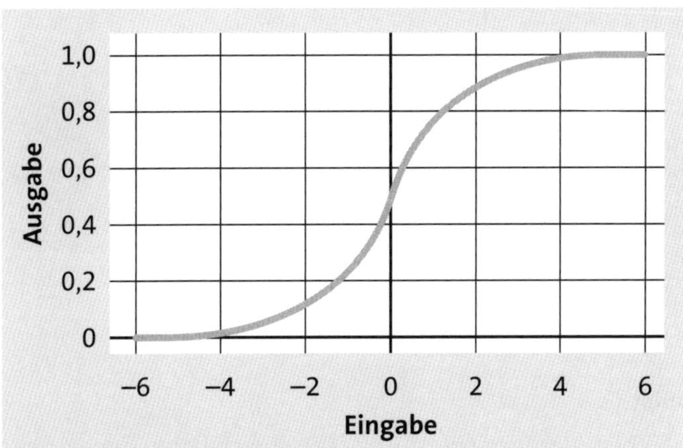

Abbildung 6.3 Sigmoidfunktion

In den letzten Jahren hat diese Funktion aufgrund einer Reihe von Nachteilen an Popularität verloren:

- Sie birgt das Problem des verschwindenden Gradienten. In der Nähe der Extremwerte 1 und 0 ist der Gradient flach, d. h., wenn sich die Werte diesen Extremen nähern, werden die Neuronen gesättigt, und die Gewichte werden während der Rückwärtsausbreitung nicht aktualisiert. Darüber hinaus erhalten Neuronen, die mit diesem Neuron verbunden sind, nur sehr geringfügige Gewichtsaktualisierungen, wodurch ihnen dringend benötigte Informationen vorenthalten werden.
- Die Ausgabe ist nicht nullzentriert.

Tanh

Tanhfunktionen (hyperbolische Tangensfunktionen) sind Sigmoidfunktionen sehr ähnlich. Tatsächlich handelt es sich hier um eine einfach skalierte Version von Sigmoidfunktionen, so dass sie um 0 herum zentriert sind. Tanh »quetscht« die Ausgabe zwischen die Werte –1 und 1 (siehe Abbildung 6.4). In der Praxis wird Tanh häufig der Vorzug vor Sigmoid gegeben, doch auch hier existiert das Problem des verschwindenden Gradienten.

$$f(x) = \frac{1 - e^{-2x}}{1 + e^{-2x}}$$

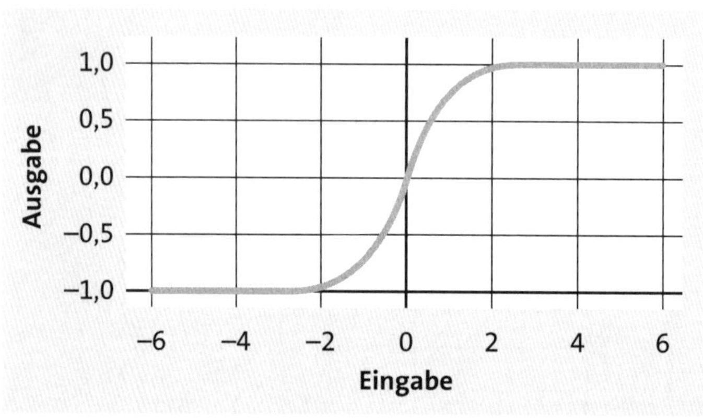

Abbildung 6.4 Tanh

Gleichgerichtete Lineareinheit

Die gleichgerichtete Lineareinheit (*Rectified Linear Unit* [*ReLU*], siehe Abbildung 6.5) ist heute wahrscheinlich die am häufigsten verwendete Aktivierungsfunktion (LeCun, Bengio und Hinton, 2015).

$f(x) = max(0, x)$

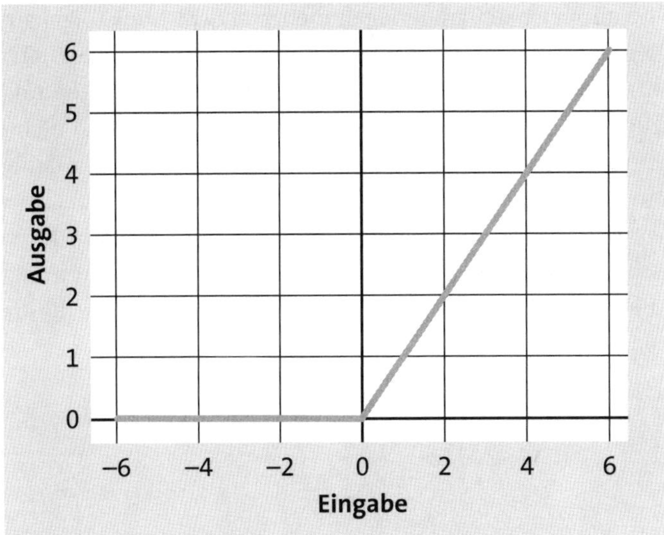

Abbildung 6.5 Gleichgerichtete Lineareinheit (ReLU)

Bei der *ReLU-Aktivierungsfunktion* ist die Ausgabe identisch mit der Eingabe, wenn die Eingabe größer als null ist; Wenn die Eingabe kleiner ist als null, ist die Ausgabe null. Ihre Popularität lässt sich auf verschiedene Fakten zurückführen. Zunächst einmal wird sie nicht gesättigt und birgt auch nicht das Problem des verschwindenden Gradienten im positiven Bereich. Zweitens handelt es sich hier um eine rechnerisch effiziente Funktion, die auch zu geringen Aktivierungen führt, die einen rechnerischen Nutzen mit sich bringen. Doch auch bei dieser Funktion gibt es einige Nachteile:

- Wenn die Ausgabe der Funktion während des Vorwärtsdurchlaufs kleiner als Null ist, wird während des Rückwärtsdurchlaufs kein Gradient zurückübertragen. Das bedeutet, dass Gewichte nicht aktualisiert werden. Wenn Neuronen im CNN dieses Verhalten konsequent zeigen, gelten die Neuronen als tot, sie tragen also nicht mehr zum Netzwerk bei und sind im Wesentlichen nutzlos. Wenn diese Situation in einem signifikanten Teil Ihres CNN vorherrscht, kommt es zum Stillstand, und das CNN lernt nicht weiter.
- Für Klassifizierungsaufgaben kann diese Funktion nicht in der Ausgabeschicht verwendet werden, da ihre Ausgabe nicht zwischen klar definierten Grenzen eingeschränkt ist.

6.2 CNN-Architektur

CNNs werden normalerweise durch Übereinanderlegen mehrerer Schichten aufgebaut (siehe Abbildung 6.6). Eine gängige Konfiguration sieht folgendermaßen aus: Zuerst gibt es eine Faltungsschicht, in der mehrere Kerne die Eingabe zusammenfalten und eine Reihe von Merkmalszuordnungen erzeugen. Diese durchlaufen dann eine nichtlineare Aktivierungsfunktion wie z. B. ReLU, auf die eine Pooling-Schicht folgt. Häufig werden diese drei Stufen auf verschiedene Weise kombiniert, um die ersten Schichten eines CNN zu erzeugen. Die Ausgabe der letzten Schicht wird abgeflacht und dann durch eine oder mehrere vollständig verbundene Schichten geleitet. Die Aktivierungsfunktion der letzten Schicht ist in der Regel eine *Softmax*- oder eine *Sigmoidfunktion*, die die Ausgabe zwischen 0 und 1 »quetscht«.

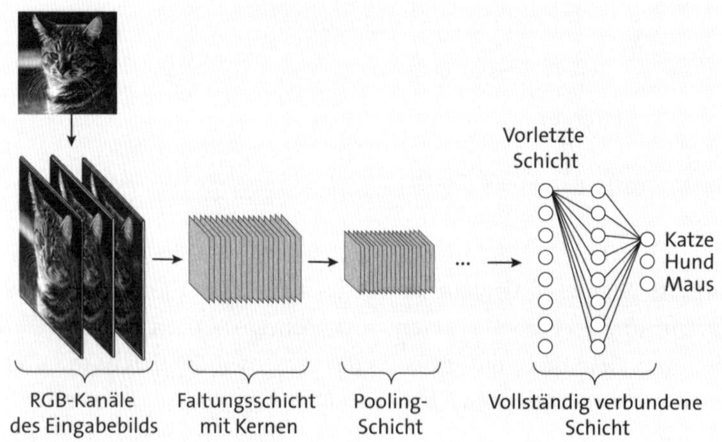

Abbildung 6.6 CNN-Architektur

6.3 Trainieren eines Klassifizierungs-CNN

Bisher haben wir definiert, wie ein CNN aussieht und wie die Informationen vorwärts ausgebreitet werden, aber wir haben noch nicht beschrieben, wie ein CNN lernt. Das Training eines CNN folgt diesem Ablauf:

1. Wir verwenden eine vordefinierte Architektur mit einer Reihe von Faltungs- und Pooling-Schichten sowie unseren endgültigen, vollständig verbundenen Schichten. Die Gewichte des CNN werden auf der Basis einer bestimmten Verteilung zufällig initialisiert.

2. Wir speisen die Trainingsbilder als Minibatch in Form einer vierdimensionalen Matrix (Batchgröße, Breite, Höhe und Kanäle) in unser CNN ein.
3. Wir führen einen Vorwärtsdurchlauf durch die Netzwerke durch, wobei die Bilder durch die Faltungs- und Pooling-Schicht sowie die Aktivierungsfunktionen übergeben werden, und erhalten die Ausgabewahrscheinlichkeiten für jede Klasse für jedes Bild im Minibatch.
4. Wir vergleichen die Wahrscheinlichkeiten mit den wahren Bezeichnungen und berechnen den Fehler.
5. Wir verwenden die Rückwärtsausbreitung, um die Gradienten des Fehlers in Bezug auf die Gewichte des CNN zu berechnen, und wir verwenden das Gradientenverfahren, um die Gewichte zu aktualisieren.
6. Dieser Prozess wird entweder für eine Reihe von *Epochen*[1] oder so lange wiederholt, bis andere Bedingungen erfüllt sind.

Diese Beschreibung stellt eine vereinfachte Ansicht der Vorgänge dar, aber sie erfasst den Kern dessen, was erforderlich ist, um ein CNN zu trainieren: eine Zielfunktion, eine Methode zur Berechnung der Gradienten und eine Optimierungsmethode.

Die *Ziel-* oder *Verlustfunktion* bestimmt, wie wir die Differenz berechnen können zwischen dem, was wir vom Netzwerk erwartet haben, und dem, was es geleistet hat. Die Funktion berechnet also im Wesentlichen den Fehler für unser Modell. Gängige Verlustfunktionen sind beispielsweise der *mittlere quadratische Fehler (Mean Squared Error, MSE)* und die *Kreuzentropie*. Sobald wir den Fehler ermittelt haben, müssen wir die Gewichte des Netzwerks in die richtige Richtung aktualisieren, damit die Vorhersagen beim nächsten Mal etwas besser werden. Dies geschieht durch eine Methode namens *Rückwärtsausbreitung (Backpropagation)*.

Die von CNNs am häufigsten verwendete Optimierungsmethode ist das *Minibatch-Gradientenverfahren*, das oft als *stochastisches Gradientenverfahren (Stochastic Gradient Descent, SGD)* bezeichnet wird, obwohl dieses sich leicht vom Minibatch-Gradientenverfahren unterscheidet.

Das Minibatch-Gradientenverfahren zielt darauf ab, die Zielfunktion zu optimieren, indem die Gewichte des CNN basierend auf den Gradienten in jedem Minibatch iterativ aktualisiert werden. Aufgrund der Nichtlinearitäten in CNNs ist der Lösungsraum oft nicht konvex, und es gibt daher keine Garantie für Konvergenz. In der Praxis kann dies ziemlich frustrierend sein, aber CNNs funktionieren überraschend gut, auch ohne diese Garantie. Der wichtigste Parameter in allen Varianten des Gradientenverfahrens ist die

1 Der Begriff *Epoche* bezieht sich auf das CNN, das den gesamten Trainingsdatensatz durchlaufen hat.

Lernrate – diese bestimmt die Größenordnung der Aktualisierungen, die auf das Gewicht des Netzwerks angewendet werden. Eine Variante des SGD beinhaltet auch einen *Momentumterm*, der versucht, den Lernvorgang zu beschleunigen, indem die Durchlaufrichtung durch den Parameterraum beibehalten wird. Dies geschieht, indem ein Bruchteil der Gewichtsaktualisierung des vorherigen Zeitschritts zur aktuellen Aktualisierung hinzugefügt wird. Weitere Optimierungsalgorithmen sind u. a. *Adam* und *RMSProp*.

6.4 Gründe für die Verwendung von CNNs

Wie bereits erwähnt, wurden CNNs von der Neurowissenschaft inspiriert, sie nutzen jedoch auch Prinzipien der Tontechnik, die weitere Vorteile mit sich bringen. Dazu gehören die geringe Konnektivität sowie die gemeinsame Nutzung von Parametern. Aktuelle Forschungsergebnisse deuten darauf hin, dass auch Neuronen diese Merkmale teilen. Eine typische menschliche Nervenzelle verfügt über 7.000 Verbindungen (Im Vergleich: Das menschliche Gehirn verfügt über ca. 10^{11} Nervenzellen). Ebenso besitzt jede Art von neuronaler Zelle spezifische Funktionsparameter. Ein gutes Beispiel dafür sind die Ganglienzellen der Netzhaut, die alle effektiv die gleiche Art von Faltungskern implementieren (im Gegensatz zur Unterteilung in Zentrum und Umfeld). Die Gewichte dieser Kerne wurden durch die Evolution von Genexpressionsmustern »gelernt«.

In herkömmlichen neuronalen Netzwerken wie z. B. mehrschichtigen Perzeptronen (*Multi-Layer Perceptrons, MLPs*) ist jede Schicht vollständig mit jedem einzelnen Knoten der nächsten Schicht verbunden. Wenn Sie die Anzahl der Schichten und die Anzahl der Knoten erhöhen, explodiert die Anzahl der Parameter. In CNNs sind die Verbindungen in der Regel viel kleiner als die Eingabe, da der Kern über die Eingabe gefaltet ist, die durch die vorherige Schicht repräsentiert wird. Daher kann in einem Bild, das aus Tausenden von Pixeln besteht, der Faltungskern nur einige Dutzend Pixel umfassen. Diese Reduzierung der Parameteranzahl verbessert die Effizienz des Modells sowohl in Bezug auf den Arbeitsspeicher als auch hinsichtlich der Berechnung, da der Rechenaufwand erheblich reduziert wird.

Der zweite Vorteil besteht in der gemeinsamen Nutzung von Parametern. In standardmäßigen neuronalen Netzwerken werden die Eingangsgewichte für jeden Knoten in der nächsten Schicht nur für diesen Knoten verwendet, während in CNNs derselbe Kern mehrfach verwendet wird. Daher lernt das Netzwerk anstatt verschiedener Parameter für jeden Knoten eine Reihe von Kernen für alle Knoten.

6.5 Trainieren eines CNN mit CIFAR-10

In diesem Abschnitt werden wir ein CNN schrittweise mit dem *CIFAR-10-Datensatz* trainieren (Krizhevsky, 2009; Krizhevsky, Nair und Hinton, k. A.). Wir verwenden TensorFlow als Deep-Learning-Bibliothek, um unser CNN aufzubauen. Der CIFAR-10-Datensatz[2] wird häufig verwendet. Er enthält insgesamt 60.000 32-×-32-Farbbilder in 10 Klassen (siehe Abbildung 6.7). Diese sind unterteilt in 50.000 Trainings- und 10.000 Testbilder. Der Code für diesen Abschnitt befindet sich auch im Notebook *Chapter_06_01.ipynb* (*https://gitlab.com/msalvaris/whistler/blob/master/Chapter06/Chapter_06_01.ipynb*).

Abbildung 6.7 CIFAR-10-Datensatz

Weitere Informationen

Wir empfehlen die Bereitstellung einer Azure Deep Learning Virtual Machine (DLVM), um die Codebeispiele in diesem Kapitel auszuführen. Mehr dazu finden Sie in Kapitel 4, »Microsoft-KI-Plattform«.

Als Erstes definieren wir unser CNN (siehe Listing 6.1). Es ist nicht sehr tief und verfügt lediglich über zwei Faltungsschichten. Die erste Faltungsschicht weist 50 Filter und die zweite 25 Filter auf, die jeweils 3 × 3 groß sind. Die erste Faltungsschicht verwendet die

2 CIFAR steht für das *Canadian Institute for Advanced Research*. Dieses Institut beteiligte sich an der Finanzierung von Hinton und LeCun während des KI-Winters, was dazu führte, dass neuronale Netzwerke letztlich wieder für Deep Learning genutzt wurden.

ReLU-Aktivierung und die zweite Faltungsschicht führt erst die ReLU-Aktivierung, und dann ein Max-Pooling durch. Danach müssen wir unseren Tensor in eine 2D-Matrix umformen, wobei die erste Dimension die Größe unseres Batches ist. Im Anschluss daran übergeben wir ihn an eine vollständig verbundene Schicht von 512 Knoten mit ReLU-Aktivierung. Schließlich führen wir unsere letzte dichte Schicht ein, die 10 Ausgaben erzeugt – eine für jede unserer Klassen.

```
def create_model(model_input,
                 n_classes=N_CLASSES,
                 data_format='channels_last'):
    conv1 = tf.layers.conv2d(model_input,
                             filters=50,
                             kernel_size=(3, 3),
                             padding='same',
                             data_format=data_format,
                             activation=tf.nn.relu)
    conv2 = tf.layers.conv2d(conv1,
                             filters=50,
                             kernel_size=(3, 3),
                             padding='same',
                             data_format=data_format,
                             activation=tf.nn.relu)
    pool1 = tf.layers.max_pooling2d(conv2,
                                    pool_size=(2, 2),
                                    strides=(2, 2),
                                    padding='valid',
                                    data_format=data_format)
    flatten = tf.reshape(pool1, shape=[-1, 50*16*16])
    fc1 = tf.layers.dense(flatten, 512, activation=tf.nn.relu)
    logits = tf.layers.dense(fc1, n_classes, name='output')
    return logits
```

Listing 6.1 CNN mit zwei Faltungsschichten

Ein wichtiges Element beim Training neuronaler Netzwerke ist die Definition der Verlustfunktion und der zu verwendenden Optimierung (siehe Listing 6.2).

Hier nutzen wir die Kreuzentropie als Verlustfunktion und die SGD mit Momentum als Optimierungsfunktion. SGD ist die Standardoptimierungsmethode für Deep Learning. Die beiden Parameter, die wir definieren müssen, sind die Lerngeschwindigkeit und das Momentum.

```
def init_model_training(m, labels, learning_rate=LR, momentum=MOMENTUM):
    cross_entropy = tf.nn.sparse_softmax_cross_entropy_with_logits(
                                            logits=m, labels=labels)
    loss = tf.reduce_mean(cross_entropy)
    optimizer = tf.train.MomentumOptimizer(learning_rate=learning_rate,
                                           momentum=momentum)
    return optimizer.minimize(loss)
```

Listing 6.2 Initialisieren des Modells mit Optimierungs- und Verlustmethode

Nachdem wir über die notwendigen Funktionen zum Erstellen und Trainieren unseres CNN verfügen, benötigen wir nun noch die Methoden zur Vorbereitung der Daten sowie zu deren Übergabe in Batches an unser CNN, wie in Listing 6.3 gezeigt.

```
def prepare_cifar(x_train, y_train, x_test, y_test):

    # Pixelintensität skalieren
    x_train = x_train / 255.0
    x_test = x_test / 255.0

    # Umformen
    x_train = x_train.reshape(-1, 3, 32, 32)
    x_test = x_test.reshape(-1, 3, 32, 32)

    x_train = np.swapaxes(x_train, 1, 3)
    x_test = np.swapaxes(x_test, 1, 3)

    return (x_train.astype(np.float32),
            y_train.astype(np.int32),
            x_test.astype(np.float32),
            y_test.astype(np.int32))
```

Listing 6.3 Vorbereiten der CIFAR-10-Daten

Die Funktion `prepare_cifar` akzeptiert die Trainingsbilder und Testbilder als Arrays und die Bezeichnungen als Vektoren. Bevor wir die Bilder in unserem CNN verwenden können, muss eine Vorverarbeitung erfolgen. Zuerst skalieren wir die Pixelwerte zwischen 0 und 1, dann formen wir sie so um, dass die Matrix die Konfiguration »Kanäle zuletzt« aufweist. Das bedeutet, dass die Bilddaten geformt werden (Beispiele, Höhe, Breite, Kanäle). Der Begriff »Kanäle« bezieht sich auf die RGB-Kanäle im Bild.

Als Nächstes definieren wir die Minibatch-Funktion, die eine Matrix der Form (BATCH-SIZE, 32, 32, 3) zurückgibt, wenn wir unsere Daten als »Kanäle zuletzt« definiert haben (siehe Listing 6.4). Wir müssen darüber hinaus die Daten mischen, da wir die Trainingsbeispiele nicht in einer sinnvollen Reihenfolge in das CNN einspeisen möchten, weil dies den Optimierungsalgorithmus beeinflussen könnte.

```
def minibatch_from(X, y, batchsize=BATCHSIZE, shuffle=False):
    if len(X) != len(y):
        raise Exception("The length of X {} and y {} don't \
                         match".format(len(X), len(y)))

    if shuffle:
        X, y = shuffle_data(X, y)

    for i in range(0, len(X), batchsize):
        yield X[i:i + batchsize], y[i:i + batchsize]
```

Listing 6.4 Minibatch-Generator

Als Nächstes laden wir die Daten, wie in Listing 6.5 dargestellt.

```
x_train, y_train, x_test, y_test = prepare_cifar(*load_cifar())
```

Listing 6.5 Laden von Daten

Dann erstellen wir Platzhalter für unsere Daten und Bezeichnungen, wie in Listing 6.6 gezeigt, und erstellen das Modell.

```
X = tf.placeholder(tf.float32, shape=[None, 32, 32, 3])
y = tf.placeholder(tf.int32, shape=[None])
# Modell initialisieren
model = create_model(X, training)
```

Listing 6.6 Platzhalter für die Daten und Bezeichnungen

Anschließend initialisieren wir das Modell und starten die TensorFlow-Sitzung.

```
train_model = init_model_training(model, y)
init = tf.global_variables_initializer()
sess = tf.Session()
sess.run(init)
```

Listing 6.7 Initialisieren des Modells und Starten der Sitzung

Im nächsten Schritt trainieren wir das Modell für die gewünschte Anzahl von Epochen. Während dieses Prozesses führen wir den Vorwärtsdurchlauf durch, berechnen den Verlust, breiten den Fehler dann rückwärts aus und aktualisieren die Gewichte. Dies kann je nach verfügbaren Rechenressourcen erhebliche Zeit in Anspruch nehmen. Azure-Notebooks führen das Deep-Learning-Training auf der CPU durch und verfügen nur über begrenzte Rechenressourcen. Eine der bevorzugten Umgebungen zum Trainieren dieser neuronalen Netzwerke ist eine DSVM oder DLVM, die in verschiedenen Konfigurationen, auch mit GPUs, verfügbar sind. Siehe Listing 6.8.


```
for j in range(EPOCHS):
    for data, label in minibatch_from(x_train, y_train, shuffle=True):
        sess.run(train_model, feed_dict={X: data,
                                         y: label})
    # Protokoll
    acc_train = sess.run(accuracy, feed_dict={X: data,
                                              y: label})
    print("Epoch {} training accuracy: {:0.4f}".format(j,acc_train))
```

Listing 6.8 Schleife über die Trainingsdaten für n Epochen und Trainieren des Modells

Nachdem wir nun über das trainierte Modell verfügen, wollen wir es anhand unserer Testdaten auswerten, wie in Listing 6.9 gezeigt.

```
y_guess = list()
for data, label in minibatch_from(x_test, y_test):
    pred=tf.argmax(model,1)
    output=sess.run(pred,feed_dict={X:data})
    y_guess.append(output)
```

Listing 6.9 Auswerten des Modells auf Basis von Testdaten

Dieser Codeabschnitt speist Minibatches in das CNN ein und hängt sie einer Liste an.

Schließlich bewerten wir die Leistung des Modells anhand der wahren Bezeichnungen, wie in Listing 6.10 gezeigt.

```
print("Accuracy: ", sum(np.concatenate(y_guess) ==
                        y_test)/float(len(y_test)))
```

Listing 6.10 Ausgeben der Genauigkeit unseres Modells

Je nachdem, wie lange Sie das Netzwerk trainiert haben, erhalten Sie unterschiedliche Fehlerraten. Nach drei Epochen erreichte das Netzwerk eine Genauigkeit von 64 Prozent auf dem Testdatensatz.

Dies war nur eine einfache Übung, um zu veranschaulichen, wie Sie selbst ein neuronales Netzwerk erstellen und trainieren können. Spielen Sie ruhig ein wenig mit den Schichten, um zu erfahren, wie sie die Leistung beeinflussen können.

Die Erstellung einer eigenen Architektur macht Spaß, aber die Optimierung dieser Strukturen kann mühsam und frustrierend sein. Für einen Machine-Learning-Anwender ist es sinnvoller, modernste Architekturen zu nutzen, die von Forschern veröffentlicht wurden, und so den mühsamen Prozess zu umgehen, ein eigenes Netzwerk zu generieren.

6.6 Training eines tiefen CNN auf einer GPU

Dieser Abschnitt erweitern wir die Erkenntnisse aus dem vorherigen Abschnitt, um ein tieferes CNN zu erstellen. Dazu benötigen Sie auf jeden Fall einen GPU-fähigen Computer – dabei spielt es keine Rolle, ob es sich um Ihren eigenen Computer oder eine VM in der Cloud handelt. Wir werden den CIFAR-10-Datensatz verwenden, dieses Mal unsere CNN-Architektur aber auf Grundlage der VGG-Architektur erstellen (Simonyan und Zisserman, 2014). Wir bauen das Netzwerk langsam mit Hilfe der in CNNs verwendeten Standardbausteine auf und sehen uns an, wie sich das Hinzufügen dieser Bausteine zu unserem Netzwerk auf die Leistung auswirkt. Alle Schritte sind im Notebook zu finden: *Chapter_06_03.ipynb* (*https://gitlab.com/msalvaris/whistler/blob/master/Chapter06/Chapter_06_03.ipynb*).

Für den Fall, dass Ihnen dieser Sprung etwas zu groß erscheint, gibt es ein weiteres Notebook, das darauf eingeht, wie die Ausgaben jeder Schicht von den für diese Schicht festgelegten Eigenschaften beeinflusst werden (siehe *https://gitlab.com/msalvaris/whistler/blob/master/Chapter06/Chapter_06_02.ipynb*).

6.6.1 Modell 1

Wie bereits erwähnt, werden wir den CIFAR-10-Datensatz verwenden, so dass unsere Eingaben 32-×-32-Farbbilder sein werden und die Aufgabe darin besteht, sie in eine von zehn Klassen einzuteilen. Wir werden unser Modell auf der VGG-Architektur aufbauen (Simonyan und Zisserman, 2014). Unser erstes Netzwerk ist in Listing 6.11 dargestellt.

```
conv1_1 = tf.layers.conv2d(X,
                           filters=64,
                           kernel_size=(3,3),
                           padding='same',
```

```
                                       data_format=data_format,
                                       activation=tf.nn.relu)
conv1_2 = tf.layers.conv2d(conv1_1,
                                       filters=64,
                                       kernel_size=(3,3),
                                       padding='same',
                                       data_format=data_format,
                                       activation=tf.nn.relu)
pool1_1 = tf.layers.max_pooling2d(conv1_2,
                                         pool_size=(2,2),
                                         strides=(2,2),
                                         padding='valid',
                                         data_format=data_format)
relu2 = tf.nn.relu(pool1_1)
flatten = tf.reshape(relu2, shape=[-1, 64*16*16])
fc1 = tf.layers.dense(flatten, 4096, activation=tf.nn.relu)
fc2 = tf.layers.dense(fc1, 4096, activation=tf.nn.relu)
model = tf.layers.dense(fc2, N_CLASSES, name='output')
```

Listing 6.11 CNN mit zwei Faltungsschichten

Wir haben zwei Faltungsschichten, gefolgt von einer Max-Pooling-Schicht, die die Merkmalsbestimmung in unserem CNN ausführt. Der Klassifizierungsteil unseres CNN besteht aus zwei vollständig verbundenen dichten Schichten, und die Größe unserer endgültigen Ausgabe entspricht der Anzahl der erwarteten Klassen.

Unser Modell erzielt nach 20 Epochen Training eine Genauigkeit von 72,1 Prozent für den Testdatensatz. Wir stellen außerdem fest, dass es wenige Epochen vor dem Ende des Trainings 100 Prozent für den Trainingsdatensatz erreicht. Es wäre in der Regel ratsam, das Modell früher zu stoppen, und es gibt normalerweise Rückruffunktionen zu diesem Zweck, die in jedem der Frameworks verwendet werden können. Wir nutzen diese Funktionen nur deshalb hier nicht, um das Skript so einfach wie möglich zu halten. Durch Ausführen des Notebooks sollten Sie ähnliche Ergebnisse erzielen.

6.6.2 Modell 2

Beim zweiten Modell fügen wir einen zweiten Faltungsblock hinzu. In Übereinstimmung mit der VGG-Architektur fügen wir zwei Faltungsschichten mit je 128 Filtern sowie eine Max-Pooling-Schicht hinzu (siehe Listing 6.12). Diesmal wird das Netzwerk 10 Epochen lang trainiert.

```
# Block 1
conv1_1 = tf.layers.conv2d(X,
                           filters=64,
                           kernel_size=(3,3),
                           padding='same',
                           data_format=data_format,
                           activation=tf.nn.relu)
conv1_2 = tf.layers.conv2d(conv1_1,
                           filters=64,
                           kernel_size=(3,3),
                           padding='same',
                           data_format=data_format,
                           activation=tf.nn.relu)
pool1_1 = tf.layers.max_pooling2d(conv1_2,
                                  pool_size=(2,2),
                                  strides=(2,2),
                                  padding='valid',
                                  data_format=data_format)
# Block 2
conv2_1 = tf.layers.conv2d(pool1_1,
                           filters=128,
                           kernel_size=(3,3),
                           padding='same',
                           data_format=data_format,
                           activation=tf.nn.relu)
conv2_2 = tf.layers.conv2d(conv2_1,
                           filters=128,
                           kernel_size=(3,3),
                           padding='same',
                           data_format=data_format,
                           activation=tf.nn.relu)
pool2_1 = tf.layers.max_pooling2d(conv2_2,
                                  pool_size=(2,2),
                                  strides=(2,2),
                                  padding='valid',
                                  data_format=data_format)

relu2 = tf.nn.relu(pool2_1)
flatten = tf.reshape(relu2, shape=[-1, 128*8*8])
```

```
fc1 = tf.layers.dense(flatten, 4096, activation=tf.nn.relu)
fc2 = tf.layers.dense(fc1, 4096, activation=tf.nn.relu)
model = tf.layers.dense(fc2, N_CLASSES, name='output')
```

Listing 6.12 CNN mit vier Faltungsschichten

Nach 10 Epochen Training sollten Sie feststellen, dass sich die Leistung Ihres Modells leicht verbessert hat.

6.6.3 Modell 3

Fügen wir nun noch einen weiteren Faltungsblock hinzu. Diesmal erhöhen wir jedoch die Anzahl der Filter auf 256, wiederum im Einklang mit der VGG-Architektur (siehe Listing 6.13).

```
# Block 1
conv1_1 = tf.layers.conv2d(X,
                           filters=64,
                           kernel_size=(3,3),
                           padding='same',
                           data_format=data_format,
                           activation=tf.nn.relu)
conv1_2 = tf.layers.conv2d(conv1_1,
                           filters=64,
                           kernel_size=(3,3),
                           padding='same',
                           data_format=data_format,
                           activation=tf.nn.relu)
pool1_1 = tf.layers.max_pooling2d(conv1_2,
                                  pool_size=(2,2),
                                  strides=(2,2),
                                  padding='valid',
                                  data_format=data_format)
# Block 2
conv2_1 = tf.layers.conv2d(pool1_1,
                           filters=128,
                           kernel_size=(3,3),
                           padding='same',
                           data_format=data_format,
                           activation=tf.nn.relu)
```

```
conv2_2 = tf.layers.conv2d(conv2_1,
                           filters=128,
                           kernel_size=(3,3),
                           padding='same',
                           data_format=data_format,
                           activation=tf.nn.relu)
pool2_1 = tf.layers.max_pooling2d(conv2_2,
                                  pool_size=(2,2),
                                  strides=(2,2),
                                  padding='valid',
                                  data_format=data_format)
# Block 3
conv3_1 = tf.layers.conv2d(pool2_1,
                           filters=256,
                           kernel_size=(3,3),
                           padding='same',
                           data_format=data_format,
                           activation=tf.nn.relu)
conv3_2 = tf.layers.conv2d(conv3_1,
                           filters=256,
                           kernel_size=(3,3),
                           padding='same',
                           data_format=data_format,
                           activation=tf.nn.relu)
conv3_3 = tf.layers.conv2d(conv3_2,
                           filters=256,
                           kernel_size=(3,3),
                           padding='same',
                           data_format=data_format,
                           activation=tf.nn.relu)
pool3_1 = tf.layers.max_pooling2d(conv3_3,
                                  pool_size=(2,2),
                                  strides=(2,2),
                                  padding='valid',
                                  data_format=data_format)

relu2 = tf.nn.relu(pool3_1)
flatten = tf.reshape(relu2, shape=[-1, 256*4*4])
```

```
fc1 = tf.layers.dense(flatten, 4096, activation=tf.nn.relu)
fc2 = tf.layers.dense(fc1, 4096, activation=tf.nn.relu)
model = tf.layers.dense(fc2, N_CLASSES, name='output')
```

Listing 6.13 CNN mit sieben Faltungsschichten

Sobald Sie das Modell zehn Epochen lang trainiert haben, sollten Sie feststellen, dass die Leistung wieder zugenommen hat, wenn auch nur geringfügig. Sie sollten beachten, dass wir mit jeder zusätzlichen Schicht bessere Ergebnisse erzielen, die Zugewinne aber mit jedem nachfolgenden Block abnehmen.

6.6.4 Modell 4

Aufgrund der großen Anzahl freier Parameter können CNNs von einer Regularisierung profitieren. Eine Möglichkeit der Regularisierung ist die Verwendung eines *Dropouts* (siehe Listing 6.14), das wir in Kapitel 2, »Überblick über Deep Learning«, bereits angesprochen haben. Die Dropoutschicht setzt während des Vorwärtsdurchlaufs zufällig einen bestimmten Anteil ihrer Ausgaben auf Null. Das bedeutet, dass sie nicht an den Vorwärtsberechnungen teilnimmt, aber auch keine Gewichtsaktualisierungen erhält (Srivastava, Hinton, Krizhevsky, Sutskever und Salakhutdinov, 2014). Ein Dropout kann die Abhängigkeit von CNNs oder von Deep-Learning-Prozessen von einem oder einer geringen Anzahl *Neuronen* verringern. Dadurch wiederum wird das Modell widerstandsfähig gegen das Fehlen von Informationen.

```
# Block 1
conv1_1 = tf.layers.conv2d(X,
                           filters=64,
                           kernel_size=(3,3),
                           padding='same',
                           data_format=data_format,
                           activation=tf.nn.relu)
conv1_2 = tf.layers.conv2d(conv1_1,
                           filters=64,
                           kernel_size=(3,3),
                           padding='same',
                           data_format=data_format,
                           activation=tf.nn.relu)
pool1_1 = tf.layers.max_pooling2d(conv1_2,
                                  pool_size=(2,2),
                                  strides=(2,2),
```

```
                                    padding='valid',
                                    data_format=data_format)
# Block 2
conv2_1 = tf.layers.conv2d(pool1_1,
                           filters=128,
                           kernel_size=(3,3),
                           padding='same',
                           data_format=data_format,
                           activation=tf.nn.relu)
conv2_2 = tf.layers.conv2d(conv2_1,
                           filters=128,
                           kernel_size=(3,3),
                           padding='same',
                           data_format=data_format,
                           activation=tf.nn.relu)
pool2_1 = tf.layers.max_pooling2d(conv2_2,
                                  pool_size=(2,2),
                                  strides=(2,2),
                                  padding='valid',
                                  data_format=data_format)
# Block 3
conv3_1 = tf.layers.conv2d(pool2_1,
                           filters=256,
                           kernel_size=(3,3),
                           padding='same',
                           data_format=data_format,
                           activation=tf.nn.relu)
conv3_2 = tf.layers.conv2d(conv3_1,
                           filters=256,
                           kernel_size=(3,3),
                           padding='same',
                           data_format=data_format,
                           activation=tf.nn.relu)
conv3_3 = tf.layers.conv2d(conv3_2,
                           filters=256,
                           kernel_size=(3,3),
                           padding='same',
                           data_format=data_format,
                           activation=tf.nn.relu)
```

```
pool3_1 = tf.layers.max_pooling2d(conv3_3,
                                  pool_size=(2,2),
                                  strides=(2,2),
                                  padding='valid',
                                  data_format=data_format)

relu2 = tf.nn.relu(pool3_1)
flatten = tf.reshape(relu2, shape=[-1, 256*4*4])
fc1 = tf.layers.dense(flatten, 4096, activation=tf.nn.relu)
drop1 = tf.layers.dropout(fc1, 0.5, training=training)
fc2 = tf.layers.dense(drop1, 4096, activation=tf.nn.relu)
drop2 = tf.layers.dropout(fc2, 0.5, training=training)
model = tf.layers.dense(drop2, N_CLASSES, name='output')
```

Listing 6.14 CNN mit sieben Faltungsschichten und Dropout

Als wir dieses Modell ausführten, konnten wir feststellen, dass die Genauigkeit weiter auf 80 Prozent gestiegen war. Dropout ist eine sehr effektive Regularisierungstechnik und wird von fast allen CNN-Architekturen genutzt, einschließlich VGG.

Die VGG-Architektur besitzt mehr Schichten als unser endgültiges Modell, aber sie wurde auch für den ImageNet-Datensatz entwickelt, der viel mehr Daten enthält als der CIFAR-10-Datensatz. Das Hinzufügen weiterer Schichten würde sich angesichts der nur begrenzt verfügbaren Daten schnell als unhaltbar erweisen. Wir müssten sehr viel Aufwand betreiben, um sicherzustellen, dass in unserem Modell keine Überanpassung der Daten erfolgt.[3]

6.7 Transferlernen

Um ein CNN von Grund auf neu zu trainieren, ist oft eine große Menge an Daten erforderlich. Eine Strategie zur Überwindung dieser Einschränkung ist die Nutzung von Transferlernen, wie bereits in Kapitel 2 erwähnt. Hierbei verwenden wir ein vordefiniertes Netzwerk, das mit einem viel größeren, aber ähnlichen Datensatz trainiert wurde. Dieses Netzwerk nutzen wir für unser Problem, das heißt, wir übertragen das Wissen, das unser Netzwerk aus anderen Daten gelernt hat, auf unser Problem. Der einfachste Ansatz besteht darin, die obersten Schichten einfach zu entfernen und die Ausgabe aus den vorletzten Schichten als Merkmale in unserem eigenen Machine-Learning-Modell

3 Wir haben die gleichen Notebooks auch mit Keras implementiert – Sie finden diese unter *https://gitlab.com/msalvaris/whistler/tree/master/Chapter06/Keras.*

zu verwenden. Dies kann ein anderes neuronales Netzwerk wie MLP oder ein klassisches ML-Modell wie *Support Vector Machines* oder *Random Forest* sein.

Ein weiterer Ansatz besteht darin, die obersten vollständig verbundenen Schichten zu ersetzen und dann bestimmte Schichten einzufrieren und neu zu trainieren. Das *Einfrieren* von Schichten bedeutet, dass die Gewichte dieser Schichten während des Trainings nicht aktualisiert werden. Welche Schichten eingefroren werden sollen, hängt von einer Reihe von Faktoren ab, darunter die Ähnlichkeit der verwendeten Datensätze usw. Das erneute Trainieren weiterer Schichten kann oft die Genauigkeit des Modells verbessern, erhöht aber auch die Möglichkeit einer Überanpassung.

Fast alle veröffentlichten Netzwerktopologien weisen vortrainierte Gewichte für den ImageNet-Datensatz auf – einen der umfassendsten Datensätze für die Bildklassifizierung und mehr oder weniger den Standard für Bildklassifizierungsprobleme. Dieser Datensatz besteht aus Millionen von Bildern, die mehrere Klassen überspannen (ImageNet, k. A.). Die Verwendung von mit ImageNet vortrainierten CNNs ist eine einfache Methode, sehr gute Ergebnisse für die Bildklassifizierung zu erzielen.

6.8 Zusammenfassung

In diesem Kapitel haben wir kurz beschrieben, aus welchen Elementen ein CNN besteht. Wir haben erläutert, warum Faltung für Aufgaben des maschinellen Sehens nützlich ist und worin die Nachteile von CNNs bestehen. Darüber hinaus haben wir ein einfaches Beispiel für die Erstellung eines CNN in TensorFlow durchgespielt und dieses dann in mehreren Schritten erweitert. Damit konnten wir die Auswirkungen solcher Erweiterungen auf die Leistung des Modells ermitteln. In diesem Kapitel konnten wir nur einen Bruchteil der ungeheuren Menge an Informationen zu CNNs abdecken. Der theoretische Unterbau wird in zahlreichen hervorragenden Büchern erläutert. Das nächste Kapitel beschäftigt sich mit einer anderen Deep-Learning-Architektur, nämlich mit RNNs, die sich gut für Aufgaben der Sequenzmodellierung wie beispielsweise die Sprachübersetzung eignen.

Kapitel 7
Recurrent Neural Networks

Im vorigen Kapitel haben wir gezeigt, wie ein Deep-Learning-Modell – insbesondere ein CNN – auf Bilder angewendet werden kann. Der Prozess lässt sich aufteilen: zum einen in eine Funktion zum Extrahieren von Merkmalen, die die optimale Eingabedarstellung mit *verdecktem Zustand* (in diesem Fall ein Vektor von Merkmalszuordnungen) ermittelt, und zum anderen in einen *Klassifizierer* (üblicherweise eine vollständig verbundene Schicht). In diesem Kapitel konzentrieren wir uns auf die Darstellung anderer Datenformen mit verdecktem Zustand und untersuchen RNNs. RNNs eignen sich besonders gut für die *Analyse von Sequenzen*, was bei der Verarbeitung natürlicher Sprache und für Zeitreihenanalysen ausgesprochen hilfreich ist.

Selbst Bilder können als eine Teilmenge von sequenziellen Daten betrachtet werden: Wenn wir die Zeilen und Spalten (oder Kanäle) mischen, wird das Bild unkenntlich. Dies ist z. B. bei Tabellenkalkulationsdaten nicht der Fall. CNNs haben jedoch keine ausgeprägte Vorstellung von Reihenfolge, und üblicherweise liegt die Kernelgröße für eine Faltung im einstelligen Bereich. Da diese Faltungen übereinandergestapelt sind, vergrößert sich das Empfangsfeld, aber das Signal wird auch gedämpft. Das bedeutet, dass für CNNs in der Regel nur temporäre räumliche Beziehungen wie Nase oder Auge wichtig sind. In Abbildung 7.1 können wir uns vorstellen, dass wir eine Sequenz gemischt haben, wobei die Reihenfolge nur innerhalb lokaler Gruppen beibehalten wurde, aber die meisten CNNs werden das Bild trotzdem gleich klassifizieren, auch wenn es insgesamt keinen Sinn ergibt. Das Konzept der Reihenfolge spielt bei CNNs also eine untergeordnete Rolle, wie sich in Abbildung 7.1 durch Anwendung eines mit ImageNet trainierten ResNet-121-Modells auf ein gemischtes Bild erkennen lässt.

Bei einigen anderen Datenformen wird die Beziehung zwischen den Elementen einer Sequenz noch wichtiger. Bei Musik-, Text- und Zeitreihendaten sowie vielen weiteren Arten von Daten spielt eine klare Darstellung des zeitlichen Verlaufs eine wesentliche Rolle. Beispielsweise unterscheidet sich der Satz »Ich habe diesen Film gestern nicht gesehen, aber er hat mir wirklich gefallen« von »Ich habe diesen Film gestern gesehen, aber er hat mir nicht wirklich gefallen« und natürlich von »Das ist eine Lüge – mir hat der Film, den ich gestern gesehen habe, wirklich nicht gefallen«. Keine Überraschung: Die Wortreihenfolge ist von entscheidender Bedeutung. Damit ein CNN eine Beziehung über so viele Wörter hinweg erfassen kann, muss der Kernel viel größer sein als die Anzahl der verdeckten Einheiten, die ein RNN benötigt, um die gleiche Beziehung zu erfassen (und ab einem gewissen Punkt ist es schlicht nicht mehr möglich).

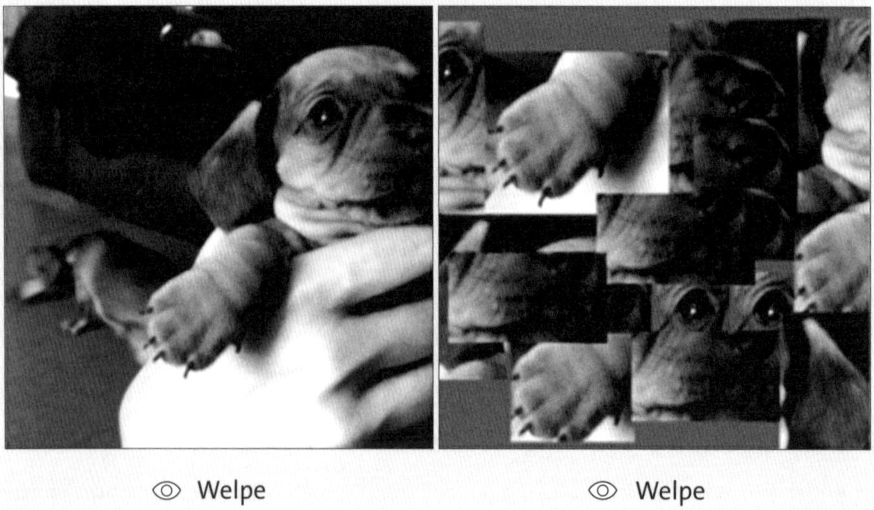

Abbildung 7.1 Das Konzept der Reihenfolge spielt bei CNNs eine untergeordnete Rolle

Um herauszufinden, warum wir eine Deep-Learning-Struktur für diese Arten von Sequenzen benötigen, sehen wir uns zunächst an, was passiert, wenn wir versuchen, ein grundlegendes neuronales Netzwerk aufzubauen, um die letzte Stelle einer Sequenz vorherzusagen. Wir stellen uns vor, wir haben eine Sequenz aus Zahlen (von 0 bis 9) wie beispielsweise [0, 1, 2, 3, 4] und [9, 8, 7, 6, 5]. Dann können wir jede Zahl als 10-dimensionalen Vektor darstellen, der mit 1-aus-n-Code codiert ist (One-Hot-Codierung). Die Zahl 2 könnte z. B. als [0, 0, 1, 0, 0, 0, 0, 0, 0, 0] codiert sein und die 6 als [0, 0, 0, 0, 0, 0, 1, 0, 0, 0]. Um ein Netzwerk darauf zu trainieren, die letzte Stelle der Sequenz vorherzusagen, können wir zwei verschiedene Ansätze versuchen.

Zum einen können wir die vier 1-aus-n-codierten Vektoren verketten und so einen verdeckten Zustand herstellen, der im 40-dimensionalen Raum existiert. Das neuronale Netzwerk passt dann eine *Gewichtsmatrix* (der Größe 40 × 10) und eine *Abweichungsmatrix* (der Größe 10 × 1) an, um den Zustand der Bezeichnung (der letzten Stelle) zuzuordnen, die in einem 10-dimensionalen Raum existiert. Zum anderen können wir die Eingangsvektoren addieren und einen verdeckten Zustand erzeugen, der im 10-dimensionalen Raum existiert. Danach können wir das Netzwerk so trainieren, dass es stattdessen diesen Zustand zur Bezeichnung zuordnet.

Das Problem beim zweiten Ansatz besteht darin, dass wir durch Addieren des 1-aus-n-codierten Vektors für 2 und 3 z. B. [0, 0, 1, 1, 0, 0, 0, 0, 0, 0] erhalten. Bei diesem verdeckten Zustand können wir nicht herausfinden, ob die Eingabesequenz [2, 3] oder [3, 2] lautete, und wissen daher auch nicht, ob die nächste Ziffer 4 oder 1 sein soll. Beim ersten Ansatz tritt dieses Problem nicht auf, da wir deutlich sehen können, dass [0, 0, 1, 0, 0, 0, 0, 0, 0, 0, 0, 0, 0, 1, 0, 0, 0, 0, 0, 0] mit [2, 3] übereinstimmt. Ein anderes Problem ergibt sich jedoch, wenn wir uns vor Augen führen, dass das Netzwerk eine Gewichtsmatrix der Größe (40 × 10) gelernt hat. Unser neuronales Netzwerk kann nur mit einer Eingabe von vier Zahlen arbeiten.

Daher können wir durch Addieren von Eingaben mit Sequenzen variabler Länge arbeiten, aber die Reihenfolge nicht beibehalten. Auf der anderen Seite können wir durch die Verkettung der Eingaben die Reihenfolge beibehalten, müssen aber mit einer Sequenz mit fester Größe arbeiten. RNNs lösen dieses Problem, indem sie den zeitlichen Verlauf als Vektor mit fester Dimension darstellen, der Eingaben verarbeitet, bei denen es sich um Sequenzen mit variabler Länge handelt (und, wie wir in Abschnitt 7.4, »Sequenz-zu-Sequenz-Modelle und Aufmerksamkeitsmechanismus«, sehen werden, auch Ausgaben mit variabler Länge).

Die Vorgänge in einem RNN lassen sich als zweites neuronales Netzwerk im vorherigen Beispiel darstellen: Eingabevektoren werden addiert, aber mit dem Unterschied, dass nach jeder Addition der verdeckte Zustand mit einer Zahl multipliziert wird. Diese Zahl bleibt für alle Zeitschritte gleich, und somit nutzen RNNs eine gleiche Gewichtung auf ähnliche Weise wie CNNs. Wenn wir uns vorstellen, dass diese Zahl 0,5 lautet, können wir [2] als [0, 0, 1 × 0,5, 0, 0, 0, 0, 0, 0, 0] und [2, 3] als [0, 0, 1 × 0,5 × 0,5, 1 × 0.5, 0, 0, 0, 0, 0, 0] darstellen. Dies ist jetzt ein verdeckter Zustand fester Größe und unterscheidet sich von der Sequenz [3, 2], die als [0, 0, 1 × 0,5, 1 × 0,5 × 0,5, 0, 0, 0, 0, 0, 0] dargestellt wird. In der Praxis wenden wir auch eine Nichtlinearität an (durch Hinzufügen eines Abweichungsterms und Verwenden einer anderen Gewichtungsmatrix für die Eingabe X und den verdeckten Zustand). Wie jedoch bereits gezeigt, sind sie nicht notwendig, um das grundlegende Konzept von RNNs zu verstehen.

Wir stellen fest, dass der verdeckte Zustand in einem bestimmten Zeitraum eine Funktion aller vorherigen verdeckten Zustände ist. Wenn wir also über eine sehr lange Sequenz verfügen (z. B. 100 Einträge), erhalten wir am Ende einen Eintrag, der 100-mal mit der Gewichtsmatrix multipliziert wird. Wenn diese Matrix skalar ist (wie oben) und kleiner ist als 1, geht der Eintrag gegen 0. Ist sie größer als 1, explodiert sie in Richtung Unendlichkeit. Wir behandeln dies später als das Problem der verschwindenden/explodierenden Gradienten.

7.1 RNN-Architekturen

Eine der spannendsten Eigenschaften von RNNs ist ihre Fähigkeit, mit verschiedenen Entwurfsmustern zu arbeiten. Im Gegensatz zu CNNs, die auf feste Eingabe- und Ausgabestrukturen wie beispielsweise Bilder beschränkt sind, bieten RNNs mehr Flexibilität durch die Möglichkeit, variable Sequenzen von Ein- und Ausgaben zu verarbeiten.

Abbildung 7.2 zeigt verschiedene Entwurfsmuster für RNNs. Die untere Schicht stellt die Eingaben dar, in der mittleren befinden sich die verdeckten Zustände, und die obere Schicht stellt die Ausgaben dar.

Abbildung 7.2 ❶ zeigt die typische Struktur eines einfachen neuronalen Netzwerks (kein RNN) mit einer Eingabe- und Ausgabesequenz mit fester Größe (einer einzelnen Eingabe, einem verdeckten Zustand und einer einzelnen Ausgabe). Ein Beispiel dafür ist die Bildklassifikation.

Abbildung 7.2 ❷ zeigt das 1:n-Muster. Dies ist die typische Struktur für Bildunterschriften, bei denen die Eingabe ein Bild und die Ausgabe eine Folge von Wörtern ist, die das Bild beschreiben.

Abbildung 7.2 ❸ zeigt das n:1-Muster. Ein Anwendungsgebiet dieses Musters ist die Stimmungsanalyse, bei der die Eingabe ein Text und die Ausgabe ein boolescher Wert (positiv oder negativ) ist.

Abbildung 7.2 ❹ zeigt das synchrone n:n-Muster. Ein Beispiel dafür ist etwa die Untertitelung von Videos, bei der jedem Frame ein Tag zugewiesen werden soll.

Abbildung 7.2 ❺ schließlich zeigt die asynchrone n:n-Darstellung, die auch als Encoder-Decoder bezeichnet wird. Ein typischer Anwendungsfall ist die maschinelle Übersetzung, bei der die Eingabe beispielsweise englischer Text und die Ausgabe spanischer Text ist.

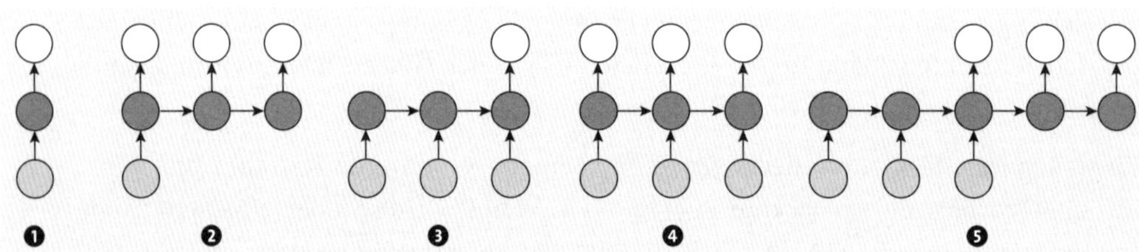

Abbildung 7.2 Verschieden Entwurfsmuster für RNNs

Abgesehen von den bereits gezeigten Entwurfsmustern variieren RNNs je nachdem, wie die Verbindung zwischen den verschiedenen Schichten erfolgt. Ein Standard-RNN weist wiederkehrende Verbindungen zwischen verdeckten Einheiten auf, wie in Abbildung 7.3 dargestellt.

Abbildung 7.3 ❶ zeigt ein RNN mit wiederkehrender Verbindung zwischen verdeckten Zuständen.

Abbildung 7.3 ❷ zeigt ein aufgefaltetes RNN, das die Verbindung zwischen verdeckten Zuständen zeigt.

In diesem Fall ist das *RNN-Turing* vollständig (Siegelmann, 1995) und kann somit jedes beliebige Programm simulieren. Im Wesentlichen wendet ein RNN wiederholt eine nichtlineare Funktion mit trainierbaren Parametern auf einen verdeckten Zustand an, eignet sich also für Aufgaben der Sequenzmodellierung.

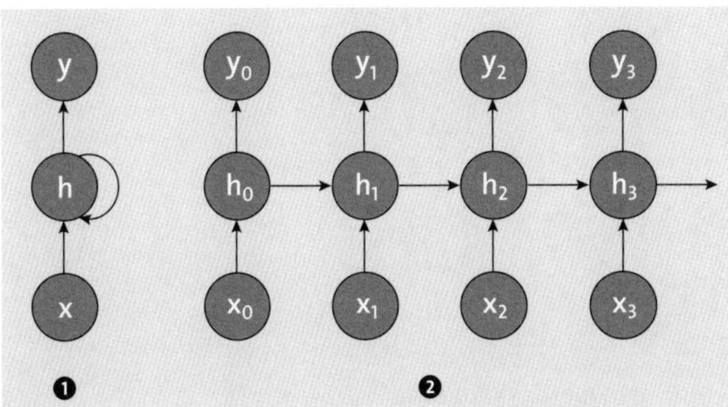

Abbildung 7.3 Ein Standard-RNN weist wiederkehrende Verbindungen zwischen verdeckten Einheiten auf

Aufgrund der wiederkehrenden Struktur ist jedoch die Berechnung jedes Schritts davon abhängig, dass der vorherige Schritt abgeschlossen wurde, so dass sich das Netzwerk nur schwer parallelisieren und skalieren lässt. Ähnlich wie bei CNNs beinhaltet das Training eines RNN die Berechnung des Gradienten der Verlustfunktion in Bezug auf die Gewichte. Dieser Vorgang umfasst das Berechnen einer Vorwärtsausbreitung, wobei die Struktur von links nach rechts durchlaufen wird – Abbildung 7.3 (b) –, gefolgt von einer Rückwärtsausbreitung, bei der die Struktur von rechts nach links durchlaufen wird, um die Gewichte zu aktualisieren. Dieser Trainingsprozess ist rechenintensiv, da die Vorwärtsausbreitung von Natur aus sequenziell erfolgt und der Prozess daher nicht parallelisiert werden kann. Der in RNNs verwendete Algorithmus für die Rückwärtsausbreitung wird als *Backpropagation Through Time (BPTT)* bezeichnet und später in diesem Kapitel ausführlich behandelt.

Eine Lösung für den langsamen Trainingsprozess ist die in Abbildung 7.4 gezeigte Struktur mit Rückkopplung der Ausgabe.

Abbildung 7.4 ❶ zeigt ein RNN mit rückgekoppelter Verbindung zwischen den beiden Ausgaben.

Abbildung 7.4 ❷ zeigt die aufgefaltete Struktur eines RNN mit Ausgaberückkopplung.

RNNs dieser Art verbinden jede Ausgabe mit dem zukünftigen verdeckten Zustand und eliminieren so Verbindungen zwischen verdeckten Zuständen. In diesem Szenario kann jede Verlustfunktion, die Vorhersage und Ziel in einem bestimmten Zeitschritt vergleicht, entkoppelt werden. Daher wird der Gradient für jeden Schritt unabhängig berechnet und parallelisiert.

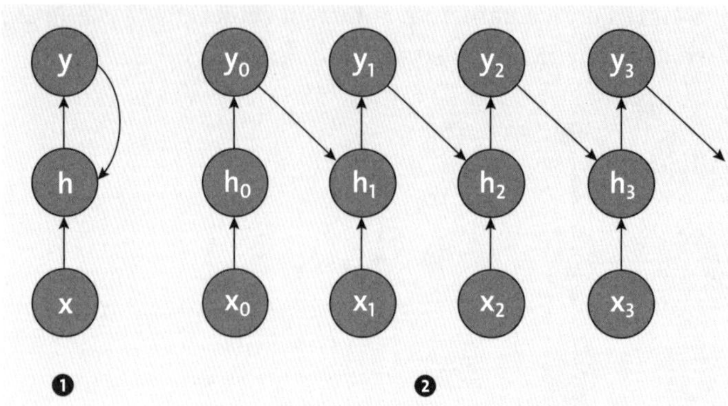

Abbildung 7.4 Struktur eines RNN mit Ausgaberückkopplung

Leider sind RNNs mit rückgekoppelter Verbindung zwischen Ausgaben weniger leistungsfähig als Netzwerke mit Verbindungen zwischen verdeckten Zuständen (Goodfellow u. a., 2016). Beispielsweise können sie keine universelle Turing-Maschine simulieren. Da keine Verbindungen zwischen verdeckten Zuständen vorhanden sind, wird die Ausgabe als einziges Signal an den nächsten Schritt übertragen. Dabei können, sofern die Ausgabe nicht sehr hochdimensional ist und sehr viele Informationen enthält, wichtige Informationen aus der Vergangenheit fehlen.

Die bisher betrachteten Strukturen folgen dem gleichen Prinzip: Alle Sequenzen sind Vorwärtssequenzen, was bedeutet, dass das Netzwerk Informationen über den aktuellen Zustand basierend auf vergangenen Zuständen erfasst. Es gibt jedoch Szenarien, in denen die Beziehungen in der entgegengesetzten Richtung ebenfalls wertvoll sind. Dies ist beispielsweise der Fall beim Erkennen von Sprache oder Verstehen von Texten. In einigen Sprachen sind die linguistischen Beziehungen zwischen den verschiedenen Wörtern von der Zukunft oder der Vergangenheit abhängig. Im Englischen beispielsweise befindet sich das Verb in der Regel in der Mitte des Satzes, wohingegen es im Deutschen eher am Ende des Satzes steht. Um diesem Phänomen Rechnung zu tragen, wurden bidirektionale Recurrent Neural Networks vorgeschlagen (Schuster und Paliwal, 1997).

Bidirektionale Recurrent Neural Networks (BiRNNs) besitzen eine Schicht aus verdeckten Verbindungen, die sich im Zeitverlauf nach vorne bewegt (siehe Abbildung 7.5 (h)), und eine Schicht, die sich rückwärts bewegt (siehe Abbildung 7.5 (g)). Dank dieser Struktur kann die Ausgabe Darstellungen der Zustände in naher Zukunft und in naher Vergangenheit lernen. Allerdings ist der Trainingsprozess dabei ausgesprochen rechenintensiv. In der hier abgebildeten Struktur ist jede verdeckte Einheit mit einer anderen verdeckten Einheit und mit der Ausgabe verbunden.

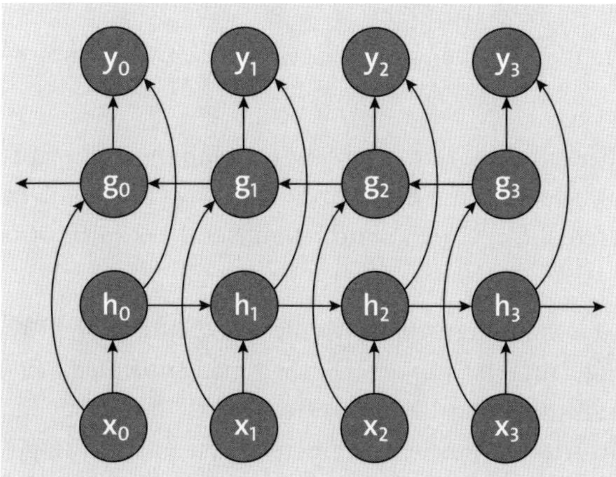

Abbildung 7.5 Bidirektionales RNN. BiRNNs enthalten eine Schicht aus Vorwärtsverbindungen und eine Schicht aus Rückwärtsverbindungen

7.2 Trainieren von RNNs

Das Trainieren von RNNs weist einige Ähnlichkeiten mit der CNN-Trainingsmethode auf, die wir im vorherigen Kapitel beleuchtet haben. Im Fall von RNN heißt der verwendete Algorithmus jedoch *BPTT* (Werbos, 1990). Die Grundidee von BPTT ist es, einfach den gleichen verallgemeinerten Algorithmus für die Rückwärtsausbreitung auf den aufgefalteten Berechnungsgraphen anzuwenden. Zum Trainieren eines RNN führen wir folgende Schritte aus:

1. Wir verwenden eine RNN-Architektur wie die in Abbildung 7.3, Abbildung 7.4 und Abbildung 7.5 gezeigten. Die Gewichte werden basierend auf einer bestimmten Verteilung initialisiert.

2. Wir geben die Sequenzen in Form von Minibatches als (`Batchgröße`, `Sequenzgröße`) in das RNN ein. Die Sequenzgröße kann je nach verwendetem Framework eine variable Länge aufweisen.
3. Wir berechnen die Vorwärtsausbreitung, indem wir den Graphen auffalten und die vorhergesagte Ausgabe bei jedem Zeitschritt abrufen.
4. Wir vergleichen die vorhergesagte Ausgabe mit den tatsächlichen Bezeichnungen und kumulieren den Fehler (oder Verlust) über jeden Zeitschritt hinweg.
5. Wir wenden Rückwärtsausbreitung an, indem wir den Gradienten des Verlusts in Bezug auf die Gewichte berechnen und das Gradientenverfahren verwenden, um die Gewichte zu aktualisieren.
6. Dieser Prozess wird für eine Reihe von Epochen oder bis zur Erfüllung bestimmter Ausgangskriterien wiederholt.

Bei langen Sequenzen ist die Aktualisierung der Gewichte sehr rechenintensiv. So entspricht beispielsweise der Gradient eines RNN mit Sequenzen der Länge 1.000 einem Vorwärts- und einem Rückwärtsdurchlauf in einem neuronalen Netzwerk mit 1.000 Schichten (Sutskever, 2013).

Daher ist ein praktischer Ansatz für das Trainieren von RNNs die Berechnung von BPTT in einem gleitenden Fenster des aufgefalteten Graphen. Dies wird als *Truncated BPTT* (verkürzter BPTT) bezeichnet (Williams und Peng, 1990). Der Gedanke dahinter ist ganz einfach: Jede abgeschlossene Sequenz wird in eine Reihe kleinerer Teilsequenzen aufgeteilt, und der BPTT-Algorithmus wird auf jede dieser Teilsequenzen angewendet. Dieser Ansatz funktioniert in der Praxis gut, insbesondere bei Problemen der Wortmodellierung (Mikolov, Karafiát, Burget, Černocký und Khudanpur, 2010), aber der Algorithmus berücksichtigt keine Abhängigkeiten zwischen verschiedenen Fenstern.

7.3 Gated RNNs

Aufgrund der iterativen Natur von Ausbreitungsfehlern bei RNNs können in einigen Fällen die Verlustgradienten im Lauf der Zeit bei der Rückwärtsausbreitung verschwinden. Dieses Phänomen wird als *verschwindende Gradienten* bezeichnet (Bengio, Simard und Frasconi, 1994). In der Praxis bedeutet ein verschwindender Gradient, dass der Verlustgradient klein ist und daher der Prozess der Aktualisierung der Gewichte zu lange dauern kann. In selteneren Fällen können Gradienten auch explodieren, wobei sie sich exponentiell vergrößern. Auch dies macht es schwierig, RNNs auf Sequenzen mit langen zeitlichen Abhängigkeiten zu trainieren.

Eine Lösung für das Problem der verschwindenden und explodierenden Gradienten ist das *LSTM-RNN* (Gers, Schmidhuber und Cummins, 2000; Hochreiter und Schmidhuber, 1997), ein Netzwerktyp, der speziell darauf ausgelegt ist, langfristige Beziehungen zu lernen. In diesem Netzwerk werden die verdeckten Einheiten von Standard-RNNs durch einen neuen Block ersetzt: die LSTM-Zelle. Diese Zellen ermöglichen die Steuerung der Menge an Informationen, die an den nächsten Zustand übergeben werden, und verwenden einen Mechanismus des Vergessens, um die Informationen zu stoppen, die nicht mehr nützlich sind.

Der LSTM-Block (siehe Abbildung 7.6) besteht aus einer Zustandseinheit über den drei Einheiten Eingabe x, Zustand s und Ausgabe y, die von drei Toren gesteuert werden: Eingabe-Tor g_i, Vergessen-Tor g_f und Ausgabe-Tor g_o. Auf hoher Ebene verarbeitet die Zustandseinheit die Informationsübertragung zwischen Eingabe und Ausgabe und enthält eine Eigenschleife. Die Toreinheiten, die ihre Gewichte einfach über eine *Sigmoidfunktion* auf einen Wert zwischen 0 und 1 festlegen, steuern die Menge der Informationen, die aus der Eingabe kommen, in die Ausgabe geleitet werden und von der Zustandseinheit vergessen werden sollen.

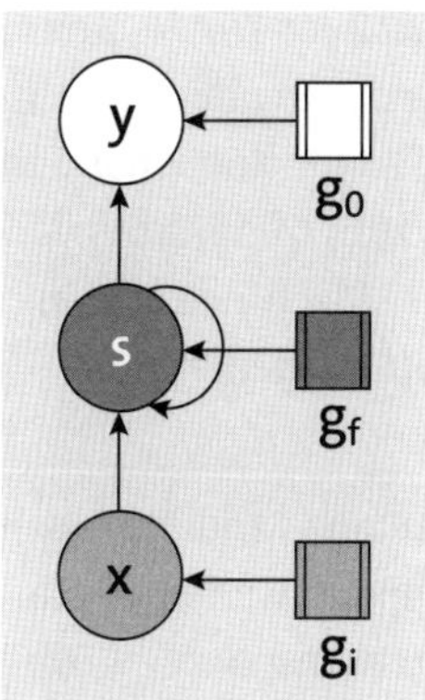

Abbildung 7.6 Schema eines LSTM

Empirische Untersuchungen haben gezeigt, dass die wichtigsten Komponenten des LSTM das Vergessen-Tor und die Funktionen zur Aktivierung der Ausgabe sind und dass es beim Vergleich eines LSTM mit seinen Varianten keinen signifikanten Unterschied hinsichtlich der Genauigkeit gibt (Greff, Srivastava, Koutník, Steunebrink und Schmidhuber, 2017).

Eine Variante des LSTM ist die *Gated Recurrent Unit* (*GRU*; Cho u. a., 2014), die durch eine leicht abweichende Kombination aus Toreinheiten die Struktur des LSTM vereinfacht. Das besondere Merkmal hier ist, dass kein Ausgabe-Tor vorhanden ist, so dass der vollständige verdeckte Inhalt für die Ausgabe zur Verfügung gestellt wird. Im Gegensatz dazu verwendet die LSTM-Einheit das Ausgabe-Tor, um die Menge der sichtbaren Daten zu steuern. Das Fehlen eines Ausgabe-Tors macht GRUs weniger rechenintensiv, könnte aber zu einer unzureichenden Datendarstellung führen. Dies ist möglicherweise der Grund dafür, dass ein LSTM sich tendenziell längere Sequenzen merken kann. Einen detaillierteren Vergleich zwischen LSTMs und GRUs finden Sie bei Chung, Gulcehre, Cho und Bengio (2014).

7.4 Sequenz-zu-Sequenz-Modelle und Aufmerksamkeitsmechanismus

Sequenz-zu-Sequenz-Modelle (Cho u. a., 2014; Sutskever, Vinyals und Le, 2014) sind eine relativ junge Architektur und bieten viele interessante Möglichkeiten für maschinelle Übersetzung, Spracherkennung und Textzusammenfassung. Das Grundprinzip besteht darin, eine Eingabesequenz einer Ausgabesequenz zuzuordnen, die sich in der Länge unterscheiden kann – eine Variante von Abbildung 7.2 (e). Dies lässt sich erreichen, indem ein Eingabe-RNN (oder ein Encoder), das eine Sequenz variabler Länge einem Vektor fester Länge zuordnet, mit einem Ausgabe-RNN (oder einem Decoder) kombiniert wird, das einen Vektor fester Länge einer Sequenz variabler Länge zuordnet. Ein Beispiel finden Sie im Blogbeitrag und Tutorial von Erika Menezes zum Generieren von Musik mit Hilfe eines Sequenz-zu-Sequenz-LSTM-Modells mit Azure Machine Learning: *https://blogs.technet.microsoft.com/machinelearning/2017/12/06/music-generation-with-azure-machine-learning/*.

Im Bereich der maschinellen Übersetzung haben Sequenz-zu-Sequenz-Modelle (auch als *neuronale maschinelle Übersetzung* [*NMT*] bezeichnet) wortgruppenbasierte Maschinenübersetzungen weitgehend ersetzt, da sie nicht für jede Unterkomponente (und jede Sprache) eine umfangreiche manuelle Anpassung erfordern. NMT-Modelle (siehe Abbildung 7.7) können unterschiedliche RNN-Strukturen für die Encoder- und die Decoderkomponente aufweisen, und die Struktur der RNNs kann in verschiedenen Aspekten variieren: Zelltyp wie GRU oder LSTM, Anzahl der Schichten sowie Richtung (unidirektional oder bidirektional).

Empirische Beobachtungen (Cho u. a., 2014) zeigen, dass NMT-Modelle Schwierigkeiten damit haben, lange Sätze zu übersetzen. Das liegt daran, dass das Netzwerk unabhängig von der Länge des Eingabesatzes alle Satzinformationen zu einem einzigen Vektor fester Länge komprimieren muss.

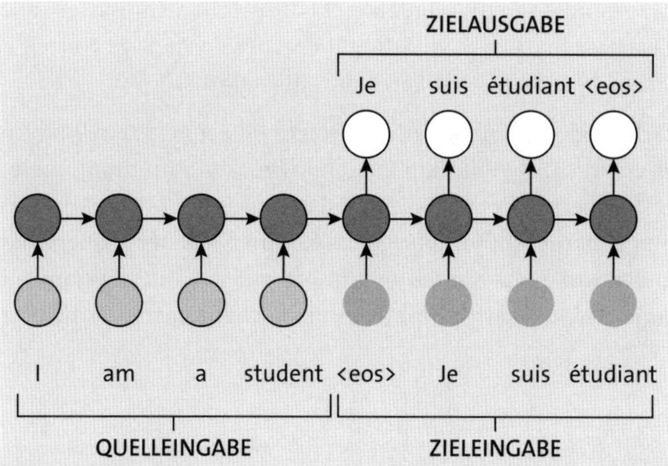

Abbildung 7.7 Beispiel einer einfachen NMT-Architektur während des Trainings für Englisch–Französisch

Sehen wir uns einmal den folgenden Satz an: »Ich war gestern im Park, um Federball zu spielen, und mein Hund sprang in den Teich.« Wir sehen hier (mindestens) zwei Komponenten: »Ich war gestern im Park, um Federball zu spielen« und »mein Hund sprang in den Teich«. Beim Übersetzen der zweiten Komponente können wir die erste Komponente außer Acht lassen (und umgekehrt). Ein NMT-Modell hat beim Erzeugen einer Eingabe jedoch keine Wahl, sondern muss den verdeckten Vektor verwenden, der beide Komponenten enthält. Im Idealfall hätten wir ein Modell, das den Eingabewörtern für jedes Ausgabewort ein bestimmtes Maß an Wichtigkeit zuweist. Im vorliegenden Fall wäre die relative Wichtigkeit der Wörter in der ersten Komponente sehr gering, wenn Teile der zweiten Komponente übersetzt werden. Um einige Wörter zu übersetzen, sind nicht alle Bestandteile eines Satzes erforderlich.

Der *Aufmerksamkeitsmechanismus* (Bahdanau, Cho und Bengio, 2014; Yang u. a., 2016) zielt genau darauf ab: Dieser Mechanismus versucht, einen gewichteten Durchschnitt zu erstellen, der die wichtigen Komponenten des Eingabesatzes an jedem Wort im Ausgabesatz ausrichtet. Der Hauptunterschied zu einem Standard-NMT-Modell besteht darin, dass nicht der gesamte Eingabesatz in einen einzigen Vektor mit fester Länge codiert wird. Stattdessen wird der Satz in eine Sequenz aus Vektoren mit fester Länge – gewissermaßen einen »Arbeitsspeicher« – codiert, und die verschiedenen Vektoren werden für jedes Wort in der Übersetzung unterschiedlich gewichtet. Das bedeutet, dass das Modell nun in der Lage ist, längere Sequenzen verdeckter Vektoren für längere Sätze zu erstellen und in der Decoderphase zu lernen, auf welche der Fokus gelegt werden soll.

Wenn diese Komponenten zusammengefügt werden, sieht der Mechanismus in etwa so aus wie in Abbildung 7.8. Beachten Sie hier, dass »Student« bei der Vorhersage von »étudiant« die höchste Gewichtung hat (dargestellt durch die Linienstärke).

Das Netzwerk codiert zunächst jede Einheit des Eingabesatzes (in der Regel ein Wort) in einen verteilten Merkmalsvektor. Der verdeckte Zustand wird zur Sammlung dieser Merkmalsvektoren. In der Decoderphase sagt das Modell dann jedes Wort iterativ vorher. Dabei werden alle zuvor generierten Vorhersagen zusammen mit der Sequenz der Merkmalsvektoren verwendet, wobei das Modell gelernt hat, wie viel Aufmerksamkeit auf jeden Merkmalsvektor (jedes Eingabewort) für jedes der vorhergesagten Zielwörter gelegt werden soll.

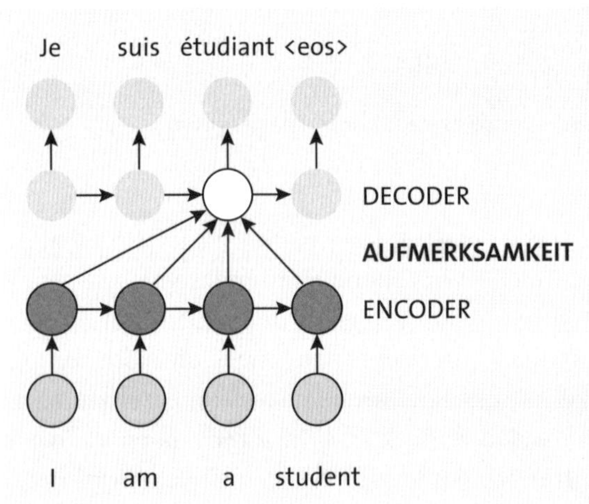

Abbildung 7.8 Beispiel für die Anwendung von Aufmerksamkeit

Dieser Ansatz des gemeinsamen Ausrichtens von Wörtern (welche Wörter aus der Eingabe werden zur Vorhersage der Ausgabe benötigt?) und Übersetzens zeigt bei empirischen Versuchen ausgezeichnete Ergebnisse im Vergleich zu manuellen Verfahren und einfachen Sequenz-zu-Sequenz-Modellen und ist die Kernkomponente der meisten Online-Übersetzungsdienste (Klein, Kim, Deng, Senellart und Rush, 2017).

7.5 RNN-Beispiele

In diesem Abschnitt untersuchen wir zwei Beispiele für RNNs in TensorFlow. Hier finden Sie den Code: *http://bit.ly/AzureRNNCode*. Das erste Beispiel führt eine Stimmungsanalyse in TensorFlow sowie verschiedenen anderen Frameworks aus. Das zweite Beispiel baut auf dem Beispiel aus Kapitel 6, »Convolutional Neural Networks«, auf und veranschaulicht die Unterschiede zwischen CNNs und RNNs bei der Bildklassifizierung. Das dritte Beispiel verwendet RNNs für eine Zeitreihenanalyse.

Weitere Informationen

Es empfiehlt sich, eine Azure Deep Learning Virtual Machine (DLVM) bereitzustellen, um die Codebeispiele in diesem Kapitel auszuführen. Mehr dazu finden Sie in Kapitel 4, »Microsoft-KI-Plattform«.

7.5.1 Beispiel 1: Stimmungsanalyse

Für dieses Thema sind die Beispiele unter *https://github.com/ilkarman/DeepLearning-Frameworks* sehr empfehlenswert. Zu dem Zeitpunkt, zu dem dieses Buch geschrieben wurde, umfassten die Beispiele sechs verschiedene Python-Implementierungen eines Deep-Learning-Frameworks für ein RNN (GRU), um die Stimmung im Datensatz mit IMDB-Filmbewertungen vorherzusagen. Ebenfalls enthalten war eine Implementierung in R (Keras mit TensorFlow-Back-End) sowie in Julia (Knet). Diese Beispiele beinhalten Trainingszeiten für eine DLVM der NC-Serie (NVIDIA Tesla K80-GPU) sowie eine DLVM der NC_v2-Serie (NVIDIA Tesla P100-GPU), so dass Sie den Beispielen folgen und auch Zeitintervalle vergleichen können, um sicherzustellen, dass das Setup richtig ist.

7.5.2 Beispiel 2: Bildklassifizierung

In Kapitel 6 haben wir gesehen, wie ein CNN typischerweise zur Klassifizierung eines Bilds verwendet wird. Im folgenden Beispiel untersuchen wir, wie sich die gleiche Aufgabe mit einem RNN ausführen lässt. Obwohl es sich hierbei nicht um eine herkömmliche Anwendung von RNNs handelt, veranschaulicht dieses Beispiel, dass es oft möglich ist, die neuronale Netzwerkarchitektur vom Problemtyp zu entkoppeln, und es zeigt einige Unterschiede zwischen CNNs und RNNs auf.

Die Daten für ein CNN werden in dieser Form geladen: [Anzahl der Beispiele, Höhe, Breite, Kanäle]. Für ein RNN ändern wir die Form einfach in [Anzahl der Beispiele, Höhe, Breite × Kanäle] (siehe Listing 7.1).[1] Das bedeutet, dass für die CIFAR-Daten 32 Zeitschritte (Pixelreihen) vorliegen, wobei jede Zeile 32 × 3 (Anzahl der Spalten × Anzahl der Kanäle) Variablen enthält. Der erste Zeitschritt enthält z. B. [row1_column1_red_pixel, row1_column1_green_pixel, row1_column1_blue_pixel, row1_column2_red_pixel, ... , row1_column32_blue_pixel].

1 Dies kann zwischen CPU und GPU unterschiedlich sein.

```
# Originaldaten für CNN
x_train, x_test, y_train, y_test = cifar_for_library(channel_first=False)
# RNN: Sequenzen aus 32 Zeitschritten mit jeweils 32 × 3 Einheiten
N_STEPS = 32 # Jeder Schritt ist eine Zeile
N_INPUTS = 32*3 # Jeder Schritt enthält 32 Spalten × 3 Kanäle
x_train = x_train.reshape(x_train.shape[0], N_STEPS, N_INPUTS)
x_test = x_test.reshape(x_test.shape[0], N_STEPS, N_INPUTS)
```

Listing 7.1 Laden von Daten

Wir können dann eine Netzwerkarchitektur aus 64 einfachen RNN-Zellen erstellen und auf jeden Zeitschritt unseres Eingabetensors anwenden, wie in Listing 7.2 gezeigt. Wir erfassen die Ausgabe des letzten Zeitschritts und wenden eine vollständig verbundene Schicht mit 10 Neuronen an.

```
def create_symbol(X, n_steps=32, nhid=64, n_classes=10):
    # Konvertieren von x zu list[steps], wobei für das Element gilt:
    shape=2 [batch_size, inputs]
    # Dies ist das Format, das rnn.static_rnn erwartet
    x=tf.unstack(X,n_steps,axis=1)
    cell=tf.nn.rnn_cell.BasicRNNCell(nhid)
    outputs,states=tf.contrib.rnn.static_rnn(cell,x,dtype=tf.float32)
    logits=tf.layers.dense(outputs[-1],n_classes,activation=None)
    return logits
```

Listing 7.2 Erstellen der Netzwerkarchitektur

Um ein Modell zu trainieren, müssen wir einen Trainingsoperator erstellen, bei dem es sich um einen Optimierer handelt (in diesem Beispiel Adam) und der mit einem Verlust arbeitet (der Verlust ist eine Funktion der Vorhersage und der bezeichneten Referenzdaten), wie in Listing 7.3 gezeigt.

```
def init_model(m, y, lr=LR, b1=BETA_1, b2=BETA_2, eps=EPS):
    xentropy=tf.nn.sparse_softmax_cross_entropy_with_logits(logits=m,labels=y)
    training_op= (tf.train.AdamOptimizer(lr,b1,b2,eps)
                          .minimize(tf.reduce_mean(xentropy)))
    return training_op
```

Listing 7.3 Definieren des Modelltrainings

Um mit dem Training zu beginnen, müssen wir Platzhalter erstellen und die Variablen im Graphen initialisieren, wie in Listing 7.4 dargestellt.

```
# Platzhalter
X = tf.placeholder(tf.float32, shape=[None, N_STEPS, N_INPUTS])
y=tf.placeholder(tf.int32,shape=[None]) # Sparse
# Modell initialisieren
sym = create_symbol(X)
model = init_model(sym, y)
sess = tf.Session()
sess.run(tf.global_variables_initializer())
```

Listing 7.4 Platzhalter und Initialisierung

Dann können wir unser Modell trainieren, wie in Listing 7.5 gezeigt.

```
for j in range(EPOCHS):
    for data,label in yield_mb(x_train,y_train,BATCHSIZE,shuffle=True):
        sess.run(model,feed_dict={X:data,y:label})
```

Listing 7.5 Trainieren des Modells

Der Generator zur Bereitstellung unserer Daten wird wie in Listing 7.6 gezeigt erstellt.

```
def shuffle_data(X, y):
    s=np.arange(len(X))
    np.random.shuffle(s)
    X=X[s]
    y=y[s]
    return X,y

def yield_mb(X, y, batchsize=64, shuffle=False):
    if shuffle:
        X,y=shuffle_data(X,y)
    # Nur vollständige Batches werden übermittelt
    for i in range(len(X) //batchsize):
        yield X[i*batchsize:(i+1) *batchsize],y[i*batchsize:(i+1) *batchsize]
```

Listing 7.6 Generator zur Bereitstellung von Daten für das Modell

Um eine Vorhersage zu unseren Testdaten zu erhalten, wenden wir eine `argmax()`-Operation auf die Vorhersagen des Modells an, so dass die wahrscheinlichste Klasse ausgewählt wird (siehe Listing 7.7). Wenn wir Klassenwahrscheinlichkeiten abrufen möchten, wenden wir zunächst eine *Softmax-Transformation* an. Dies wird jedoch nur für das

Training benötigt und geht mit der Verlustfunktion einher, um Recheneffizienz sicherzustellen.

```
for data, label in yield_mb(x_test, y_test, BATCHSIZE):
    pred=tf.argmax(sym,1)
    output=sess.run(pred,feed_dict={X:data})
```

Listing 7.7 Erhalten der Vorhersage

Beachten Sie, dass das Erstellen von Generatoren, das Erstellen von Platzhaltern, das Initialisieren von Variablen und das Trainieren mit `feed_dict` eine eher einfache API ist und nur dazu dient, zu zeigen, wie alles funktioniert. In der Praxis können all diese Punkte durch Verwendung der Estimator-API von TensorFlow abstrahiert werden.

7.5.3 Beispiel 3: Zeitreihe

Im nächsten Beispiel werden wir den Börsenwert der Microsoft-Aktie mit Hilfe eines LSTM vorhersagen. Als Erstes rufen wir die Daten in einen Datenrahmen ab, wie in Listing 7.8 gezeigt. Bei den Daten handelt es sich um die Aktienkurse von Microsoft zwischen 2012 und 2017, abgerufen von dieser Website: *https://finance.yahoo.com/quote/MSFT/history?p=MSFT&guccounter=1*. Die *.csv*-Datei enthält eine Spalte mit dem Datum, vier Spalten mit dem Preis der Aktie (OPEN, HIGH, LOW und CLOSE) sowie weitere Informationen, die wir nicht benötigen. Von den vier Werten mit Preisen nehmen wir aus Gründen der Einfachheit den Mittelwert. Wir werden nur einen Schritt in die Zukunft vorhersagen, denn je länger der Vorhersagezeitraum ist, desto ungenauer wird die Vorhersage. Sie können verschiedene Hyperparameter ausprobieren.

```
EPOCHS = 5
TEST_SIZE = 0.3
TIME_AHEAD = 1 #Vorhersageschritt
BATCH_SIZE = 1
UNITS = 25
df = pd.read_csv('https://ikpublictutorial.blob.core.windows.net/book/MSFT_2012_
  2017.csv')
df = df.drop(['Adj Close', 'Volume'], axis=1)
mean_price = df.mean(axis = 1)
```

Listing 7.8 Definieren von Hyperparametern und Einlesen der historischen Daten

Im nächsten Schritt normalisieren wir die Daten und generieren die Trainings- und Testdatensätze, wie in Listing 7.9 gezeigt.

```
scaler = MinMaxScaler(feature_range=(0, 1))
mean_price = scaler.fit_transform(np.reshape(mean_price.values, (len(mean_
  price),1)))
train, test = train_test_split(mean_price, test_size=TEST_SIZE, shuffle=False)
print(train.shape) #(1056, 1)
print(test.shape) #(453, 1)
```

Listing 7.9 Normalisieren der Daten und Erstellen von Trainings- und Testdatensätzen

Danach müssen wir eine Umformung durchführen, damit die Daten zum Modell hinzugefügt werden können. Dies sehen Sie in Listing 7.10. Wir definieren auch, für welchen Zeitraum in der Zukunft die Vorhersage erfolgen soll. In der Regel gilt: Je kleiner dieser Wert ist, desto genauer wird die Vorhersage sein.

```
def to_1dimension(df, step_size):
    X,y= [], []
    for i in range(len(df)-step_size-1):
        data=df[i:(i+step_size),0]
        X.append(data)
        y.append(df[i+step_size,0])
    X,y=np.array(X),np.array(y)
    X=np.reshape(X, (X.shape[0],1,X.shape[1]))
        return X,y
X_train, y_train = to_1dimension(train, TIME_AHEAD)
X_test, y_test = to_1dimension(test, TIME_AHEAD)
```

Listing 7.10 Umformen der Daten für das Modell

Im nächsten Schritt wird das Modell definiert und trainiert, wie in Listing 7.11 dargestellt. In diesem Fall verwenden wir eine einfache LSTM-Zelle; Sie können aber auch versuchen, eine GRU oder ein BiLSTM zu verwenden.

```
def create_symbol(X, units=10, activation='linear', time_ahead=1):
    cell=tf.contrib.rnn.LSTMCell(units)
    outputs,states=tf.nn.dynamic_rnn(cell,X,dtype=tf.float32)
    sym=tf.layers.dense(outputs[-1],1,activation=None,name='output')
    return sym

X = tf.placeholder(tf.float32, shape=[None, 1, TIME_AHEAD])
y = tf.placeholder(tf.float32, shape=[None])

sym = create_symbol(X, units=UNITS, time_ahead=TIME_AHEAD)
```

```
loss = tf.reduce_mean(tf.squared_difference(sym, y)) #MSE
optimizer = tf.train.AdamOptimizer()
model = optimizer.minimize(loss)

init = tf.global_variables_initializer()
sess = tf.Session()
sess.run(init)

for i in range(EPOCHS):
    ii=0
    while(ii+BATCH_SIZE) <=len(X_train):
        X_batch=X_train[ii:ii+BATCH_SIZE,:,:]
        y_batch=y_train[ii:ii+BATCH_SIZE]
        sess.run(model,feed_dict={X:X_batch,y:y_batch})
        ii+=BATCH_SIZE
    loss_train=sess.run(loss,feed_dict={X:X_batch,y:y_batch})
    print('Epoch {}/{}'.format(i+1,EPOCHS),' Current loss: {}'.format(loss_
      train))
```

Listing 7.11 Definieren und Trainieren des Modells

Zum Schluss berechnen wir den *mittleren quadratischen Fehler (Root Mean Squared Error, RMSE)* der Vorhersage für den Testdatensatz, wie in Listing 7.12 gezeigt.

```
y_guess = np.zeros(y_test.shape[0], dtype=np.float32)
ii = 0
while(ii + BATCH_SIZE) <= len(X_test):
    X_batch=X_test[ii:ii+BATCH_SIZE,:,:]
    output=sess.run(sym,feed_dict={X:X_batch})
    y_guess[ii:ii+BATCH_SIZE] =output
    ii+=BATCH_SIZE

y_test_inv = scaler.inverse_transform([y_test])
pred_test = scaler.inverse_transform([y_guess])
score = math.sqrt(mean_squared_error(y_test_inv, pred_test))
print('Test RMSE: %.2f' % (score)) #3.52
```

Listing 7.12 Berechnen des RMSE für den Testdatensatz

Wenn wir Abbildung 7.9 betrachten, stellen wir fest, dass das LSTM die Aktienwerte gut vorhersagt. Jetzt können Sie verschiedene zeitliche Horizonte oder LSTM-Parameter ausprobieren. Dies war ein einfaches Beispiel für die Verwendung von LSTMs für Zeitreihenanalysen, um das Konzept von LSTMs für Prognosen zu veranschaulichen.

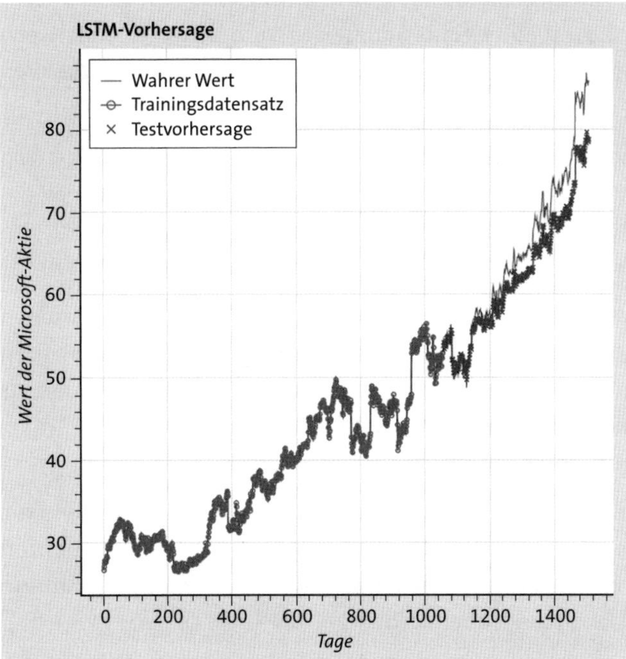

Abbildung 7.9 Vorhersage von Aktienwerten mit Hilfe eines LSTMs

Wenn Sie sich ein weiteres Beispiel der Verwendung von LSTMs für Zeitreihenanalysen ansehen möchten, empfehlen wir das Tutorial für die vorausschauende Wartung mit Azure Machine Learning Service, das Sie hier finden: *https://docs.microsoft.com/de-de/azure/machine-learning/service/overview-what-happened-to-workbench*.

Wir empfehlen auch den Blogbeitrag »Unreasonable Effectiveness of Recurrent Neural Networks« von Andrej Karpathy unter *http://karpathy.github.io/2015/05/21/rnn-effectiveness/*.

7.6 Zusammenfassung

In diesem Kapitel haben wir RNNs und verschiedene Varianten vorgestellt, die sich für die Erstellung von Anwendungen auf Basis von Sequenzdaten eignen. Diese Modelle sind besonders nützlich für die Verarbeitung natürlicher Sprache und Zeitreihenanalysen – aber die möglichen Anwendungsbereiche von RNNs sind sehr breit gefächert. Das

Kapitel endete mit der Empfehlung einer Ressource zum Ausprobieren verschiedener Deep-Learning-Frameworks für ein RNN (GRU) für die Stimmungsanalyse auf einer Azure-DLVM (Beispiel 1) sowie mit zwei praktischen Anwendungsbeispielen. Im folgenden Kapitel beschäftigen wir uns mit einer völlig anderen Art von Deep-Learning-Netzwerk, die eine neuere Entwicklung und ebenfalls vielversprechend für eine Vielzahl von Anwendungen ist.

RNNs sind in den letzten Jahren immer beliebter geworden, aber in letzter Zeit lässt sich ein Trend zurück zu CNN-Architekturen für Sequenzdaten beobachten. Dies mag zumindest teilweise daran liegen, dass CNNs einfacher zu trainieren sind (sowohl hinsichtlich der benötigten Hardware als auch im Hinblick auf die Parameteroptimierung).

Das Anordnen von nach Aufmerksamkeit codierten Vektoren in einer hierarchischen Struktur ermöglicht es auch, die Reihenfolge innerhalb einer Sequenz beizubehalten und langfristige Abhängigkeiten zu erfassen. Diese Arten von Netzwerken werden als *hierarchische neuronale Aufmerksamkeitsencoder* bezeichnet und ähneln dem WaveNet, das zur Sprachsynthese verwendet wurde.

Zeitliche faltende Netzwerke, die erstens keine Infomationslecks von der Zukunft in die Vergangenheit aufweisen (d. h. zufällig sind) und zweitens ebenso wie RNNs Sequenzen variabler Länge akzeptieren können, erfreuen sich immer größerer Beliebtheit für rein sequenzielle Aufgaben, die bislang zum Hoheitsgebiet von RNNs gehörten.

Kapitel 8
Generative Adversarial Networks

Bei vielen KI-Projekten werden Deep-Learning-Techniken in zunehmendem Maß als Bausteine für innovative Lösungen genutzt – von der Bildklassifizierung über die Objekterkennung, Bildsegmentierung und Bildähnlichkeit bis hin zur Textanalyse (z. B. Stimmungsanalyse, Extrahieren von Stichwörtern). *Generative Adversarial Networks (GANs, erzeugende gegnerische Netzwerke)*, die erstmals von Goodfellow u. a. (2014) eingeführt wurden, etablieren sich zusehends als leistungsfähiger neuer Ansatz, um Computern mit Hilfe eines generativen Prozesses beizubringen, wie komplexe Aufgaben ausgeführt werden. Wie von Yann LeCun (*https://www.youtube.com/watch?v=IbjF5VjniVE&t=2530s*) so treffend bemerkt, sind GANs die »coolste Idee der letzten 20 Jahre in Sachen Machine Learning«.

In den letzten Jahren haben GANs ein enormes Potential gezeigt und wurden in verschiedenen Szenarien eingesetzt: von der *Bildsynthese* zur Verbesserung der *Bildqualität* (Superauflösung) über *Translationen* (Übersetzungen oder Veränderungen) zwischen Bildern bis hin zur Erzeugung von Bildern aus Text und vielen weiteren. Darüber hinaus sind GANs die Bausteine für Fortschritte beim Einsatz von künstlicher Intelligenz in der Kunst, der Musik und ganz allgemein in kreativen Anwendungen (z. B. Generieren von Musik und Gedichten, Musikbegleitung).

In diesem Kapitel werden wir erläutern, welche Geheimnisse hinter GANs stecken. Zunächst beschreiben wir, wie GANs in verschiedenen KI-Anwendungen und -Szenarien eingesetzt werden. Danach sehen wir uns einige Codebeispiele für eins der neuartigen GANs an – das sogenannte *CycleGAN* –, um zu verstehen, wie GANs funktionieren. Dafür verwenden wir eine Azure DLVM als Computerumgebung. Einzelheiten zum Einrichten der DLVM für die Ausführung des Codebeispiels finden Sie in Kapitel 4, »Microsoft-KI-Plattform«.

8.1 Was sind Generative Adversarial Networks?

GANs entwickeln sich zunehmend zu leistungsfähigen Techniken für nicht überwachtes und teilweise überwachtes Lernen. Ein grundlegendes GAN besteht aus folgenden Elementen:

- Ein *generatives Modell* (also ein Generator) erzeugt ein Objekt. Der Generator weiß nichts über die realen Objekte und lernt durch Interaktion mit dem Diskriminator. Ein Generator kann beispielsweise ein Bild erzeugen.
- Ein *differenzierendes Modell* (also ein Diskriminator) bestimmt, ob ein Objekt real (in der Regel durch einen Wert nahe 1 dargestellt) oder gefälscht ist (in der Regel durch einen Wert nahe 0 dargestellt).
- Ein *Verlust durch Unterschiede* (bzw. ein Fehlersignal) wird vom Diskriminator an den Generator übermittelt, so dass der Generator Objekte erzeugen kann, die den realen Objekten so ähnlich wie möglich sind.

In Abbildung 8.1 sehen Sie die Interaktion zwischen dem Generator und dem Diskriminator. Der *Diskriminator* ist ein Klassifizierer, der bestimmt, ob es sich bei dem Bild, das an ihn übergeben wurde, um ein reales oder ein gefälschtes Bild handelt. Der *Generator* nutzt den Rauschvektor und die Rückmeldung aus dem Diskriminator, um Bilder zu erzeugen, die realen Bildern so ähnlich wie möglich sind. Dies wird fortgesetzt, bis der GAN-Algorithmus konvergiert. In vielen GANs bestehen der Generator und der Diskriminator aus allgemeinen Netzwerkarchitekturen, die nach dem Vorbild von *DenseNet*, *U-Net* oder *ResNet* aufgebaut sind. Einige Beispiele für Netzwerkarchitekturen haben wir in Kapitel 3, »Trends im Deep Learning«, erläutert.

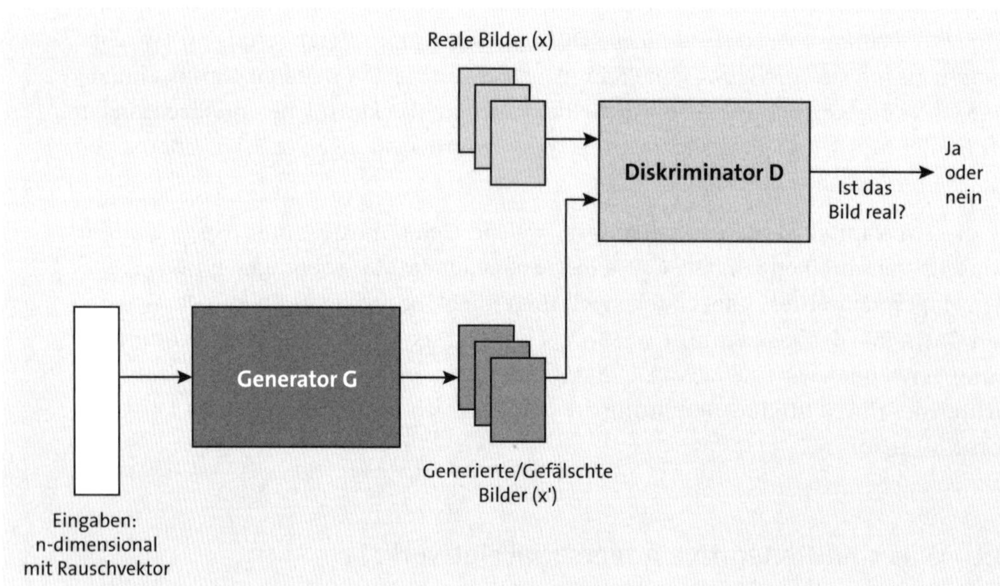

Abbildung 8.1 Ein einfaches GAN zur Veranschaulichung der Interaktion zwischen Generator und Diskriminator

Abbildung 8.2 (inspiriert durch die Arbeiten von Goodfellow u. a., 2014) veranschaulicht die theoretischen Grundlagen der Funktionsweise eines GAN. Generator (G) und Diskriminator (D) werden durch die durchgezogenen bzw. gestrichelten Linien dargestellt. Die datengenerierende Verteilung wird durch die gepunkteten Linien dargestellt.

Die beiden horizontalen Linien in Abbildung 8.2 zeigen die Domäne, der gleichförmig Muster für z entnommen werden (untere Linie), und die Domäne von x (obere Linie). Die Pfeile von der unteren zur oberen Linie kennzeichnen die Zuordnung $x = G(z)$.

In Abbildung 8.2 können Sie Folgendes erkennen: Je mehr das GAN im Lauf der Zeit konvergiert, desto mehr nähern sich die durchgezogene und die gestrichelte Linie einander an (und sind schließlich nahezu gleich). An diesem Punkt kann der Diskriminator D dann nicht mehr zwischen den echten und den erzeugten gefälschten Objekten unterscheiden.

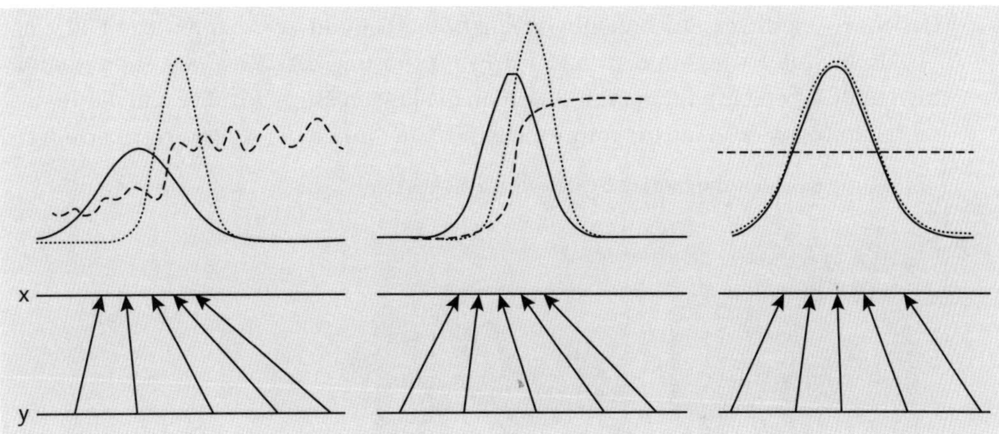

Abbildung 8.2 So funktionieren GANs.

Der Generator erzeugt Objekte, die so real sind, dass der Diskriminator den Unterschied zwischen echt und gefälscht nicht mehr erkennen kann. Quelle: Goodfellow u. a. (2014)

In frühen GAN-Versionen sind Generator und Diskriminator als vollständig verbundene neuronale Netze implementiert (Goodfellow u. a., 2014). Mit diesen GANs werden Bilder aus verschiedenen Datensätzen erzeugt, die häufig beim Deep Learning verwendet werden: beispielsweise *CIFAR-10*, *MNIST* (handschriftliche Ziffern) und *Toronto Face Dataset*. Im Zuge der Weiterentwicklung der GAN-Architektur werden zunehmend CNNs eingesetzt. Beispiele für GANs, die tiefe CNNs verwenden, sind *DCGANs* (Radford, Metz und Chintala, 2016). Eine umfassende Übersicht über die verschiedenen Arten von GANs finden Sie bei Creswell u. a. (2017).

Seit 2014 wurden einige sehr innovative Ansätze zur Nutzung von GANs entwickelt. GANs zeigen sich vielversprechend beim Einsatz von KI in kreativen Anwendungen, wie beispielsweise beim Generieren von Kunst und Musik sowie beim computergestützten Design (CAD). Einer dieser Ansätze ist die Automatisierung der Bilderzeugung mit Hilfe von Textbeschreibungen. *InfoGAN* (Chen u. a., 2016) ist ein nicht überwachter Ansatz, der die semantischen und verborgenen Darstellungen aus verschiedenen bekannten Datensätzen (z. B. Digits [MNIST], CelebA Faces und House Numbers [SVHN]) herausdestillieren kann. Das Geheimnis von InfoGAN ist die Maximierung der gegenseitigen Informationen zwischen latenten Variablen und den Beobachtungen.

Das *gestapelte Generative Adversarial Network* (*StackGAN*; Zhang u. a., 2016) ist ein Vorschlag zum Erzeugen von fotorealistischen Bildern aus Textbeschreibungen. Nehmen wir beispielsweise diesen Text: »Dieser Vogel hat eine gelbe Unterseite und Fußwurzel, einen grauen Rücken, Flügel, einen braunen Hals und Nacken und ein schwarzes Gesicht.« Aus dieser Beschreibung erzeugt StackGAN in zwei Stufen das Bild eines Vogels. In Stufe 1 wird ein Bild mit niedriger Auflösung berechnet, das aus Grundformen und Farben besteht. In Stufe 2 werden die Ergebnisse aus Stufe 1 und die Textbeschreibungen verwendet, um fotorealistische Bilder mit hoher Auflösung zu erzeugen.

Abbildung 8.3 zeigt die beiden Stufen von StackGAN.

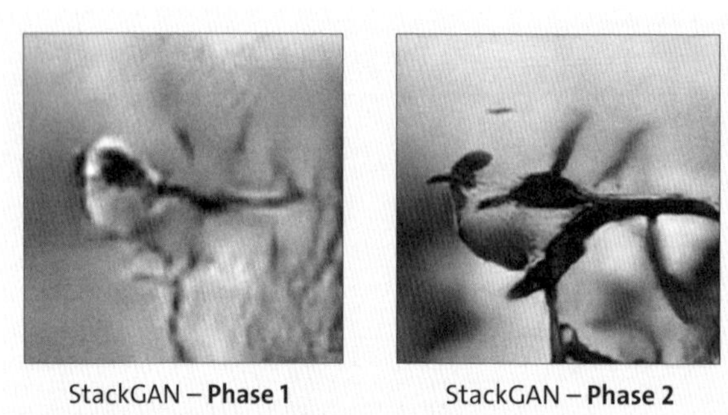

Abbildung 8.3 StackGAN: Erzeugen eines Bilds aus Text (Zhang u. a., 2016)

Ebenso wie StackGAN verwendet auch das *Attentional Generative Adversarial Network (AttnGAN)* einen mehrstufigen Ansatz. Zusätzlich führt AttnGAN einen neuartigen aufmerksamkeitsorientierten Ansatz ein, der sich auf die verschiedenen Wörter in der Textbeschreibung konzentriert (anders gesagt: diese beachtet), um feine Details für jede der Teilregionen eines Bilds zu synthetisieren. Abbildung 8.4 zeigt die Funktionsweise von AttnGAN sowie die verschiedenen Teile des Bilds, auf die sich das Netzwerk in Bezug auf die verschiedenen Wörter konzentriert. Die erste Reihe zeigt das Bild, das von verschiedenen Generatoren erzeugt wird. Jeder Generator produziert ein Bild unterschiedlicher Größe (von 64 × 64 über 128 × 128 bis 256 × 256). Die Reihen 2 und 3 zeigen die fünf am meisten beachteten Wörter (also die Wörter mit den höchsten Werten, gemäß Definition der einzelnen Aufmerksamkeitsmodelle).

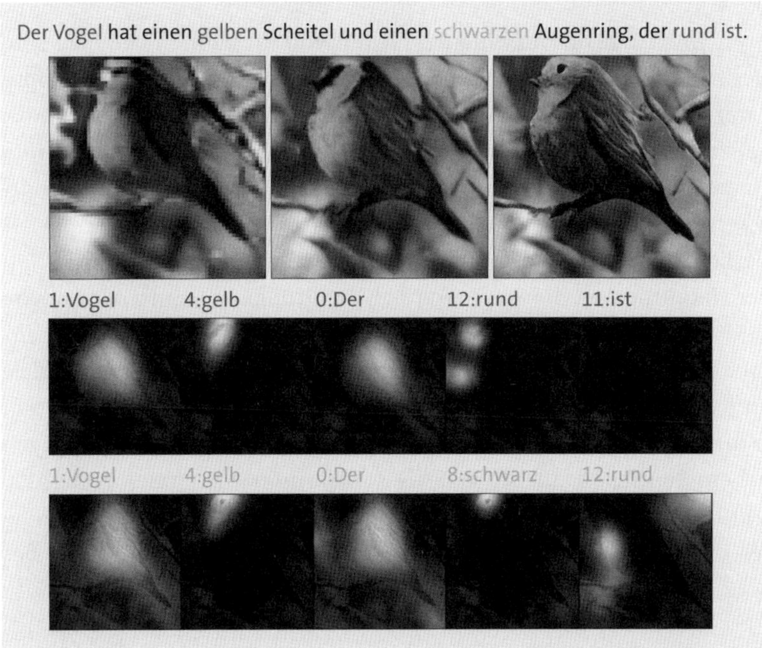

Abbildung 8.4 Ein AttnGAN verwendet verschiedene Teile der Textbeschreibung zum Generieren von Details

Ein wichtiger Hinweis, bevor wir uns mit der Implementierung einiger dieser GANs beschäftigen: Viele der heutigen GAN-Implementierungen sind darauf ausgelegt, Daten (z. B. Bilder) aus einer kontinuierlichen Datenverteilung mit realen Werten zu generieren. Beim Versuch, GANs zum Generieren von diskreten Datensequenzen (z. B. Texte, Poesie, Musik) anzuwenden, werden viele vorhandene GAN-Implementierungen nicht gut abschneiden. Darüber hinaus sind GANs so konzipiert, dass sie einen Verlust (oder einen Verlust durch Unterschiede) erst dann bestimmen, wenn die gesamte Datensequenz (z. B. das Bild) erzeugt wurde.

Ein weiterer interessanter GAN-Typ ist das *SeqGAN* (Yu, Zhang, Wang und Yu, k. A.). SeqGAN ist ein neuartiger Ansatz zur Integration von Konzepten zum Lernen durch Verstärkung in GANs, um die verschiedenen Herausforderungen vorhandener GANs bei der Erzeugung diskreter Datensequenzen zu bewältigen. In einem SeqGAN ist der Generator als Agent des Verstärkungslernens konzipiert, so dass der aktuelle Zustand die bisher erzeugten diskreten Merkmale darstellt und die Aktion das nächste zu erzeugende Merkmal ist. Der Diskriminator wertet die erzeugten Merkmale aus und übermittelt eine Rückmeldung, die dem Generator beim Lernen hilft. SeqGAN hat sich beim Erzeugen von Gedichten und Musik sowie bei der Anwendung auf Aufgaben zu Sprechkompetenz und Sprachkenntnissen bereits als effektiv erwiesen.

Heute funktionieren GANs gut für verschiedene Arten von Problemen, aber sie sind bekanntlich schwer zu trainieren, da sich nicht garantieren lässt, dass sie zu einer optimalen oder auch nur stabilen Lösung konvergieren. Ein weiteres häufiges Problem bei GANs ist der sogenannte *Moduskollaps*, bei dem der Generator Beispiele mit extrem geringer Varietät erzeugt. Damit diese Netzwerke gut funktionieren, sind neben anderen Faktoren eine sehr sorgfältige Auswahl der Hyperparameter und Initialisierung der Parameter erforderlich. Beim *NIPS-Workshop 2016* zum Training von Adversarial Networks war eins der Hauptthemen die Frage, wie sich die Probleme beim Training von GANs erklären und beheben lassen (Videoaufzeichnungen finden Sie hier: *https://sites.google.com/site/nips2016adversarial/*). Glücklicherweise lassen sich jedoch viele Tricks einsetzen, um das Training von GANs zu stabilisieren. Einer dieser Tricks besteht darin, zusätzliche Informationen entweder zum Eingaberaum (z. B. durch Hinzufügen von kontinuierlichem Rauschen zur Eingabe des Diskriminators) oder zum Ausgaberaum hinzuzufügen (z. B. verschiedene Klassen von wahren Beispielen). Bei anderen Tricks geht es um die Einführung eines Regularisierungsschemas während des Trainings.

Hinweis

Unter *https://github.com/dongb5/GAN-Timeline* erfahren Sie mehr über die Entwicklung von GANs.

Im Folgenden möchten wir ein GAN vorstellen, das als *Cycle-Consistent Adversarial Network (CycleGAN, zykluskonsistentes gegnerisches Netzwerk*) bezeichnet wird. Sie erfahren, wie CycleGANs für »Übersetzungen« zwischen Bildern verwendet werden können. Anhand des Codes können Sie GANs und die innovativen Anwendungsmöglichkeiten von GANs in Ihren KI-Projekten besser verstehen. Sie können die Microsoft-KI-Plattform nutzen, um diese GANs in der Cloud sowie auf mobilen oder Edge-Geräten zu trainieren und bereitzustellen.

8.2 Cycle-Consistent Adversarial Networks

CycleGANs sind ein neuartiger Ansatz zur »Übersetzung« eines Bilds von einer Quelldomäne X in eine Zieldomäne Y. Eine der Stärken von CycleGANs liegt darin, dass die Trainingsdaten für das GAN keine übereinstimmenden Bildpaare aufweisen müssen. Wie von Zhu, Park, Isola und Efros (2017) erläutert, wurden CycleGANs in folgenden Anwendungsfällen bereits erfolgreich eingesetzt:

- »Übersetzen« von Monet-Gemälden in Fotos
- Übertragung der Stile verschiedener berühmter Maler (Monet, Van Gogh, Cézanne sowie Werke des japanischen Genres Ukiyo-e) auf Fotos
- Verwandlung von Objekten, um den Typ von Objekten in Fotos zu verändern. Abbildung 8.5 zeigt, wie CycleGANs zur Objektverwandlung verwendet werden (Pferd zu Zebra, Zebra zu Pferd, Apfel zu Orange, Orange zu Apfel usw.).

Abbildung 8.5 Objektverwandlung von Pferd zu Zebra und Apfel zu Orange (Zhu, Park, Isola und Efros, 2017)

- »Übersetzen« eines Fotos von einer Jahreszeit (z. B. Sommer) in eine andere (z. B. Winter)
- Fotoverbesserung durch Verringerung der Schärfentiefe und mehr

Ziel von CycleGANs ist es, zu lernen, wie Bilder aus einer Domäne X einer anderen Domäne Y zugeordnet werden. Abbildung 8.6 zeigt die Verwendung von zwei Zuordnungsfunktionen G und F sowie zwei Diskriminatoren D_X and D_Y. Der Diskriminator D_X wird verwendet, um die Bilder aus X und die »übersetzten« Bilder F(y) zu überprüfen. Auf die gleiche Weise überprüft der Diskriminator D_Y die Bilder aus Y und die »übersetzten« Bilder G(x). Das Geheimnis der Effektivität von CycleGANs bei der Bildtranslation liegt in der Verwendung des Zykluskonsistenzverlusts. Der Zykluskonsistenzverlust wird intuitiv verwendet, um zu ermitteln, ob Bilder aus der Domäne X aus dem »übersetzten« Bild wiederhergestellt werden können.

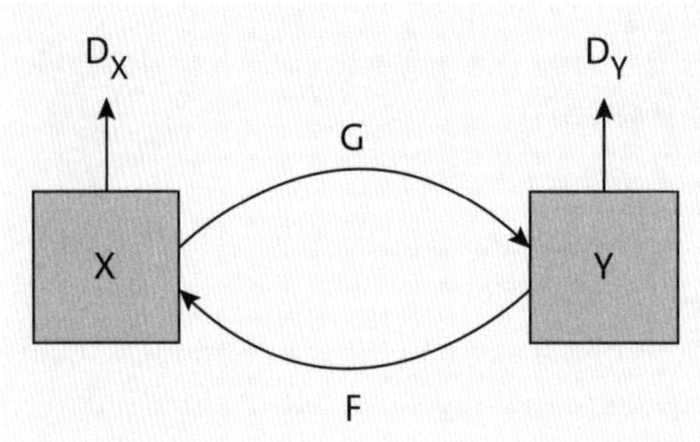

Abbildung 8.6 CycleGAN-Modell mit zwei Zuordnungsfunktionen G und F und zwei gegnerischen Diskriminatoren D_X und D_Y

Hinweis

CycleGANs wurden erstmals von Zhu u. a. eingeführt (2017). Die ursprüngliche Implementierung von CycleGANs (in PyTorch) ist hier verfügbar: *https://github.com/junyanz/CycleGAN*.

8.3 Der CycleGAN-Code

Zuerst sehen wir uns den gesamten CycleGAN-Code an, der zum Trainieren des CycleGAN und dann zum Testen des GAN durch »Übersetzen« von Bildern aus einer Quelldomäne A in eine Zieldomäne B verwendet wird. Das trainierte CycleGAN führt eine Objektverwandlung durch und »übersetzt« das Foto eines Pferds in das Foto eines Zebras (und umgekehrt). Die Ergebnisse werden dann als HTML-Datei visualisiert.

Zuerst importieren wir die Python-Bibliotheken, die wir in diesem Code verwenden werden. In Listing 8.1 sehen Sie, dass wir TensorFlow verwenden und die Definition des CycleGAN aus einer *model.py*-Datei importieren. Wir werden später in diesem Abschnitt auf die Details der *model.py*-Datei eingehen.

Hinweis

Es empfiehlt sich, eine Azure Deep Learning Virtual Machine (DLVM) bereitzustellen, um die Codebeispiele in diesem Kapitel auszuführen. Mehr dazu finden Sie in Kapitel 4, »Microsoft-KI-Plattform«.

```
import os
import tensorflow as tf
from model import cyclegan
```

Listing 8.1 Importieren der benötigten Python-Bibliotheken

Als Nächstes definieren wir das Argument, das zum Trainieren und Testen des CycleGAN verwendet wird. In Listing 8.2 können Sie erkennen, dass wir eine Lernrate von 0,0002 für 200 Epochen angegeben haben (gekennzeichnet durch `lr` und `epoch_step`).

Darüber hinaus haben wir die Speicherorte der Verzeichnisse angegeben, die wir zum Laden der Trainingsdaten, zum Ausgeben der Testbilder und zum Speichern der Prüfpunktdateien verwenden. Um den Wert für die Phase (also Training oder Test) ändern zu können, haben wir ihn als Eigenschaft namens `phase` angegeben und die entsprechende Setter- und Getter-Funktion dafür definiert.

```
# Definieren der Argumentklasse
class args:
  dataset_dir='horse2zebra'
  epoch=1
  lr=0.0002
  epoch_step=200
  batch_size=1
  train_size=1e8
  load_size=286
  fine_size=256
  ngf=64
  ndf=64
  input_nc=3
  output_nc=3
  beta1=0.5
  which_direction='AtoB'
  save_freq=1000
  print_freq=100
  continue_train=False,
  checkpoint_dir='./checkpoint'
  sample_dir='./sample'
  test_dir='./test'
  L1_lambda=10.0
  use_resnet=True
```

```
use_lsgan=True
max_size=50
_phase='train'

@property
def phase(self):
  return type(self)._phase

@phase.setter
def phase(self,val):
  type(self)._phase=val
```

Listing 8.2 Festlegen der Trainings- und Testargumente

Als Nächstes erstellen wir die entsprechenden Verzeichnisse im lokalen Dateisystem, die zum Laden der Trainingsdaten sowie zum Speichern der Ausgabebilder und der Prüfpunktdateien verwendet werden (siehe Listing 8.3).

```
os.makedirs(args.checkpoint_dir, exist_ok=True)
os.makedirs(args.sample_dir, exist_ok=True)
os.makedirs(args.test_dir, exist_ok=True)
```

Listing 8.3 Erstellen der Verzeichnisse für Ausgabe, Beispiel und Prüfpunkt

Jetzt sind wir so weit, das CycleGAN trainieren zu können (siehe Listing 8.4). Da ein Computer über verschiedene Komponenten verfügen kann, die zum Training verwendet werden können (CPU oder GPU), legen wir `allow_soft_placement` auf `True` fest. Die Einstellung `allow_soft_placement` gibt an, dass ein Vorgang, der nicht über eine GPU-Implementierung verfügt, auf der CPU ausgeführt wird.

Anschließend legen wir `gpu_options.allow_growth` auf `True` fest. TensorFlow weist dem Prozess standardmäßig den gesamten verfügbaren GPU-Speicher zu. Dies trägt dazu bei, die Fragmentierung des GPU-Speichers zu verringern. Indem wir `gpu_options.allow_growth` auf `True` setzen, startet der Prozess nur mit der erforderlichen Speicherkapazität und vergrößert diese während des Trainings nach Bedarf.

Jetzt können wir mit dem Training des CycleGAN beginnen. Nach dem Erstellen der TensorFlow-Sitzung rufen wir die `train`-Methode des CycleGAN-Objekts auf und übergeben ihr die zuvor definierten Argumente, wie in Listing 8.4 gezeigt.

```
tfconfig = tf.ConfigProto(allow_soft_placement=True)
tfconfig.gpu_options.allow_growth = True
```

```
with tf.Session(config=tfconfig) as sess:
  model=cyclegan(sess,args)
  model.train(args)
```

Listing 8.4 Trainieren des CycleGAN

Hinweis

Wenn Sie eine einzelne Tesla K80-GPU verwenden, dauert das Training des CycleGAN mit 200 Epochen recht lange. Wenn Sie den Code testen möchten, sollten Sie die Anzahl der Epochen verringern.

Die Architektur des CycleGAN wird weiter unten in diesem Kapitel beschrieben. Zuvor sehen wir uns erst einmal den Trainingscode an. Sobald das Training des CycleGAN abgeschlossen ist, können Sie es testen. Listing 8.5 zeigt, wie wir die `test`-Methode des CycleGAN-Objekts aufrufen. Mit den in Listing 8.2 gezeigten Argumenten führen wir eine »Übersetzung« von Bildern aus Domäne A in Domäne B aus. Die resultierenden Bilder werden im Ordner *test* gespeichert. Darüber hinaus wird die HTML-Datei *AtoB_index.html* in den Ordner *test* geschrieben, so dass Sie das Bild vor und nach der »Übersetzung« durch das CycleGAN sehen können.

```
tfconfig = tf.ConfigProto(allow_soft_placement=True)
tfconfig.gpu_options.allow_growth = True

tf.reset_default_graph()
args.phase='test'

with tf.Session(config=tfconfig) as sess:
  model=cyclegan(sess,args)
  model.test(args)
```

Listing 8.5 Testen des CycleGAN

8.4 Netzwerkarchitektur für den Generator und den Diskriminator

Beim Aufbau jeder Art von GAN ist es wichtig, zunächst den *Diskriminator* und den *Generator* zu definieren. Sehen wir uns jetzt die Netzwerkarchitektur für den Generator und den Diskriminator an. Die Rolle des Generators besteht in jedem GAN darin, Bilder zu erzeugen, die den Diskriminator täuschen. Die Netzwerkarchitektur für den CycleGAN-Generator wurde aus der Arbeit an der schnellen neuronalen Stilübertragung (Fast-Neural Style Transfer; Justin, Alexandre und Li, 2016) übernommen und angepasst.

Den Generatorcode finden Sie in Listing 8.6. Der Generator besteht aus neun Restblöcken, die zum Training mit Bildern der Größe 256 × 256 (von g_r1 bis g_r9) verwendet werden. Jeder Restblock besteht aus zwei 3-×-3-Schichten mit Faltung, Instanznormalisierung und ReLU.

Hinweis

Zhu u. a. (2017) stellten fest, dass die Verwendung der Instanznormalisierung im Restblock die Bildqualität verbessert.

```
def generator_resnet(image, options, reuse=False,
         name="generator"):

    with tf.variable_scope(name):
        # Bild ist: 256 x 256 x input_c_dim
        if reuse:
            tf.get_variable_scope().reuse_variables()
        else:
            assert tf.get_variable_scope().reuse is False

        def residual_block(x,dim,ks=3,s=1,name='res'):
            p=int((ks-1)/2)
            y=tf.pad(x, [[0,0], [p,p], [p,p], [0,0]],
              "REFLECT")

            y=instance_norm(conv2d(y,dim,ks,s,
              padding='VALID',name=name+'_c1'),name+'_bn1')

            y=tf.pad(tf.nn.relu(y), [[0,0], [p,p], [p,p],
               [0,0]],"REFLECT")

            y=instance_norm(conv2d(y,dim,ks,s,
               padding='VALID',name=name+'_c2'),name+'_bn2')

            return y+x

        # Justin Johnsons Modell von
        # https://github.com/jcjohnson/fast-neural-style/
```

```
c0=tf.pad(image, [[0,0], [3,3], [3,3], [0,0]],
     "REFLECT")

c1=tf.nn.relu(instance_norm(conv2d(c0,options.gf_dim,
   7,1,padding='VALID',name='g_e1_c'),'g_e1_bn'))

c2=tf.nn.relu(instance_norm(conv2d(c1,options.gf_dim*2,
   3,2,name='g_e2_c'),'g_e2_bn'))

c3=tf.nn.relu(instance_norm(conv2d(c2,options.gf_dim*4,
   3,2,name='g_e3_c'),'g_e3_bn'))

# Definieren des G-Netzwerks mit 9 Restblöcken
r1=residule_block(c3,options.gf_dim*4,name='g_r1')
r2=residule_block(r1,options.gf_dim*4,name='g_r2')
r3=residule_block(r2,options.gf_dim*4,name='g_r3')
r4=residule_block(r3,options.gf_dim*4,name='g_r4')
r5=residule_block(r4,options.gf_dim*4,name='g_r5')
r6=residule_block(r5,options.gf_dim*4,name='g_r6')
r7=residule_block(r6,options.gf_dim*4,name='g_r7')
r8=residule_block(r7,options.gf_dim*4,name='g_r8')
r9=residule_block(r8,options.gf_dim*4,name='g_r9')

d1=deconv2d(r9,options.gf_dim*2,3,2,name='g_d1_dc')
d1=tf.nn.relu(instance_norm(d1,'g_d1_bn'))
d2=deconv2d(d1,options.gf_dim,3,2,name='g_d2_dc')
d2=tf.nn.relu(instance_norm(d2,'g_d2_bn'))
d2=tf.pad(d2, [[0,0], [3,3], [3,3], [0,0]],
       "REFLECT")

pred=tf.nn.tanh(conv2d(d2,options.output_c_dim,7,1,
          padding='VALID',name='g_pred_c'))

return pred
```

Listing 8.6 CycleGAN-Generator

Der Diskriminator für das CycleGAN (siehe Listing 8.7) akzeptiert ein Eingabebild und sagt dann vorher, ob es sich um ein Originalbild oder ein vom Generator erzeugtes Bild handelt.

```
def discriminator(image, options, reuse=False, name="discriminator"):

    with tf.variable_scope(name):
        # Bild ist: 256 x 256 x input_c_dim
        if reuse:
            tf.get_variable_scope().reuse_variables()
        else:
            assert tf.get_variable_scope().reuse is False

        h0=lrelu(conv2d(image,options.df_dim,
           name='d_h0_conv'))

        # h0 is (128 x 128 x self.df_dim)
        h1=lrelu(instance_norm(conv2d(h0,options.df_dim*2,
           name='d_h1_conv'),'d_bn1'))

        # h1 is (64 x 64 x self.df_dim*2)
        h2=lrelu(instance_norm(conv2d(h1,options.df_dim*4,
           name='d_h2_conv'),'d_bn2'))

        # h2 is (32x 32 x self.df_dim*4)
        h3=lrelu(instance_norm(conv2d(h2,options.df_dim*8,s=1,
            name='d_h3_conv'),'d_bn3'))

        # h3 is (32 x 32 x self.df_dim*8)
        h4=conv2d(h3,1,s=1,name='d_h3_pred')
        # h4 is (32 x 32 x 1)
        return h4
```

Listing 8.7 CycleGAN-Diskriminator

Der Diskriminator besteht aus einer ersten Schicht, die eine *LeakyReLU-Funktion* und eine *Faltung* auf das Bild anwendet. Für die folgenden drei Schichten werden Faltung, Instanznormalisierung und ReLU angewendet. Eine letzte Faltung wird in der letzten Schicht (durch h4 gekennzeichnet) angewendet, wodurch eine eindimensionale Ausgabe erzeugt wird.

Weitere Informationen

Der Code in diesem Kapitel basiert auf der Arbeit von Xiaowei Hu und ist unter *https://github.com/xhujoy/CycleGAN-tensorflow* auf GitHub verfügbar. Es wurde ein Jupyter-

Notebook erstellt, damit Sie schnell mit der Ausführung des CycleGAN-Codes beginnen können. Sie finden das Notebook unter *https://github.com/WeeHyongTok/CycleGAN-tensorflow/blob/master/CycleGAN-Example.ipynb*. Wir haben den Code auf einer Azure DLVM mit einer einzelnen Tesla K80-GPU getestet.

8.5 Definieren der CycleGAN-Klasse

Als Nächstes sehen wir uns die CycleGAN-Klasse an. In der `train`-Methode, die Sie in *model.py* finden, verwenden wir den Adam-Optimierer mit Batchgröße 1. Listing 8.8 zeigt, wie wir den Optimierer für den Diskriminator und Generator angeben.


```
self.d_optim = tf.train.AdamOptimizer(self.lr, beta1=args.beta1) \
            .minimize(self.d_loss,var_list=self.d_vars)

self.g_optim = tf.train.AdamOptimizer(self.lr, beta1=args.beta1) \
           .minimize(self.g_loss,var_list=self.g_vars)
```

Listing 8.8 CycleGAN (»model.py«): Definieren des Optimierers für den Generator und den Diskriminator

Ein *CycleGAN* besteht aus zwei Generatoren (XtoY und YtoX) und zwei Diskriminatoren (D_X und D_Y), wie weiter oben in Abbildung 8.6 gezeigt. Die Definition sehen Sie in der `_build_model`-Methode in *model.py*. Im Code in Listing 8.9 sehen Sie, wie wir den Wert des `reuse`-Arguments während der anfänglichen Definition von `generatorA2B` und `generatorB2A` auf `False` festgelegt haben und die Variablen `real_A` bzw. `fake_B` verwenden. Damit wird festgelegt, ob Variablen wiederverwendet werden. In der nachfolgenden Definition von `generatorB2A` und `generatorA2B` wird der Wert von `reuse` auf `True` festgelegt, und es werden die Variablen `real_B` und `fake_A` verwendet. Die beiden Diskriminatoren sind in *model.py* definiert, wie in Listing 8.11 gezeigt. Sie sollten sich den Code sehr genau anschauen, um die Details des Generators zu verstehen.

```
self.real_data = tf.placeholder(tf.float32,
                [None,self.image_size,self.image_size,
                self.input_c_dim+self.output_c_dim],
                name='real_A_and_B_images')

self.real_A = self.real_data[:, :, :, :self.input_c_dim]
self.real_B = self.real_data[:, :, :, self.input_c_dim:self.input_c_
dim + self.output_c_dim]
```

```
self.fake_B = self.generator(self.real_A, self.options,
                             False,name="generatorA2B")

self.fake_A_ = self.generator(self.fake_B, self.options,
                              False,name="generatorB2A")

self.fake_A = self.generator(self.real_B, self.options,
                             True,name="generatorB2A")

self.fake_B_ = self.generator(self.fake_A, self.options,
                              True,name="generatorA2B")
```

Listing 8.9 Definieren der beiden Diskriminatoren: »discriminatorB« und »discriminatorA«

```
self.DB_fake = self.discriminator(self.fake_B, self.options,
                   reuse=False,name="discriminatorB")

self.DA_fake = self.discriminator(self.fake_A, self.options,
                   reuse=False,name="discriminatorA")
```

Listing 8.10 Definieren der beiden Generatoren: »generatorA2B« und »generatorB2A«

8.6 Verlust durch Unterschiede und Zyklusverlust

Während des Trainings des GAN erzeugt der Generator G Bilder G(x), die den Bildern in Domäne Y entsprechen. Gleichzeitig muss der Diskriminator D_Y zwischen den erzeugten Bildern G(x) und den realen Beispielen aus y unterscheiden. Daher versucht G immer, seinen Verlust durch Unterschiede zu minimieren, während der Diskriminator D versucht, seinen Verlust zu maximieren.

Wie von Zhu u. a. (2017) festgestellt: Wenn die Kapazität des Netzwerks groß ist, können die Zuordnungen G und F möglicherweise Eingabebilder aus der Quelldomäne X jeder zufälligen Permutation der Bilder in Domäne Y zuordnen. Daher ist es wichtig, den Platz für mögliche Zuordnungsfunktionen zu reduzieren.

Eins der Geheimnisse eines CycleGAN ist die Verwendung eines *Zykluskonsistenzverlusts*. Die Intuition bei der Verwendung eines Zykluskonsistenzverlusts besteht darin, dass die gelernte Zuordnungsfunktion in der Lage sein sollte, ein »übersetztes« Bild wieder in sein Ausgangsbild zu überführen.

8.7 Ergebnisse

Nachdem wir das CycleGAN-Training 150 Epochen lang ausgeführt haben, haben wir den in Listing 8.5 dargestellten Testcode gestartet. Damit wird das CycleGAN-Modell auf die im Verzeichnis `dataset` befindlichen Bilder angewendet und das »übersetzte« Bild in das Verzeichnis `test` ausgegeben. Außerdem wird eine HTML-Datei erzeugt. In dieser Datei können Sie das ursprüngliche und das »übersetzte« Bild nebeneinander darstellen. Im bereitgestellten Jupyter-Notebook ermöglicht der Code (siehe Listing 8.11) die Anzeige der HTML-Datei in einer Notebookzelle.


```
from IPython.display import HTML
HTML(filename='test/AtoB_index.html')
```

Listing 8.11 Python-Code zur Visualisierung der HTML-Datei

In Abbildung 8.7 sehen Sie eine Teilmenge der erzeugten Bilder.

Abbildung 8.7 Ausgabe aus dem CycleGAN-Test (nach 150 Epochen)

8.8 Zusammenfassung

GANs verfügen über ein enormes Potential für den Einsatz in kreativen KI-Anwendungen beispielsweise in der Musik oder der Kunst. Seit dem ersten Vorschlag im Jahr 2014 finden Innovationen bei GANs in atemberaubendem Tempo statt. In diesem Kapitel haben wir beschrieben, wie GANs in verschiedenen Anwendungsfällen eingesetzt werden können. Wir haben die Verwendung des Generators und des Diskriminators in der GAN-Architektur erläutert.

Anschließend haben wir gezeigt, wie ein CycleGAN funktioniert und wie es für die »Übersetzung« von Objekten von einer Domäne in eine andere verwendet werden kann. In den Codebeispielen in diesem Kapitel haben wir uns auf das Trainieren und Testen eines neuartigen Typs von GAN konzentriert: das CycleGAN.

Der gesamte Code in diesem Kapitel wurde auf einer in Azure verfügbaren Linux-DLVM ausgeführt. Weitere Details zu den Optionen für das Training von KI-Modellen (z. B. GANs) – wie etwa die Computerumgebungen und die Durchführung von Trainings in großem Maßstab – werden wir im nächsten Kapitel erläutern.

TEIL 4

KI-Architekturen und Best Practices

Kapitel 9
Trainieren von KI-Modellen

Das Trainieren von KI-Modellen ist in der Regel anspruchsvoller als das Trainieren von standardmäßigen ML-Modellen, weil KI-Modelle verarbeitungsintensiv und die zugehörigen Datensätze häufig größer sind. Wenn Sie also ernsthaft in Betracht ziehen, mit Deep Learning zu arbeiten, müssen Sie Zugriff auf GPUs haben. In Azure gibt es eine Reihe von Möglichkeiten, GPUs zu nutzen: auf einzelnen VMs oder in orchestrierten VM-Clustern. In diesem Kapitel stellen wir einige der gängigsten Methoden vor und erläutern ihre jeweiligen Vor- und Nachteile. Danach nutzen wir den Code, den wir in Kapitel 6, »Convolutional Neural Networks«, geschrieben haben (mit einem VGG-ähnlichen CNN), um den CIFAR10-Datensatz anzugehen. Dabei verwenden wir die DLVM (Deep Learning Virtual Machine) als Rechenumgebung. In diesem Kapitel beschreiben wir weitere Trainingsoptionen wie Batch AI und Batch Shipyard – beide können beim horizontalen und vertikalen Hochskalieren des Trainings nützlich sein. Am Ende des Kapitels zeigen wir kurz einige weitere Methoden zum Trainieren von KI-Modellen in Azure auf, die nicht so verbreitet sind, aber je nach vorliegendem Problem nützlich sein können.

9.1 Trainingsoptionen

Azure bietet eine Vielzahl von Optionen zum Trainieren von KI-Modellen. Wir werden uns hier auf einige wenige Optionen beschränken, die unserer Meinung nach die Anforderungen der meisten Workloadtypen erfüllen. Diese vier Optionen zum Trainieren von KI-Modellen werden wir erläutern: *DLVM, Batch AI, Batch Shipyard* und *DLWorkspace*. Es gibt keine perfekte Art und Weise, ein KI-Modell zu trainieren; jede Methode hat ihre Vor- und Nachteile, und manche eignen sich für bestimmte Lösungen besser als andere. Das Training eines Deep-Learning-Modells kann auf einem einzigen Computer mit GPU oder auf mehrere Computer verteilt erfolgen. Im häufigsten Szenario wird für jedes Modell ein Computer mit einer einzelnen GPU verwendet, da das Trainieren des Modells in einer verteilten Struktur zusätzliche Überlegungen erfordert, deren richtige Umsetzung recht knifflig sein kann. Solche Überlegungen sind aber möglicherweise notwendig, weil z. B. das Modell zu groß für einen Computer mit einer einzelnen GPU ist oder weil die Trainingszeit reduziert werden soll.

In diesem Kapitel gehen wir nicht weiter auf die Datenverarbeitung ein, die vor dem Trainieren eines KI-Modells häufig erforderlich ist. So müssen beispielsweise die Rohdaten häufig zuerst einigen Verarbeitungsschritten unterzogen werden, damit sie von einem Deep-Learning-Modell gelesen werden können; die Bezeichnungen, mit denen der ML-Algorithmus lernen soll, sind möglicherweise in einer Datenbank gespeichert; oder die Rohdaten stammen aus vielen verschiedenen Quellen. Für diese vorbereitende Arbeit stehen auf der Microsoft-KI-Plattform viele Tools und Optionen zur Verfügung, wie z. B. *Azure SQL Data Warehouse* und *Cosmos DB* zum Speichern verschiedener Arten von Daten oder Azure Data Factory zum Verschieben von Daten. Diese können wir im Rahmen dieses Buchs leider nicht erörtern. Bei den folgenden Erläuterungen und Beispielen gehen wir davon aus, dass die Daten in einem Format vorliegen, das sich zum Trainieren eines KI-Modells eignet.

9.1.1 Verteiltes Training

Ein *verteiltes Training* ist dann erforderlich, wenn der gesamte Datensatz nicht auf einem einzelnen Computer gespeichert oder das Modell nicht mit einer einzelnen GPU ausgeführt werden kann. Häufiger wird eine solche Struktur jedoch eingesetzt, um das Training zu beschleunigen. Die beiden Haupttypen des verteilten Trainings sind Datenparallelität und Modellparallelität.

Bei der *Datenparallelität* wird das gleiche Modell über mehrere GPUs repliziert und empfängt unterschiedliche Batches mit Trainingsdaten. Die Gradienten werden aggregiert, und dann werden die Aktualisierungen wieder an die Modelle verteilt. In diesem Szenario kann der Kommunikationsoverhead ziemlich hoch sein – daher wird aktiv daran geforscht, wie sich dieser Prozess effizienter gestalten lässt. Untersucht werden beispielsweise asynchrone Aktualisierungen (Calauzènes und Roux, 2017; Dean u. a., 2012; Recht, Re, Wright und Niu, 2011) oder die Reduzierung des Overheads durch Komprimieren oder Quanteln der Gewichtsaktualisierungen (Lin, Han, Mao, Wang und Dally, 2017; Recht u. a., 2011).

Bei der *Modellparallelität* wird das Modell auf mehrere GPUs aufgeteilt. Hierbei könnten z. B. verschiedene Schichten auf verschiedenen GPUs platziert werden, und die Vorwärts- und Rückwärtsdurchläufe durch das Modell erfordern Netzwerkkommunikation zwischen den Knoten. Dies ist ein weitaus selteneres Szenario und nur dann erforderlich, wenn das Modell nicht auf eine einzelne GPU passt.

In diesen Szenarien wird davon ausgegangen, dass nur eine GPU pro VM vorhanden ist – also mehrere GPUs auf mehreren Knoten verwendet werden –, tatsächlich bietet

Azure jedoch Konfigurationen, in denen sich bis zu vier GPUs auf einer einzigen VM befinden können. Alle gerade beschriebenen Szenarien können auf einem einzelnen Knoten mit mehreren GPUs ausgeführt werden, außer in Fällen, in denen die Datenmenge zu groß ist und nicht auf eine einzelne VM passt. In diesen Fällen ist der Kommunikationsoverhead in der Regel kein großes Problem, da sie auf einem einzelnen Knoten stattfinden und sogar noch leistungsfähiger sind, wenn das Deep-Learning-Framework die NCCL-Multi-GPU-Bibliothek von NVIDIA verwendet (*https://devblogs.nvidia.com/fast-multi-gpu-collectives-nccl/*).

9.1.2 Deep Learning Virtual Machine

Die *DLVM* ist eine einzelne VM, bei der es sich um eine speziell konfigurierte Variante der DSVM (Data Science Virtual Machine) handelt. Dies ist eine vorkonfigurierte Umgebung in der Cloud für die datenwissenschaftliche Nutzung sowie die Modellierung, Entwicklung und Bereitstellung von künstlicher Intelligenz. Die Deep Learning Virtual Machine ist eine spezielle Konfiguration für Deep-Learning-Workloads.

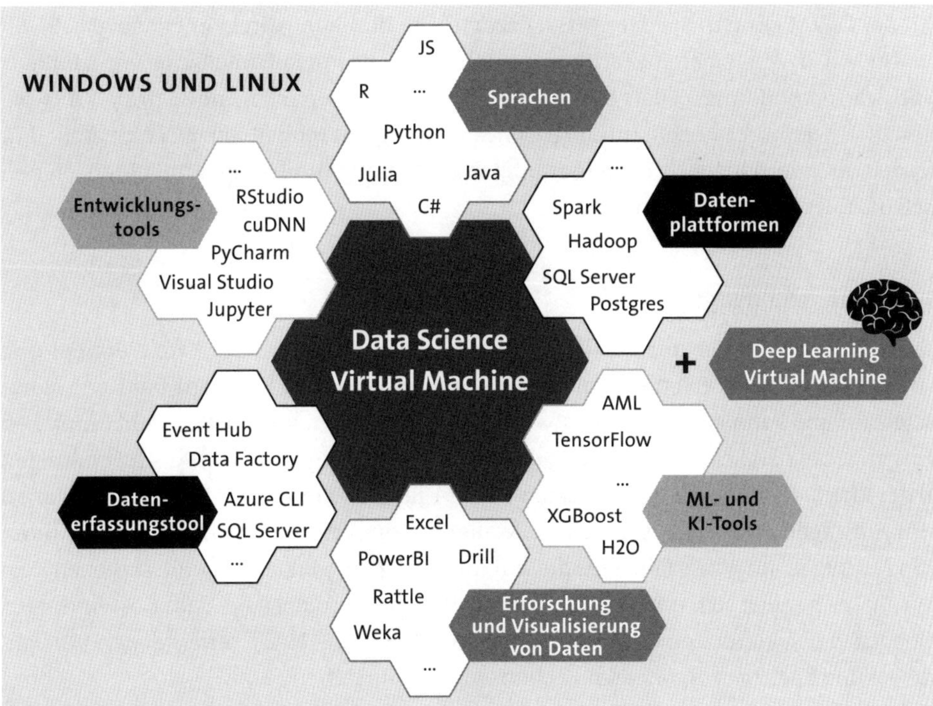

Abbildung 9.1 Die Data Science Virtual Machine

DLVMs sind in verschiedenen Konfigurationen erhältlich, von denen einige über GPUs verfügen. Zurzeit verfügen folgende VM-Typen über GPUs: NC, NV, ND, NCv2 und NCv3. Die kostengünstigsten VMs sind die der NC-Serie. Auf diesen sind die entsprechenden GPUs installiert: NVIDIA Tesla K80, M60, P40, P100 und schließlich V100. Die Reihenfolge entspricht in etwa der Leistungsstärke: Ein einzelner K80-Prozessor bietet ca. 4,4 TeraFLOPS, ein einzelner V100 etwa 14 TeraFLOPS.[1]

Hinweis

Schon die GPU mit der geringsten Leistung (K80) ermöglicht eine deutliche Verkürzung der Trainingszeiten im Vergleich zum Training von KI-Modellen auf CPUs.

Jede VM-Serie ist in drei Konfigurationen erhältlich: mit einer, zwei oder vier GPUs. Die aktuelle Dokumentation zu allen auf Azure verfügbaren VMs finden Sie unter *https://docs.microsoft.com/de-de/azure/virtual-machines/*. Die DSVM-Dokumentation finden Sie hier: *https://docs.microsoft.com/de-de/azure/machine-learning/data-science-virtual-machine/*.

Mit der DLVM können Sie datenwissenschaftliche Probleme direkt angehen, da alle Bibliotheken in einer bereits fertig eingerichteten Anaconda-Umgebung vorinstalliert sind, wie in Abbildung 9.1 dargestellt. Die DLVM ist eine hervorragende Option für Experimente – wenn Sie aber ein umfangreiches Training mit Modell- oder Datenparallelität planen oder verschiedene Hyperparameter gleichzeitig untersuchen möchten, eignen sich die folgenden Optionen besser.

9.1.3 Batch Shipyard

Batch Shipyard ist ein universelles Tool für die containerbasierte Batchverarbeitung und HPC-Workloads (High-Performance Computing). Batch Shipyard baut auf Azure Batch auf und kann daher von dessen Features profitieren: Verarbeiten der komplexen Vorgänge bei parallelen Anwendungen in großem Umfang und bei HPC-Anwendungen in der Cloud, Handhaben von Aspekten wie VM-Bereitstellung und -Verwaltung, Planen von Aufträgen und das automatische Skalieren von Anforderungen. Beim Ausführen von Aufträgen auf Azure fallen für die Nutzung von Azure Batch keine zusätzlichen Kosten an – es handelt sich um einen kostenlosen Mehrwertdienst, bei dem Kosten nur für die tatsächlich genutzten Computerressourcen sowie die damit verbundenen Verlagerungs- und Speichervorgänge im Rechenzentrum entstehen.

1 Die Reihenfolge und die Nummerierung basieren auf FLOPS mit einfacher Präzision. Karten mit zwei Chips werden als einzelne GPUs behandelt.

Batch Shipyard verwendet Docker-Container, so dass sich die komplexen Abhängigkeiten, die mit KI-Workloads verbunden sind, einfach verarbeiten lassen. Batch Shipyard ist als Befehlszeile (CLI) verfügbar, die lokal oder über Azure Cloud Shell in der Cloud ausgeführt werden kann. Die Orchestrierung erfolgt über leicht verständliche Konfigurationsdateien, so dass Skripts problemlos wiederverwendet werden können. Das Tool enthält bereits eine Vielzahl von Beispielen für einige der beliebtesten Deep-Learning-Frameworks (siehe *https://github.com/Azure/batch-shipyard/tree/master/recipes*).

Batch Shipyard bietet u. a. die folgenden Vorteile:

- Es ist an die Azure Batch-Infrastruktur gekoppelt und wird daher gut unterstützt.
- Es lässt sich über die CLI problemlos nutzen und ist auch in Cloud Shell verfügbar.
- Es unterstützt viele verschiedene Arten von VMs mit GPUs.
- Es unterstützt Knoten mit niedriger Priorität und ist damit sehr effizient.
- Es verfügt über bereits definierte Methoden, um die einfache Optimierung von Hyperparametern zu unterstützen.

Allerdings gehen mit Batch Shipyard auch einige Nachteile einher:

- Da es an die Batch-Infrastruktur gekoppelt ist, gibt es keine Unterstützung für die eigenen Cluster.
- Es existiert weder eine REST-API noch ein Web-Front-End, sondern nur die CLI.

9.1.4 Batch AI

Batch AI ähnelt Batch Shipyard insofern, als es in Azure Batch ausgeführt wird und die Ausführung verschiedener KI-Workloads ermöglicht. Im Folgenden finden Sie die wesentlichen Unterschiede zwischen Batch Shipyard und Batch AI:

1. Es ist ein *Managed Service*. Bei Batch Shipyard ruft die CLI Azure Batch auf und richtet alle erforderlichen Elemente ein. Bei Batch AI gibt es einen Dienst in der Cloud, der aufgerufen wird, um die CLI, eine REST-API oder ein SDK zu verwenden. Dieser Dienst orchestriert alles. In der Praxis bedeutet dies, dass Batch AI eine sehr viel umfangreichere Interaktion ermöglicht und die Orchestrierung im Rahmen einer Pipeline einfacher ist.
2. Batch AI kann auf einer DSVM oder einer DLVM ausgeführt werden, so dass keine Container erforderlich sind. Das erleichtert den Einstieg ganz erheblich, da Sie sich nicht mit der Komplexität von Containern befassen müssen.
3. Batch AI bietet spezielle Unterstützung für das verteilte Training in einer Reihe von Deep-Learning-Frameworks wie PyTorch, TensorFlow usw. In der Praxis heißt das,

dass einige komplexe Vorgänge – wie z. B. die Einrichtung das Message Passing Interface (MPI) – automatisch durch Batch AI konfiguriert werden.

Batch AI bietet u. a. die folgenden Vorteile:

- Es ist ein *Managed Service*.
- Es gibt mehrere Möglichkeiten für die Interaktion mit CLI, SDK und REST-APIs.
- Es ist an die Azure Batch-Infrastruktur gekoppelt und wird daher gut unterstützt.
- Es unterstützt viele verschiedene Arten von VMs mit GPUs.
- Es unterstützt Knoten mit niedriger Priorität, die sehr kostengünstig sind.
- Es kann DSVMs und DLVMs als Computingziele unterstützen.

Auch mit Batch AI gehen einige Nachteile einher:

- Es besitzt keine Featureparität mit Batch Shipyard. Batch Shipyard bietet einige nette Methoden für die Hyperparametersuche, die ihren Weg zu Batch AI noch nicht gefunden haben.
- Es befindet sich noch in der Vorschau und ist nicht in allen Regionen verfügbar.

9.1.5 Deep Learning Workspace

Deep Learning Workspace (DLWorkspace) ist ein Open-Source-Projekt von Microsoft, mit dem KI-Wissenschaftler Cluster lokal oder in der Cloud ohne Einrichtungsaufwand hochfahren und verwenden können. DLWorkspace verwendet Kubernetes, um Aufträge über die verschiedenen Knoten hinweg zu verwalten. Kubernetes ist ein beliebtes Open-Source-Tool für die Containerorchestrierung und wird in Kapitel 10, »Operationalisieren von KI-Modellen«, genauer beleuchtet. DLWorkspace stellt eine Webbenutzeroberfläche und eine REST-API bereit, über die Aufträge übermittelt, überwacht und verwaltet werden können. Damit unterscheidet sich DLWorkspace deutlich von Batch AI und Batch Shipyard, da dieses Toolkit weder die Batch-Infrastruktur zur Verwaltung verwendet noch an die Azure-Infrastruktur gekoppelt ist. Dies hat zur Folge, dass DLWorkspace einen höheren Verwaltungsaufwand seitens der Endbenutzer erfordert als die beiden anderen Optionen. Dafür bietet es aber die meiste Flexibilität. Das Toolkit ist auch weniger ausgereift als die beiden anderen Optionen.

DLWorkspace bietet u. a. folgende Vorteile:

- Es ist nicht an eine bestimmte Infrastruktur gekoppelt und kann daher sowohl in lokalen Clustern als auch in der Cloud ausgeführt werden.
- Es nutzt Kubernetes, ein bekanntes Tool für die Containerorchestrierung.

DLWorkspace weist auch einige Nachteile auf:

- Es erfordert einen höheren Einrichtungsaufwand als Batch Shipyard oder Batch AI.
- Es lässt sich schwerer in eine Pipeline integrieren.
- Die Entwicklung ist bei weitem noch nicht abgeschlossen.

9.2 Beispiele zur Veranschaulichung

In einigen vorangegangenen Kapiteln haben wir gezeigt, wie ein Deep-Learning-Modell auf einer GPU-fähigen DLVM trainiert werden kann. Daher werden wir auf dieses Thema hier nicht eingehen. In den nun folgenden Abschnitten nutzen wir den Code, den wir in Kapitel 6, »Convolutional Neural Networks«, geschrieben haben (mit einem VGG-ähnlichen CNN), um den CIFAR10-Datensatz anzugehen, und erweitern das Skript für die Verwendung von Batch Shipyard und Batch AI.

9.2.1 Trainieren eines DNN in Batch Shipyard

In diesem Abschnitt erläutern wir die allgemeinen Schritte, die zum Trainieren eines CNN in Batch Shipyard erforderlich sind. Die Schritte, die wir zum Ausführen unseres KI-Skripts befolgen, werden im Notebook *Chapter_09_01.ipynb*[2] genau beschrieben und sind in Abbildung 9.2 dargestellt.

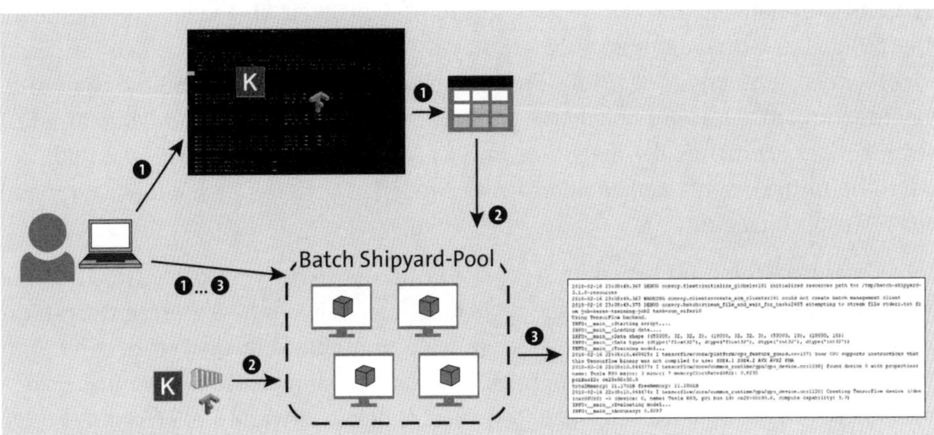

Abbildung 9.2 Die Schritte zur Ausführung in Batch Shipyard

2 Alle Schritte werden im Notebook *Chapter_09_01.ipynb* genau beschrieben, das Sie unter *https://gitlab.com/msalvaris/whistler/tree/master/Chapter09* im Ordner *Chapter_09* finden.

❶ Erstellen Sie die erforderlichen Azure-Ressourcen, Konfigurationsdateien und Skripts.

❷ Rufen Sie POOL CREATE auf, wodurch der Prozess zur Erstellung des Clusters gestartet wird. Gleichzeitig ruft dieser Befehl das von uns erstellte Skript in die Dateifreigabe ab. Der Befehl ruft auch das Docker-Image ab und stellt es den Knoten im Pool zur Verfügung.

❸ Weisen Sie Batch Shipyard an, den Auftrag auszuführen und die Ausgabe bereitzustellen. Nach Abschluss dieser Schritte löschen wir den Auftrag, den Cluster und die Azure-Ressourcen.

1. Wie Sie in Abbildung 9.2 erkennen, müssen für das Training eines Modells in Batch Shipyard verschiedene Voraussetzungen erfüllt werden. Sie benötigen das Skript, das Ihr Modell trainieren soll.
2. Sie benötigen den Docker-Container, der alle Abhängigkeiten für das Skript enthält, z. B. das Deep-Learning-Framework.
3. Sie benötigen ein Azure-Speicherkonto und ein Azure Batch-Konto.
4. Sie benötigen Batch Shipyard-Konfigurationsdateien. Hierbei kann es sich entweder um YAML- oder um JSON-Dateien handeln, die alle notwendigen Informationen enthalten, um die Aufgaben zu definieren, die Batch Shipyard für uns ausführen soll.

Das Modellskript wird demjenigen im Notebook *Chapter_06_03.ipynb* sehr ähnlich sein, mit der Ausnahme, dass es sich nicht um ein Jupyter-Notebook, sondern um eine Python-Datei handelt und dass wir es um die Möglichkeit ergänzen, Argumente zu übergeben. Der Grund dafür ist, dass wir die Ausführung vereinfachen möchten, damit wir erkennen können, wie das Modell mit verschiedenen Hyperparameterkonfigurationen funktioniert. Dies wird üblicherweise als Hyperparametersuche bezeichnet und ist ein wichtiger Schritt bei der Erstellung von KI-Modellen. Das Skript lädt die CIFAR10-Daten herunter, erstellt und trainiert unser Modell und wertet es schließlich anhand des Testdatensatzes aus.

Sobald das Skript vorbereitet ist, müssen wir entweder selbst ein Docker-Image erstellen oder auf ein vorgefertigtes Image zurückgreifen. Viele der beliebtesten Deep-Learning-Frameworks stellen ein Docker-Image oder zumindest ein Dockerfile bereit, mit dem Sie Ihr Image erstellen können. Falls Sie Docker noch nie zuvor verwendet haben, kann diese Aufgabe recht beängstigend wirken. Glücklicherweise stehen online einige Leitfäden zur Verfügung, und die Docker-Dokumentation ist sehr gut (siehe *https://docs.docker.com/get-started/*). Hier verwenden wir einfach das Docker-Image, das wir für dieses Buch erstellt haben.

Wir gehen davon aus, dass Sie das Azure-Speicherkonto und das Batch-Konto eingerichtet haben. Die Schritte dazu finden Sie im zugehörigen Notebook im Abschnitt »Create Azure Resources«. Für Batch Shipyard gibt es vier Konfigurationsdateien:

- *credentials.yaml*: Hier haben wir die Anmeldeinformationen für alle verwendeten Ressourcen hinterlegt. In unserem Fall sind dies einfach das Speicherkonto und das Batch-Konto.
- *config.yaml*: Gibt die Konfiguration für Batch Shipyard an. Hier legen wir einfach fest, welches Speicherkonto wir verwenden möchten und wo sich das zu verwendende Image befindet.
- *pool.yaml*: Diese Konfigurationsdatei definiert die Eigenschaften des Pools – im Wesentlichen die Anzahl und die Arten der VMs, die wir zuweisen möchten.
- *jobs.yaml*: In dieser Konfigurationsdatei geben wir die Aufträge an, die ausgeführt werden sollen. Wir können einen oder mehrere Aufträge angeben, und jeder Auftrag kann eine oder mehrere Aufgaben enthalten. Die genaue Aufteilung richtet sich nach den Aufgaben, die Sie ausführen möchten, und danach, wie viel diese gemeinsam haben. In dieser Datei geben wir ganz allgemein an, welches Docker-Image verwendet werden soll, aus welcher Quelle die Daten stammen sollen und welche Befehle ausgeführt werden sollen. Weitere Informationen finden Sie unter *https://batch-shipyard.readthedocs.io/en/latest/14-batch-shipyard-configuration-jobs/*.

Von nun an gehen wir davon aus, dass Sie auf einem Linux-Terminal oder mit einem Jupyter-Notebook unter Linux arbeiten. Nachdem wir nun unsere Konfigurationsdateien und unser Skript definiert haben, müssen wir unseren Cluster erstellen. Das tun wir mit Listing 9.1.

```
shipyard pool add --configdir config
```

Listing 9.1 Befehl zum Erstellen eines Batch-Clusters

Dieser Befehl weist Batch Shipyard an, den Pool gemäß den Angaben in der Datei *pool.yaml* zu erstellen, die sich im Verzeichnis *config* befindet. Damit werden die VMs gestartet und alle Dateien abgerufen, die wir in den Konfigurationsdateien angegeben haben – in unserem Fall nur das Modellskript. Die Bereitstellung des Pools kann je nach Anzahl der angegebenen VMs zwischen 5 und 15 Minuten dauern. Die Anzahl der VMs, die Sie erstellen können, richtet sich nach dem Kontingent Ihres Batch-Kontos. Wenn Sie mehr VMs für Ihr Batch-Konto benötigen, können Sie einfach über das Azure-Portal eine Erhöhung des Kontingents anfordern (*https://docs.microsoft.com/de-de/azure/batch/batch-quota-limit*).

Nachdem der Pool erstellt wurde, fügen wir einfach die Aufträge hinzu. Hier in Listing 9.2 übermitteln wir den Auftrag, verfolgen aber auch interaktiv die Ausgabe der Aufgabe nach.

```
shipyard jobs add --configdir config --tail stdout.txt
```

Listing 9.2 Übermitteln des Auftrags an Batch Shipyard und Nachverfolgen der Ausgabe

Wenn alles funktioniert hat, sollten Sie feststellen, dass die Ausgabe auf Ihr Notebook oder Terminal gestreamt wird. Das Skript lädt zunächst die CIFAR-Daten herunter, trainiert dann das Modell und wertet es aus. Sie können den Status Ihres Clusters und Ihres Auftrags auch im Azure-Portal sehen. Die Anzeige sollte etwa so aussehen wie in Abbildung 9.3.

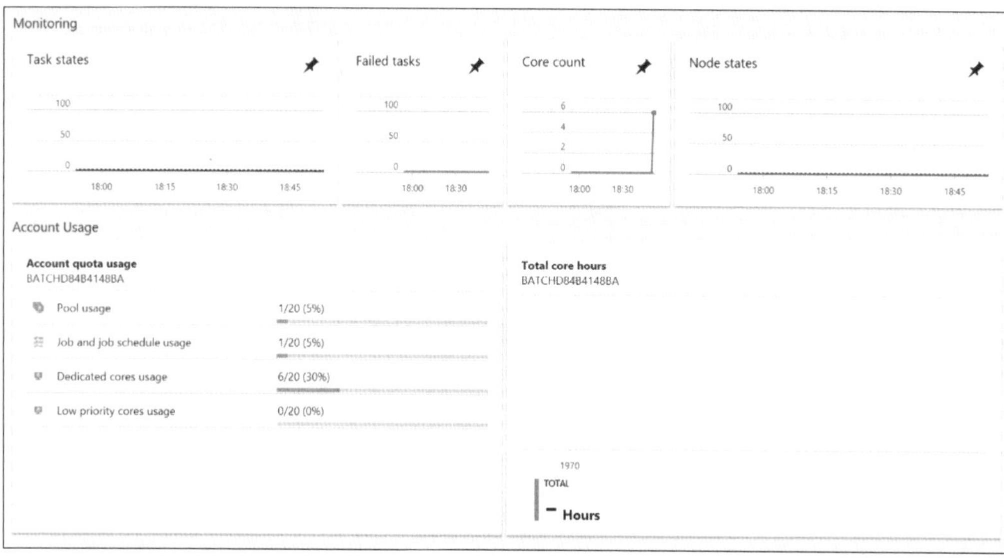

Abbildung 9.3 Batch-Dashboard im Azure-Portal

Indem Sie Listing 9.3 ausführen, streamen Sie die Ausgabe von *stderr.txt*. Dies kann nützlich sein, um unsere Skripts auf Fehler zu überprüfen und zu debuggen.

```
shipyard data files stream -v --filespec my_job_id,my_task_id,stderr.txt
```

Listing 9.3 Streamen der Ausgabe zum Suchen nach Fehlern und Debuggen des Skripts

Sobald der Auftrag ausgeführt wurde, empfiehlt es sich, ihn zu löschen, damit er nicht mehr auf das Kontingent der aktiven Aufträge angerechnet wird. Das erledigen Sie mit Listing 9.4.

```
shipyard jobs del --configdir config -y -wait
```

Listing 9.4 Löschen von Batch Shipyard-Aufträgen

Als Letztes löschen Sie den Pool mit dem in Listing 9.5 gezeigten Code, damit für die VM keine Kosten entstehen, während sie nicht verwendet wird.

```
shipyard pool del --configdir config -y
```

Listing 9.5 Löschen des Batch Shipyard-Pools

Dieses Procedere scheint einen großen Aufwand für die Ausführung eines einzelnen Auftrags zu bedeuten, wenn Sie aber sehr viele Aufgaben ausführen müssen, ist der anfängliche Aufwand im Vergleich zur Zeitersparnis sehr gering.

Hyperparameteroptimierung

Das Trainieren eines KI-Modells bzw. eigentlich sogar aller Arten von ML-Modellen erfordert die Optimierung verschiedener Hyperparameter, die das Verhalten der Modelle einschränken. Diese Optimierungsaufgaben nacheinander auszuführen, ist mühsam und zeitaufwendig. Indem wir diese Experimente parallel durchführen, können wir viel Zeit sparen und schneller optimale Konfigurationen finden. Einer der Hauptvorteile der Cloud und von Diensten wie Batch Shipyard und Batch AI ist die Möglichkeit, Rechenressourcen nach Bedarf heraufzuskalieren. Das bedeutet, dass Sie eine Vielzahl von Konfigurationen erkunden können und nur für die Ressourcen bezahlen, die Sie tatsächlich benötigten. Damit lässt sich der datenwissenschaftliche Prozess erheblich beschleunigen.

Wie bereits erwähnt, bietet Batch Shipyard eine komfortable Möglichkeit zum Generieren von Hyperparameteraufgaben: *Task Factorys*. Mit Task Factorys können Sie Aufgabenparameter auf unterschiedlichste Weise generieren, bei der Task Factory »random« z. B. aus folgenden Arten von Verteilungen: einheitlich (»uniform«), Gamma, Beta, exponentiell, Gauß usw.

Wir definieren die Task Factory in der Datei *jobs.yaml*. Stellen wir uns vor, wir möchten unsere VGG-Architektur parametrisieren und die Auswirkungen der Lernrate auf unser Modell untersuchen. Hierfür können Sie die Task-Factory-Spezifikation in Listing 9.6 verwenden.

```
task_factory:
  random:
    distribution:
      uniform:
```

```
        a:0.001
        b:0.1
    generate:10
command: /bin/bash -c "python -m model.py -lr {}"
```

Listing 9.6 Task-Factory-Spezifikation zum Generieren von Hyperparameteraufgaben

Dieser YAML-Block weist Batch Shipyard an, per Zufallsprinzip 10 Werte einer einheitlichen Verteilung von 0,001 bis 0,1 zu entnehmen und das Skript *model.py* auszuführen.

Task Factorys sind nicht auf das Generieren von Werten aus Verteilungen beschränkt, sie können für komplexere Hyperparametersysteme auch Aufgaben basierend auf benutzerdefinierten Generatoren erzeugen. Weitere Informationen zu Task Factorys finden Sie unter *https://batch-shipyard.readthedocs.io/en/latest/35-batch-shipyard-task-factory/*.

Verteiltes Training

Im Trainingsszenario mit mehreren Knoten und GPUs übernimmt Batch Shipyard die Einrichtung des Clusters und die Verteilung der Aufträge, nicht aber die Kommunikation zwischen den Knoten. Diese muss von den Deep-Learning-Frameworks selbst verarbeitet werden. Verschiedene Frameworks verwenden unterschiedliche Protokolle für die Übermittlung von Informationen, beispielsweise MPI (CNTK, Horovod) oder gRPC (TensorFlow). Es ist wichtig, dass die richtigen Ports geöffnet und die richtigen Prozesse gestartet werden – dies kann je nach Deep-Learning-Framework sehr unterschiedlich sein. In Batch Shipyard werden solche Aufgaben als *Aufgaben mit mehreren Instanzen* (*Multi-Instance Tasks*) bezeichnet und müssen als solche in der Konfigurationsdatei des Auftrags angegeben werden. Eine Beispielkonfiguration finden Sie in Listing 9.7.

```
job_specifications:
- id: tensorflow
  auto_complete:true
  tasks:
  -docker_image:alfpark/tensorflow:1.2.1-gpu
    multi_instance:
      num_instances:pool_current_dedicated
command: /bin/bash -c "/shipyard/launcher.sh /shipyard/mnist_replica.py"
```

Listing 9.7 Aufgaben mit mehreren Instanzen zum Angeben von Aufgaben mit mehreren Knoten und GPUs

Eine detaillierte exemplarische Vorgehensweise zum Trainieren mit Datenparallelität in Batch Shipyard finden Sie unter *https://github.com/Azure/batch-shipyard/tree/master/recipes/TensorFlow-Distributed/config/gpu*.

Trainieren von CNNs in Batch AI

Batch AI ähnelt Batch Shipyard in vielerlei Hinsicht (siehe Abbildung 9.4). Es bietet sowohl ein Python SDK als auch eine Befehlszeilenschnittstelle (CLI). In unserem Beispiel erläutern wir die Verwendung der CLI, da dieses Vorgehen etwas einfacher ist als das SDK. Alle hier genannten Schritte finden sich im zugehörigen Notebook, mit dem Sie das Beispiel selbst ausführen können (*Chapter_09_02.ipynb*).

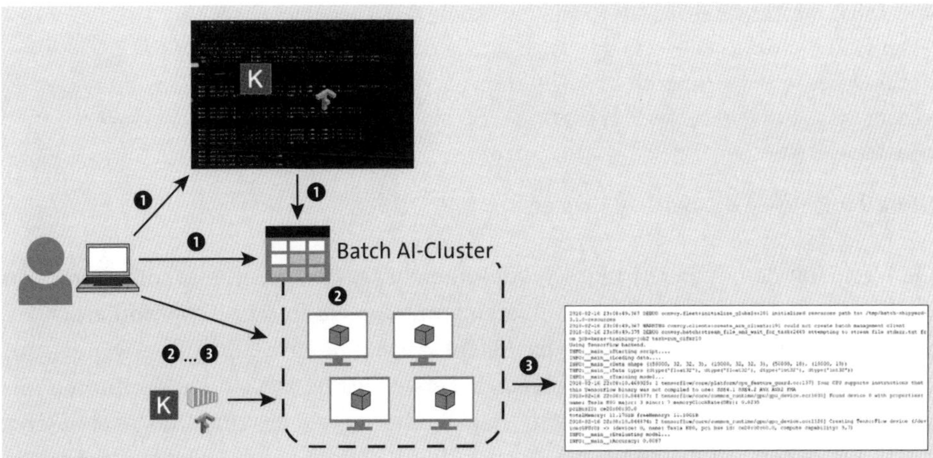

Abbildung 9.4 Trainieren mit Batch AI

❶ Erstellen Sie die erforderlichen Azure-Ressourcen, Auftragskonfigurationsdateien und Skripts, und laden Sie die Skripts in eine Dateifreigabe hoch.

❷ Rufen Sie CLUSTER CREATE auf, wodurch der Prozess zur Erstellung des Clusters gestartet wird. Der Befehl ruft auch das Docker-Image ab, stellt es den Knoten im Pool zur Verfügung und bindet die Dateifreigabe ein.

❸ Führen Sie den in der Auftragskonfiguration angegebenen Befehl aus. Rufen Sie JOB STREAM-FILE auf, um die Ausgabe des Auftrags nachzuverfolgen. Löschen Sie nach Abschluss des Trainings den Auftrag, den Cluster und die Azure-Ressourcen.

Batch AI verwendet die Azure CLI, die Sie bereits installiert haben. Um sich für Batch AI zu registrieren, führen Sie den in Listing 9.8 gezeigten Code aus.

```
az provider register -n Microsoft.BatchAI
az provider register -n Microsoft.Batch
```

Listing 9.8 Registrieren für den Batch AI-Dienst

Zum Zeitpunkt der Erstellung dieses Buchs war Batch AI nur in der Region »USA, Osten« verfügbar, daher erstellen wir alle Ressourcen in dieser Region. Wir gehen davon aus, dass Sie bereits ein Speicherkonto und eine Dateifreigabe erstellt und das Skript in die Dateifreigabe hochgeladen haben. Sie finden diese Schritte im zugehörigen Notebook (*Chapter_09_02.ipynb*) in den Abschnitten »Create Azure Resources« und »Define Our Model«. Um den Cluster zu erstellen, führen wir den in Listing 9.9 gezeigten Code aus.

```
az batchai cluster create -l eastus -w workspace --name my_cluster
--vm- size STANDARD_NC6 --image UbuntuLTS --min 1 --max 1
--storage -account- name my_storage_account --storage-account-key my_ storage_
account_key --afs-name my_fileshare --afs-mount-path azurefileshare --user-
name my_username --password my_password
```

Listing 9.9 Erstellen des Batch AI-Clusters

Alle Werte mit dem Präfix `my` müssen von Ihnen definiert werden und sollten mit den bereits erstellten Azure-Ressourcen übereinstimmen, wo immer dies erforderlich ist. Im oben stehenden Code haben wir den Befehl `az batchai cluster create` verwendet, um einen Batch AI-Cluster namens `my_cluster` zu erstellen, der aus einem VM-Knoten mit einer einzigen GPU besteht. In diesem Beispiel führt die VM das Ubuntu-LTS-Standardimage aus. Wenn Sie die DSVM als Ausführungsziel verwenden möchten, geben Sie stattdessen einfach `image UbuntuDSVM` an. Die angegebene VM ist ein NC6-Modell, das über eine NVIDIA K80-GPU verfügt. Wir geben auch die Anweisung, die Dateifreigabe in einem Ordner namens `azurefileshare` einzubinden. Der vollständige Pfad dieses Ordners auf dem GPU-Computerknoten lautet `$AZ_BATCHAI_MOUNT_ROOT/azurefileshare`. `AZ_BATCHAI_MOUNT_ROOT` ist eine Umgebungsvariable, die von Batch AI festgelegt wird. Stellen Sie sicher, dass die Werte für Speicherkonto und Dateifreigabe mit den von Ihnen erstellten Elementen übereinstimmen. Andernfalls wird die Freigabe nicht eingebunden, und die Knoten werden unbrauchbar.

Das Erstellen des Pools dauert etwa so lange wie bei Batch Shipyard: ca. 5 bis 15 Minuten. Um den Status des Clusters zu überprüfen, führen Sie einfach den in Listing 9.10 gezeigten Code aus.

```
az batchai cluster list -w workspace -o table
```

Listing 9.10 Überprüfen des Status des Batch AI-Clusters

Um einen Auftrag übermitteln zu können, müssen wir eine Konfigurationsdatei erstellen. Dies geschieht auf ähnliche Weise wie bei Batch Shipyard. Für unsere Zwecke sieht die Konfigurationsdatei wie der Code in Listing 9.11 aus.

```
{
  "$schema": "https://raw.githubusercontent.com/Azure/BatchAI/master/schemas/
             2017-09-01-preview/job.json",
  "properties": {
    "containerSettings": {
      "imageSourceRegistry": {
        "image": "masalvar/keras_bait"
      }
    },
    "customToolkitSettings": {
      "commandLine": "python $AZ_BATCHAI_INPUT_SCRIPT/cifar10_cnn.py"
    },
    "inputDirectories": [
      {
        "id": "SCRIPT",
        "path": "$AZ_BATCHAI_MOUNT_ROOT/azurefileshare/cnn_example"
      }
    ],
    "nodeCount": 1,
    "stdOutErrPathPrefix": "$AZ_BATCHAI_MOUNT_ROOT/azurefileshare"
  }
}
```

Listing 9.11 Beispielkonfigurationsdatei für Batch AI

Weitere Beispiele finden Sie unter *https://docs.microsoft.com/de-de/azure/batch-ai/quickstart-tensorflow-training-cli*. In der Auftragskonfiguration definieren wir die `inputDirectories` und geben an, welcher Container verwendet und welche Befehle ausgeführt werden sollen. In der Auftragsdefinition werden Sie feststellen, dass wir unter `inputDirectories` ein Eingabeverzeichnis mit der ID »SCRIPT« definiert haben. Diese Angabe wird von Batch AI der Umgebungsvariable `AZ_BATCHAI_INPUT_SCRIPT` zugeordnet, auf die wir in der Variable `commandLine` verweisen. Nachdem wir die JSON-Auftragsdatei erstellt haben, führen wir den Auftrag mit Hilfe des Codes in Listing 9.13 aus.

```
az batchai job create -w workspace -e experiment --name my_job --cluster-
name my_cluster --config job.json
```

Listing 9.12 Ausführen des Batch AI-Auftrags

Wir können den Auftrag überwachen, indem wir den Code in Listing 9.13 ausführen.

```
az batchai job list -w workspace -e experiment -o table
```

Listing 9.13 Überwachen des Batch AI-Auftrags

Wenn Sie zum Azure-Portal wechseln und auf den Cluster klicken, sollten Sie eine Ausgabe ähnlich der in Abbildung 9.5 sehen. Das Portal zeigt auch weitere Diagnoseergebnisse an, z. B. den Status jedes Auftrags und die Anzahl der Aufträge in der Ressourcengruppe (siehe Abbildung 9.6 und Abbildung 9.7. Beachten Sie bei letzterer, dass der Cluster »gpupool« und der Auftrag »keras-training-job« heißt. Dies sind die Namen, die im Beispiel im zugehörigen Notebook verwendet werden.). Das ist sehr praktisch bei Aufträgen mit langer Ausführungsdauer, wenn Sie einfach in irgendeinem Browser den Stand der Dinge überprüfen möchten. Die Informationen, die Sie mit Batch AI im Portal anzeigen können, sind umfangreicher als diejenigen, die Sie mit Batch Shipyard erhalten.

Abbildung 9.5 Dashboard für den Batch AI-Cluster im Azure-Portal

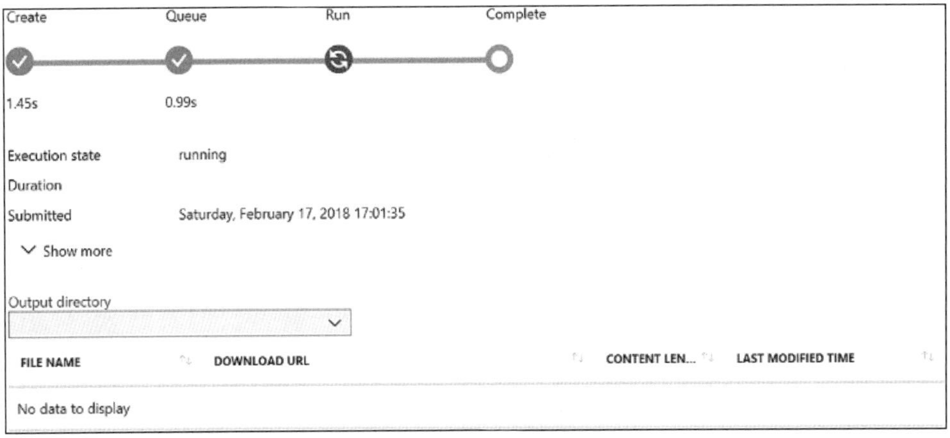

Abbildung 9.6 Auftragsdashboard für Batch AI

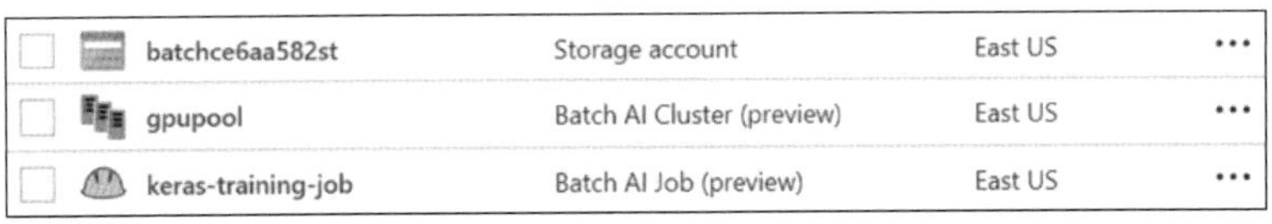

Abbildung 9.7 Im Portal angezeigte Informationen zur Ressourcengruppe

Um die Ausgabe von `stdout` auf die gleiche Weise nachzuverfolgen wie mit Batch Shipyard, führen Sie einfach den Code in Listing 9.14 aus.

```
az batchai job file stream -w workspace -e experiment --j my_job
--output-directory-id stdouterr --f stdout.txt
```

Listing 9.14 Streamen der Ausgabe zum Suchen nach Fehlern und zum Debuggen des Skripts mit Batch AI

Sobald der Auftrag abgeschlossen ist, löschen Sie den Auftrag wieder mit dem Code in Listing 9.15.

```
az batchai job delete -w workspace -e experiment --name myjob
```

Listing 9.15 Löschen des Batch AI-Auftrags

Nun löschen Sie den Cluster mit dem Code in Listing 9.16, so dass keine weiteren Computinggebühren anfallen.

```
az batchai cluster delete -w workspace -e experiment --name mycluster
```

Listing 9.16 Löschen des Batch AI-Clusters

Und wenn wir weder das Speicherkonto noch die anderen erstellten Ressourcen beibehalten möchten, führen wir den Code in Listing 9.17 aus, um alles zu löschen.

```
az group delete --name myResourceGroup
```

Listing 9.17 Löschen des Speicherkontos und der anderen Ressourcen, wenn diese nicht mehr benötigt werden

Hyperparameteroptimierung und verteiltes Training

Die Hyperparameteroptimierung ist in Batch AI nicht ganz so einfach wie in Batch Shipyard. Das Konzept der Task Factorys ist in Batch AI nicht vorhanden, so dass wir eine Reihe von Aufträgen erstellen müssen, mit denen wir verschiedene Parameter an unser Modell übergeben. In unserem Beispiel wären die JSON-Dateien daher für die einzelnen Aufträge sehr ähnlich und würden sich nur im Befehl und natürlich insbesondere in den Argumenten unterscheiden, die wir an das Skript übergeben. Sie können die Hyperparameteroptimierung vereinfachen, indem Sie das Batch AI Python SDK anstelle der CLI verwenden. Unter *https://github.com/Azure/BatchAI/tree/master/recipes* finden Sie weitere Informationen zum Python SDK.

Das verteilte Training ist bei von Batch AI unterstützten Frameworks in Batch AI etwas einfacher als in Batch Shipyard, da Batch AI die Konfiguration der Schicht für die notwendige Kommunikation zwischen den Knoten übernimmt – z. B. MPI. Zu dem Zeitpunkt, zu dem dieses Buch verfasst wurde, wurden folgende Frameworks unterstützt: Chainer, CNTK, TensorFlow, PyTorch und Caffe2. Bei nicht unterstützten Frameworks ist es Sache des Benutzers, die entsprechende Konfiguration bereitzustellen – genauso wie bei Batch Shipyard. Beispiele hierfür finden Sie unter *https://github.com/Azure/BatchAI/tree/master/recipes*.

Variation von Batch AI mit Python SDK

Im oben erläuterten Beispiel haben wir die Verwendung von Batch AI mit der Azure CLI veranschaulicht. Das ist die einfachste Möglichkeit für den Einstieg. Batch AI kann auch über ein Python SDK verwendet werden. Das in diesem Abschnitt beschriebene Beispiel zur Demonstration kann gemäß den Anweisungen unter *https://github.com/Microsoft/deep_bait* reproduziert werden. In diesem Beispiel werden weder Hyperparameteroptimierung noch verteiltes Training veranschaulicht – dafür gibt es bereits Beispiele. Stattdessen werden neun verschiedene Deep-Learning-Frameworks verwendet, um ein einfaches CNN mit dem CIFAR10-Datensatz zu trainieren. In der Praxis kann es sehr nützlich sein, schnell verschiedene Frameworks nutzen zu können, da sehr moderne

Implementierungen bestimmter Modelle möglicherweise nur in einem oder einer geringen Anzahl von Frameworks verfügbar sind. Häufig wird jedoch ein einzelnes Framework ausgewählt und für die Hyperparameteroptimierung oder ein verteiltes Training verwendet, wie in diesem Kapitel beschrieben. Dieses Beispiel veranschaulicht auch die Flexibilität des Batch AI-Diensts sowie die verschiedenen Möglichkeiten der Interaktion mit dem Dienst.

In diesem Beispiel wurde das Projekt auf einer Azure-Ubuntu-DLVM entwickelt und getestet. In diesem Fall wird Anaconda Project verwendet, um die Umgebung zu erstellen und Abhängigkeiten zu installieren, die Daten herunterzuladen und dem Benutzer eine einfache Interaktion mit dem Projekt zu ermöglichen, um die Demo zu reproduzieren. Beispielsweise wird in einer Eingabeaufforderung nach der Azure-Abonnement-ID und dem Namen der Ressourcengruppe gefragt, in der der Batch AI-Cluster erstellt werden soll. Das Projekt enthält auch Makefiles zur Unterstützung bei lokalen Test- und Debuggingaufgaben, damit Benutzer das Projekt einfacher modifizieren können.

Dieses Beispiel unterscheidet sich auch in der Nutzung von Jupyter-Notebooks vom oben beschriebenen Batch AI-Beispiel. Diese werden direkt an den Batch AI-Cluster gesendet und nicht per Python-Skripts verarbeitet, wie in Abbildung 9.8 dargestellt.

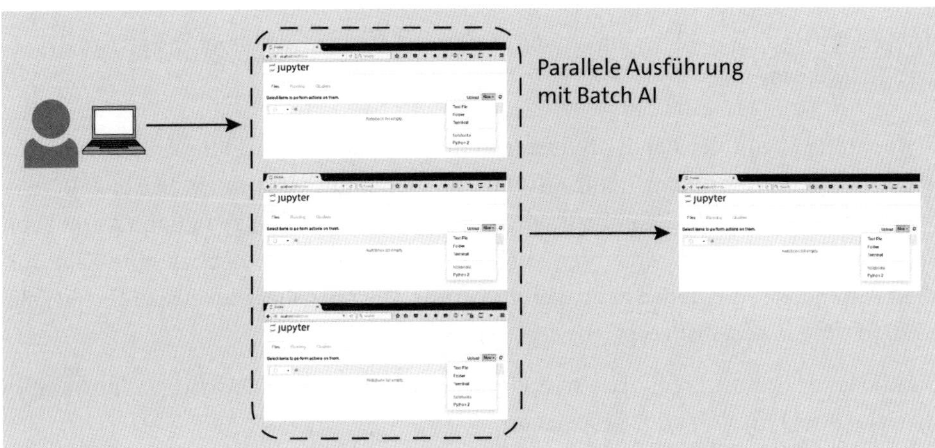

Abbildung 9.8 Parallele Ausführung der Jupyer-Notebooks über Batch AI

Die direkte Verwendung von Jupyter-Notebooks ermöglicht die Verarbeitung des Codes und die Speicherung der Ausgabe direkt in den Notebooks. Dies ist sehr praktisch für Datenwissenschaftler, die bereits in Jupyter-Notebooks entwickeln und Ergebnisse ebenfalls dort präsentieren möchten (z. B. während oder nach der Verarbeitung erstellte

Visualisierungen). Im vorliegenden Fall werden neun verschiedene Jupyter-Notebooks (eines für jedes der Deep-Learning-Frameworks) sowie die zugehörigen Docker-Container erstellt, in denen die Notebooks über Batch AI ausgeführt werden. Das bedeutet, anstatt Jupyter-Notebooks zum Testen verschiedener Optionen nacheinander auszuführen, erfolgt die Ausführung parallel über Batch AI.

Jedes der Notebooks wurde mit Parametern geschrieben, die bei der Ausführung im Batch AI-Cluster modifiziert werden können. Im Beispielprojekt wird zur Veranschaulichung die Anzahl von ausgeführten Epochen im Vergleich zur Originaldatei modifiziert, wenn die Ausführung in Batch AI erfolgt. Die ursprünglichen Notebooks, die an den Cluster gesendet werden, weisen am Anfang die in Listing 9.18 aufgeführten Beispielparameter auf.

```
# Parameter
EPOCHS = 10
N_CLASSES=10
BATCHSIZE = 64
LR = 0.01
MOMENTUM = 0.9
GPU = True
```

Listing 9.18 Beispielparameter am Anfang des Skripts, die beim Ausführen in Batch AI geändert werden

In diesem Fall wird der Batch AI-Cluster in der Auftragsübermittlung angewiesen, die Anzahl der auszuführenden Epochen zu modifizieren (dies ist nur ein Beispiel für eine Parameteränderung). Das Notebook wird modifiziert und mit einer anderen Anzahl von Epochen ausgeführt. Am Ende der Ausführung enthält das Notebook eine Zelle mit allen Parametern, mit denen es ausgeführt wurde. Die Ausgabe jeder ausgeführten Zelle wird im Notebook selbst gespeichert.

Damit lassen sich die Ergebnisse sehr einfach untersuchen: Alle wichtigen Informationen sind direkt im Notebook gespeichert.

Die Schritte zum Verwenden von neun verschiedenen Deep-Learning-Frameworks zur Ausführung eines einfachen CNN werden im Folgenden erläutert und sind in Abbildung 9.9 dargestellt. Sie dient der Veranschaulichung der Flexibilität von Batch AI. Die Codeverarbeitung und Ausgabespeicherung erfolgen in Jupyter-Notebooks.

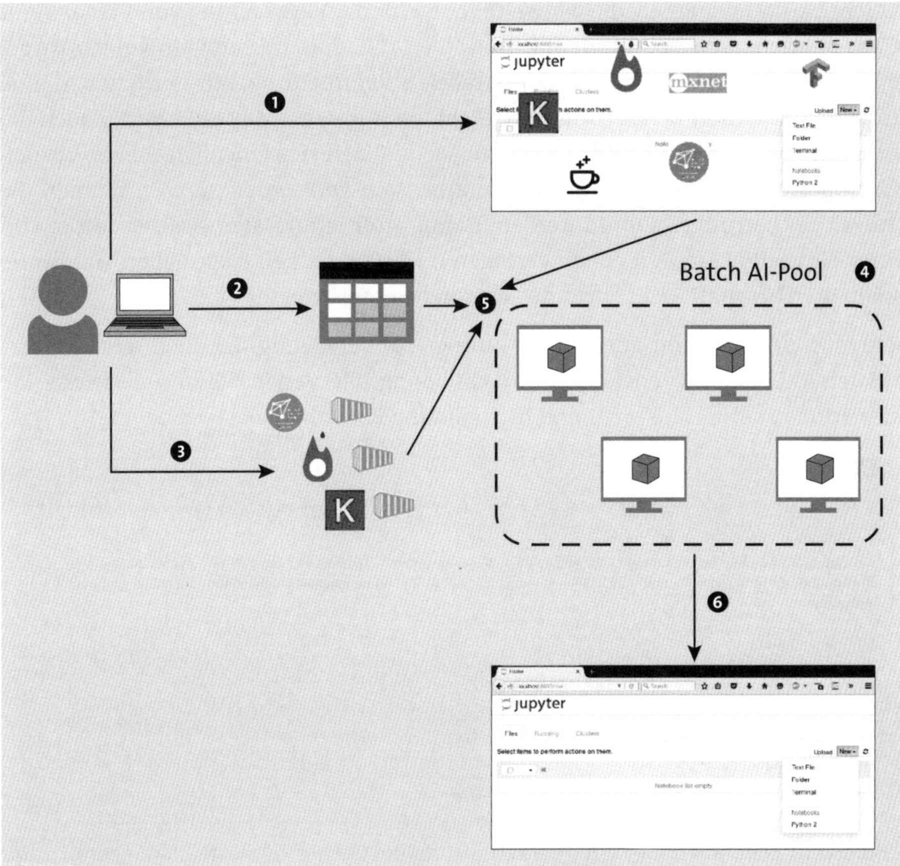

Abbildung 9.9 Schritte zum Ausführen eines einfachen CNN zur Veranschaulichung der Flexibilität von Batch AI

❶ Erstellen Sie Jupyter-Notebooks für die Ausführung in Batch AI, und übertragen Sie sie in den Dateispeicher.

❷ Schreiben Sie die Daten in den Dateispeicher.

❸ Erstellen Sie die Docker-Container für jedes Deep-Learning-Framework, und übertragen Sie sie in eine Containerregistrierung.

❹ Erstellen Sie einen Batch AI-Pool.

❺ Jeder Auftrag ruft den entsprechenden Container und das entsprechende Notebook ab und lädt Daten aus der Dateifreigabe.

❻ Nach Abschluss des Auftrags wird das ausgeführte Notebook in die Dateifreigabe geschrieben.

Diese Schritte ähneln denen, die wir weiter oben für die Verwendung von Batch AI mit der CLI beschrieben haben, mit dem Unterschied, dass hier mit Jupyter-Notebooks gearbeitet wird. Neben der Fähigkeit zur parallelen Verarbeitung, mit der Batch AI eine Verkürzung der Experimentierzeit ermöglicht, demonstriert dieses Szenario auch die Leistungsfähigkeit des Cloudcomputings: Bei Bedarf lässt sich eine Vielzahl von virtuellen Computern aktivieren und für die Verarbeitung verwenden, danach können die Cluster wieder heruntergefahren werden. Damit profitieren Datenwissenschaftler von größerer Flexibilität und erheblich geringeren Kosten, da keine speziellen Hardwarekomponenten beschafft oder Systeme verwaltet werden müssen.

Außerdem steht eine Reihe von Hilfsfunktionen zur Verfügung, um die Interaktion mit dem Batch AI-Cluster zu erleichtern. In Abbildung 9.10 sehen Sie beispielsweise die Hilfsfunktionen `setup_cluster()` und in Abbildung 9.11 `print_jobs_summary()`.

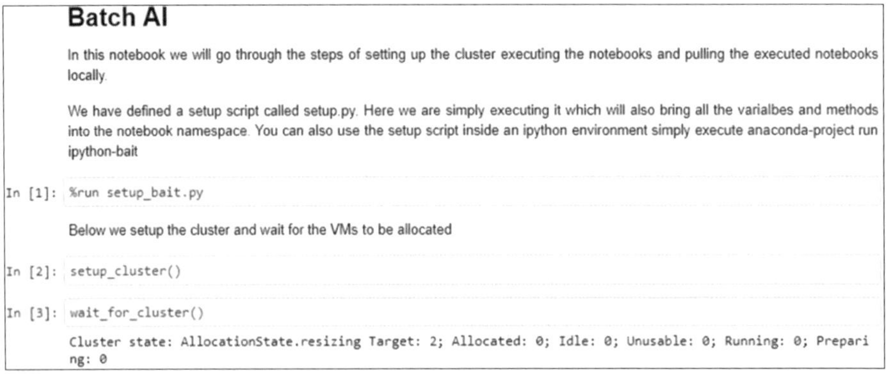

Abbildung 9.10 Hilfsfunktionen zur Interaktion mit dem Cluster, dargestellt auf einem Jupyter-Notebook

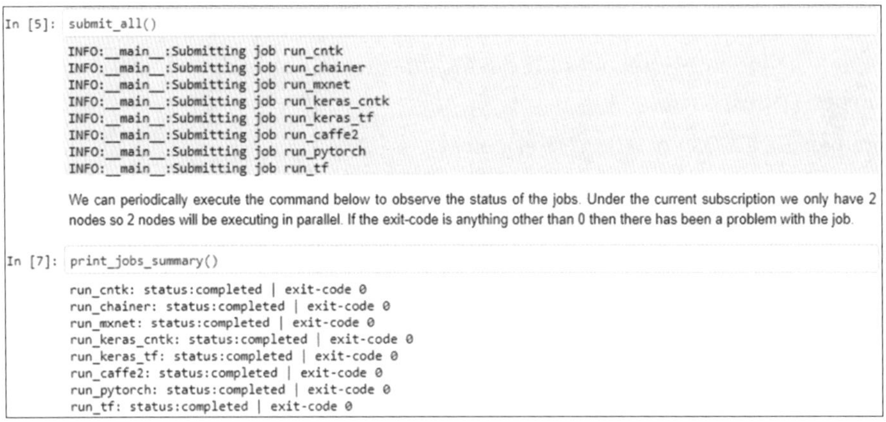

Abbildung 9.11 Die Datei »ExploringBatchAI.ipynb«

Nachdem das Anaconda Project auf einer DLVM eingerichtet wurde, wird das Beispiel über ein Jupyter-Notebook ausgeführt, das Hilfsfunktionen wie diese zur Interaktion mit dem Cluster enthält. Die Datei *ExploringBatchAI.ipynb* wird verwendet, um die Aufträge an Batch AI zu senden.

9.2.2 Azure Machine Learning Services

Dieses Kapitel konzentrierte sich hauptsächlich auf die Computingumgebungen und das Setup für die Ausführung von KI-Aufträgen – als die vier wichtigsten Beispiele haben wir DLVM, Batch Shipyard, Batch AI und DLWorkspace ausführlich erläutert. Bei Azure Machine Learning Services, die wir in Kapitel 4, »Microsoft-KI-Plattform«, detailliert vorgestellt haben, handelt es sich um eine Reihe von Diensten, die das Erstellen, Bereitstellen und Verwalten von KI-Modellen in einem End-to-End-System ermöglichen. Azure Machine Learning ist eine Open-Source-kompatible End-to-End-Plattform für datenwissenschaftliche Aufgaben (siehe *https://docs.microsoft.com/de-de/azure/machine-learning/service/overview-what-is-azure-ml*).

Azure Machine Learning Services verwalten den gesamten datenwissenschaftlichen Lebenszyklus und bieten u. a. Funktionen für Folgendes: Versionskontrolle für Modelle, Ausführungsverlauf (siehe *https://docs.microsoft.com/de-de/azure/machine-learning/service/overview-what-happened-to-workbench*), Nachverfolgen von Modellen in der Produktion und Unterstützung für KI-Entwickler bei der schnelleren Ausführung ihrer Aufgaben. Azure Machine Learning Services zielen auch darauf ab, den Bereitstellungsprozess zu vereinfachen, z. B. durch Ausführen von Docker-Containern mit KI-Modellen in einem Kubernetes-Cluster mit Azure Kubernetes Services, um skalierbare Vorhersagen in Echtzeit zu ermöglichen, oder durch Ausführen auf einem Edge-Gerät mit Azure IoT (siehe Abbildung 9.12).

Einige der in diesem Kapitel genannten Dienste – wie z. B. DLVM und Batch AI –, können als Computingkontext in einem Azure-Machine-Learning-Projekt eingerichtet werden. Derzeit arbeitet Azure Machine Learning Services mit Python und ist in mehreren Azure-Regionen verfügbar. Darüber hinaus gibt es KI-Erweiterungen für Visual Studio und Visual Studio Code, die eine Interaktion mit der Azure-Machine-Learning-Plattform ermöglichen (siehe *https://docs.microsoft.com/de-de/azure/machine-learning/service/overview-what-happened-to-workbench*). Da der Dienst regelmäßig aktualisiert wird, haben wir uns in diesem Kapitel auf die wichtigsten Computingumgebungen konzentriert und empfehlen, die aktuelle Dokumentation zu den Azure Machine Learning Services zu lesen, die unter *https://docs.microsoft.com/de-de/azure/machine-learning/service/overview-what-is-azure-ml* verfügbar ist.

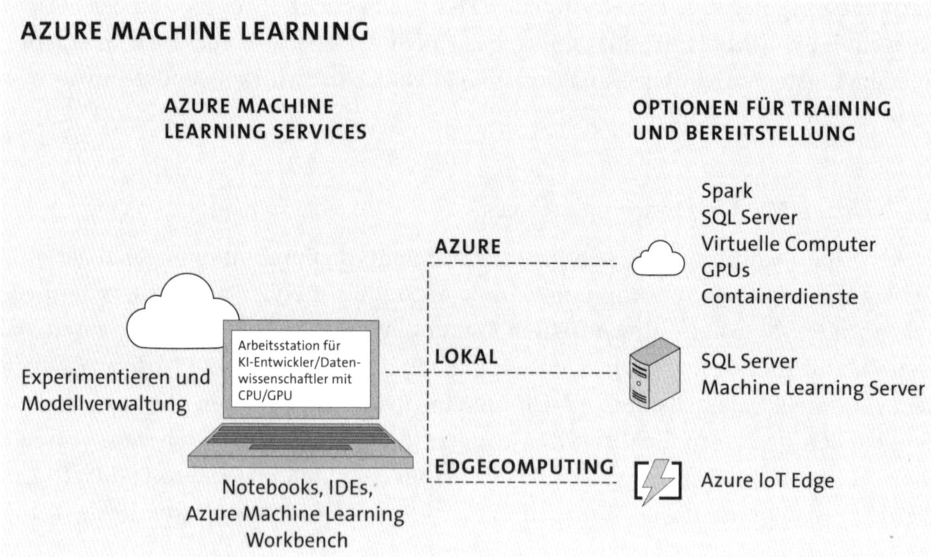

Abbildung 9.12 Azure Machine Learning ist eine Open-Source-kompatible End-to-End-Plattform für datenwissenschaftliche Aufgaben

9.2.3 Weitere Optionen für das KI-Training auf Azure

Es gibt zahlreiche weitere Optionen für das KI-Training auf Azure. Wir können hier zwar nicht alle ausführlich beschreiben, möchten Ihnen aber einige davon im Folgenden kurz vorstellen. Das erste Beispiel baut auf Apache Spark auf – eine beliebte Allzweck-Engine für die Verarbeitung von Big Data. Es gibt verschiedene Apache Spark-Angebote auf Azure, wie z. B. *Azure Databricks* und *Azure HDInsight*. Eine beliebte Option für das Trainieren von KI-Modellen mit Spark ist die Verwendung der MMLSpark-Bibliothek von Microsoft, die eine Reihe von Deep-Learning- und Datenwissenschaftstools bereitstellt und im Open-Source-Format auf GitHub zu finden ist: *https://github.com/Azure/mmlspark*. MMLSpark integriert Spark-ML-Pipelines in das Deep-Learning-Framework CNTK sowie die OpenCV-Bibliothek. Dies ist besonders nützlich, wenn sich die Daten für eine KI-Lösung bereits in Spark befinden. MMLSpark kann zum Trainieren von Deep-Learning-Modellen auf GPU-Knoten verwendet werden und lässt sich daher auf einer an den HDInsight Spark-Cluster angeschlossenen DLVM einsetzen. Eine Beschreibung finden Sie unter *https://github.com/Azure/mmlspark/blob/master/docs/gpu-setup.md*.

Eine Alternative zum Anschließen einer GPU-VM an einen Spark-Cluster ist das Transferlernen. Dabei wird ein vortrainiertes Modell mit MMLSpark parallel auf einen Spark-Cluster angewendet, und dann wird mit Hilfe eines der vielen ML-Pakete in Spark ein

Klassifizierer trainiert. Wie in einem Blogbeitrag von Hamilton, Sengupta und Astala (2017) beschrieben, wurde dieses Verfahren in einem Naturschutzprojekt eingesetzt, um Bilder mit Schneeleoparden vorherzusagen und die Bemühungen zur Arterhaltung dieser Tiere zu unterstützen.

Das KI-Training kann auch durch den Einsatz eines Clusters aus Docker-Containern hochskaliert werden, z. B. mit Kubernetes. Zwar wurden Kubernetes-Cluster bislang vor allem zum Bereitstellen und Hosten von KI-Modellen eingesetzt, es ist jedoch auch möglich, sie für sehr umfangreiche Trainingsszenarien zu verwenden. Zhang und Buchwalter (2017) haben beschrieben, wie sie die *Azure Container Services Engine* (*ACS-engine*) verwendet haben, um Azure Resource Manager-Vorlagen zu generieren, die zum Bereitstellen des Clusters mit allen konfigurierten Elementen erforderlich sind. In ihrem Fall wurde in Zusammenarbeit mit dem Startup-Unternehmen Litbit ein Kubernetes-Cluster verwendet, um verschiedene Arten von VM-Pools (CPUs, GPUs) hoch- und herunterzuskalieren, basierend auf den Anforderungen der jeweiligen Workload. Tok (2017) bot einen Überblick über die Verwendung von CNTK mit Kubernetes über ACS-engine sowie eine detaillierte Anleitung zur Einrichtung des Clusters, um Deep-Learning-Modelle in großem Stil zu trainieren und bereitzustellen.

9.3 Zusammenfassung

In diesem Kapitel haben wir verschiedene Optionen vorgestellt, mit denen Sie Ihr KI-Modell trainieren können. Wenn Sie nur experimentieren möchten, ist eine DLVM wahrscheinlich die beste Wahl, da sie sich am schnellsten und einfachsten einrichten lässt. Wenn Sie im Rahmen einer automatisierten Pipeline eine Hyperparameteroptimierung, ein verteiltes Training oder ein Modelltraining durchführen möchten, sind Batch AI oder Batch Shipyard die besten Tools. DLWorkspace ist auch eine gute Wahl für Experimente in großem Umfang, wir würden es heute aber eigentlich nur noch empfehlen, wenn die beiden anderen Optionen nicht geeignet sind. Die clusterbasierte Trainingsmethode mag zunächst recht beängstigend wirken, bietet aber schnell Vorteile. Batch AI lässt sich am einfachsten einrichten und verwenden, Batch Shipyard umfasst die meisten Funktionen.

Wir konnten die Möglichkeiten, die diese leistungsstarken Tools bieten, hier nur kurz anreißen. Eine detaillierte Dokumentation finden Sie unter *https://github.com/Azure/BatchAI*, *https://github.com/Azure/batch-shipyard* und *https://github.com/Microsoft/DLWorkspace*. Im nächsten Kapitel erhalten Sie einen Überblick über verschiedene Optionen für die Bereitstellung von trainierten Deep-Learning-Modellen, damit diese in KI-Anwendungen eingesetzt werden können.

Kapitel 10
Operationalisieren von KI-Modellen

Im vorigen Kapitel haben wir erläutert, woraus ein KI-Modell besteht, welche verschiedenen Arten von Modellen erstellt werden können und wie diese Modelle aufgebaut und trainiert werden. Ein KI-Modell wird erst dann nützlich, wenn es bereitgestellt und von Endbenutzern verwendet wird. In diesem Kapitel beschreiben wir die verschiedenen Optionen, die Azure für die Bereitstellung Ihrer Modelle zur Verfügung stellt. Wir zeigen Ihnen einige allgemeine Richtlinien dazu, welche Elemente wann verwendet werden sollten, dieses Kapitel stellt aber keineswegs eine vollständige Anleitung für die Azure-Plattform dar. In den folgenden Abschnitten erläutern wir die Metriken, anhand derer wir die verschiedenen Bereitstellungsplattformen vergleichen. Anschließend beschreiben wir die Plattformen, die wir für die Bereitstellung von ML-Modellen für geeignet befinden, und weisen auf die jeweiligen Vor- und Nachteile hin. Wir stellen auch einfache Anwendungsfälle und Architekturen für jedes Modell vor, so dass Sie sich ein Bild davon machen können, wie sich diese Komponenten in eine größere Lösung einfügen könnten. Eine Schrittanleitung für die Bereitstellung eines CNN für Azure Kubernetes Services (AKS) mit GPU-Knoten dient als praktischer Leitfaden für eine empfohlene Option zum Aufbau eines KI-Systems zur Verarbeitung von Anfragen und Antworten in Echtzeit.

10.1 Plattformen für die Operationalisierung

Wenn es um die Operationalisierung eines Modells geht, ergibt sich häufig ein Zwiespalt: Sollen Anforderungen batchweise oder in Echtzeit verarbeitet werden? Wenn wir z. B. in größeren Zeitabständen – vielleicht alle 24 Stunden – eine große Anzahl von Datensätzen erhalten, die bewertet werden müssen, handelt es sich um eine Batchworkload. Bei diesen Datensätzen kann es sich um Bilder oder andere Arten von Daten handeln. Eine Echtzeitworkload liegt dann vor, wenn ein Dienst jederzeit betriebsbereit sein muss und eine kleine Anzahl von Datensätzen empfängt, die relativ häufig bewertet werden müssen. Ein Beispiel hierfür wäre etwa eine Telefon-App, die ein Bild sendet, um zu ermitteln, welche Art von Tier sich im Bild befindet. Diese Fälle passen recht gut in ihre jeweilige Klassifizierung, in der Realität ist die Unterscheidung aber häufig nicht so einfach und eindeutig. Wie sieht es beispielsweise mit einer Echtzeitworkload aus, die eine massive Rechenleistung erfordert oder andere Einschränkungen für die Lösung mit sich bringt, die wichtige Architekturannahmen verletzen? Daher ist es oft besser, sich diese Lösungen in einem Kontinuum vorzustellen, in dem jede Lösung teilweise über die Art von Workload hinaus ausgeweitet werden kann, für die sie ideal geeignet ist.

Ein wichtiger Aspekt bei der Bereitstellung von Modellen ist die Verwaltung von Abhängigkeiten und Umgebungen. Das ist allerdings ein Problem, das nicht nur KI-Modelle betrifft: Es lässt sich bei allen Arten von bereitgestellten Anwendungen beobachten, tritt aber bei KI-Anwendungen aufgrund ihrer oft komplizierten Abhängigkeiten und Hardwareanforderungen besonders deutlich zutage. Aus diesem Grund werden häufig Dienste bevorzugt, die Docker-Container verwenden, da sich damit problemlos dieselbe Umgebung für Entwicklung und Tests einsetzen und außerdem sicherstellen lässt, dass alle Abhängigkeiten berücksichtigt und richtig verarbeitet werden. Wenn Sie mit Docker noch nicht vertraut sind, empfehlen wir Ihnen die grundlegende Übersicht unter *https://blogs.technet.microsoft.com/machinelearning/2018/03/15/demystifying-docker-for-data-scientists-a-docker-tutorial-for-your-deep-learning-projects/*.

Wie bereits erwähnt, stellen KI-Modelle auch besondere Anforderungen an die Hardware – diese sind zwar häufig geringer als für Trainingsumgebungen, aber je nach Szenario wird dennoch eine erhebliche Menge an Rechenressourcen benötigt. Daher gilt eine weitere Überlegung bei den Bereitstellungsoptionen der auf der Plattform verfügbaren Hardware und insbesondere der Verfügbarkeit von GPUs. Ohne GPUs ist der Durchsatz u. U. ausgesprochen begrenzt, so dass der Dienst entweder mit langsamen Antworten zu kämpfen hat oder die Rechenressourcen hochskalieren muss.

10.1.1 DLVM

Am einfachsten gehen Sie die Operationalisierung an, indem Sie die gleiche Plattform verwenden, die wir auch schon für Experimente empfohlen haben: eine VM – und zwar eine DSVM (Data Science Virtual Machine) oder eine DLVM (Deep Learning Virtual Machine). Die Abhängigkeiten sind bereits installiert, und Sie wissen, dass Ihr Code auf der Plattform läuft. Darüber hinaus profitieren Sie mit einer VM von größtmöglicher Flexibilität bei der Hardwarekonfiguration und haben sogar Zugriff auf GPUs. Diese Art der Operationalisierung ist allerdings nur für Machbarkeitsstudien und Pilotprojekte zu empfehlen, da es weder eine Verwaltungsinfrastruktur noch die Möglichkeit gibt, das System hochzuskalieren oder die Workload zu verteilen. Wenn Sie mit VMs arbeiten, können Sie auch Docker-Container einsetzen – diese Konfiguration empfiehlt sich für die Bereitstellung, da sie die Verlagerung auf andere VMs oder auf besser geeignete Plattformen vereinfacht, die Docker-Container verwenden.

10.1.2 Azure Container Instances

Eine weitere einfache Plattform für die Operationalisierung ist der Dienst *Azure Container Instances* (ACI). ACI ist die einfachste und schnellste Möglichkeit, einen Container auf Azure auszuführen – Sie müssen nichts über Orchestratoren wie Kubernetes wissen oder VMs bereitstellen und verwalten. Der Dienst eignet sich sehr gut zum Hosten einfacher Apps und für die Automatisierung von Aufgaben. Ein einziger Befehl genügt, um Ihren vorkonfigurierten Container bereitzustellen (siehe Listing 10.1). Weitere Informationen zur Bereitstellung über ACI finden Sie hier: *https://docs.microsoft.com/de-de/azure/container-instances/container-instances-quickstart*.

```
az container create --resource-group myResourceGroup --name mycontainer
--image microsoft/aci-helloworld --dns-name-label aci-demo --ports 80
```

Listing 10.1 Bereitstellen eines Containers in ACI

Sie können zwar die CPU- und Arbeitsspeicheranforderungen Ihrer Anwendung angeben, aber zum Zeitpunkt der Erstellung dieses Buchs waren GPUs für ACI nicht verfügbar. Daher ist ACI keine Option für Workloads, für die GPUs benötigt werden. Wir empfehlen ACI für kurzlebige Anwendungen, die nur für kurze Zeiträume ausgelöst oder eingerichtet werden. Ein typisches Modellbereitstellungsszenario mit ACI wäre die Bereitstellung einer einfachen Flask-Anwendung als kurzlebige Demoversion, z. B. ein einfaches Bildklassifizierungsmodell ohne Latenz- oder Bandbreitenanforderungen. In Abbildung 10.1 sehen Sie ein Beispielszenario.

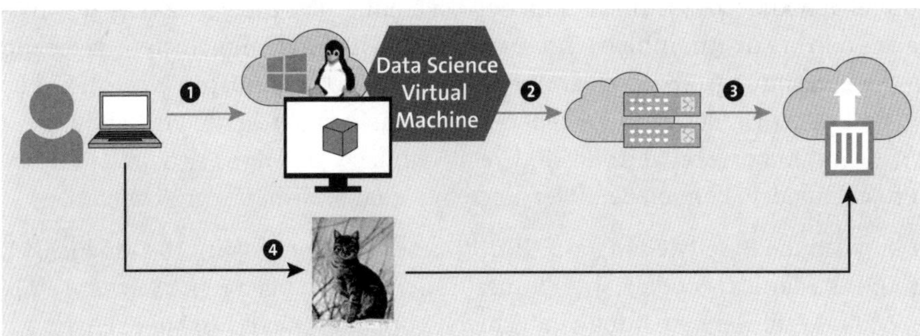

Abbildung 10.1 ACI-Szenario

❶ Entwickeln auf DVSM.

❷ Laden des Containers in die Container Registry.

❸ Bereitstellen in ACI.

❹ Senden von Bildern zur Bewertung an das bereitgestellte Modell.

In diesem Szenario entwickelt ein Benutzer ein Modell und eine Flask-Anwendung auf einer DSVM und packt das Modell und die Anwendung in einen Container, den der Benutzer vor dem Hochladen in eine Azure Container Registry auch auf der DSVM testen kann. Danach wird das Modell aus der Container Registry aufgerufen und schlussendlich in ACI bereitgestellt. Mit dem bereitgestellten Modell kann einfach ein Endpunkt mit einem Bild aufgerufen werden, und es wird eine Klassifizierung zurückgegeben.

10.1.3 Azure-Web-Apps

Azure-Web-Apps sind eine weitere schnelle und einfache Möglichkeit, Modelle bereitzustellen. Es kann sich entweder um standardmäßige Windows-basierte Web-Apps oder um Linux-Web-Apps handeln. Beide Formen unterstützen eine Reihe von Programmiersprachen, und Linux-Web-Apps unterstützen Docker-Container. Azure-Web-Apps können in den gleichen Anwendungsfällen eingesetzt werden wie ACI. Möglicherweise sind sie etwas schwieriger einzurichten und zu konfigurieren, dafür sind sie bei länger laufenden Implementierungen auch kostengünstiger. Diese Web-Apps bieten auch einige nette Funktionen wie z. B. die Bereitstellung aus einem Git-Repository sowie eine CLI zur Installation von Paketen. Weitere Informationen zu Web-Apps finden Sie unter *https://docs.microsoft.com/de-de/azure/app-service/*.

10.1.4 Azure Kubernetes Services

AKS ist eine verwaltete Kubernetes-Clusterkonfiguration. Das Konzept ähnelt einem standardmäßigen Kubernetes-Cluster, mit der Ausnahme, dass die Verwaltung der Masterknoten von Azure übernommen wird. Damit sinken Aufwand und Kosten, da Sie nur noch für die Berechnungsprozesse der Agent-Knoten bezahlen müssen. Kubernetes ist ein beliebter Docker-Orchestrator auf Open-Source-Basis, daher ist die Verwendung für Benutzer, die mit Kubernetes vertraut sind, relativ einfach. Und da es sich um ein Open-Source-Projekt handelt, können Benutzer aus sehr vielen Informationen schöpfen.

AKS hat kürzlich die Bereitstellung auf GPU-VMs aktiviert und damit die Möglichkeit eröffnet, GPU-basierte KI-Modelle in AKS auszuführen. Tatsächlich ist AKS unsere empfohlene Methode zur Bereitstellung von Echtzeitworkloads. Ein typisches Szenario für AKS könnte folgendermaßen aussehen: Sie müssen einen Echtzeitdienst einrichten, der sich nach Bedarf skalieren lässt und zudem fehlertolerant ist. Da Sie VMs beliebiger Größe (also verschiedene SKUs) einschließlich GPUs einsetzen können, ist dies die ideale Lösung für Anwendungen mit hohen Anforderungen. Einrichtung und Verwaltung sind wesentlich aufwendiger als bei ACI. Ein Beispiel für die Bereitstellung in einem orchestrierten Containercluster finden Sie unter *https://github.com/Azure/ACS-Deployment-Tutorial*. In diesem Beispiel wird der ältere Azure Container Service verwendet, daher sind einige Befehle etwas unterschiedlich.

Das Szenario ähnelt sehr dem, das wir für die ACI-Bereitstellung erläutert haben. Allerdings wird hier auch ein Lastenausgleich eingesetzt, so dass bei einer Anforderung die Last entsprechend auf die bereitgestellten Pods verteilt werden kann (siehe Abbildung 10.2). Die Erstellung des Containers wird im Diagramm nicht dargestellt, entspricht aber dem Verfahren in Abbildung 10.1. Mit AKS können wir auch Regeln für eine automatische Skalierung einrichten, so dass sich die Anzahl der Pods und Knoten in unserem Cluster nach Bedarf ändern lässt.

Abbildung 10.2 AKS-Szenario

❶ Entwickeln auf DVSM.

❷ Laden des Containers in die Container Registry.

❸ Bereitstellen in AKS.

❹ Senden von Bildern an den Dienst, wobei ein Lastenausgleich die Last auf die Pods verteilt.

Um ein KI-Modell in AKS bereitzustellen, benötigen Sie Folgendes:

1. das Modell und eine API für den Aufruf
2. die Flask-Webanwendung, die die Anforderungen verarbeitet
3. einen Docker-Container, der das Modell enthält, eine Flask-Anwendung und die erforderlichen Abhängigkeiten

Sobald Sie über diese Elemente verfügen, können Sie den Cluster mit dem Befehl in Listing 10.2 erstellen. Der Befehl erstellt einen Cluster namens `myGPUCluster` mit einem Einzelknoten, bei dem es sich um eine NC6-VM handelt. Eine NC6-VM verfügt über eine einzelne K80-GPU, die das Ziehen von Rückschlüssen in unserem Deep-Learning-Modell im Vergleich zu einer CPU deutlich beschleunigt. Ein Beispiel: Eine einzelne NC6-VM kann mit einem in TensorFlow implementierten ResNet-152-Modell einen Durchsatz von 20 Bildern pro Sekunde verarbeiten. Im Gegensatz dazu kann eine einzelne DS15-VM mit 20 CPU-Kernen einen Durchsatz von nur etwa 7 Bildern pro Sekunde bewältigen. Die GPU-basierte Konfiguration bietet daher fast dreimal so viel Durchsatz – und das zum halben Preis.

```
az aks create --resource-group myResourceGroup --name myGPUCluster --node-
count 1 --generate-ssh-keys -s Standard_NC6
```

Listing 10.2 Befehl zum Erstellen eines AKS-Clusters

Sobald der Cluster eingerichtet und betriebsbereit ist, müssen wir eine Manifestdatei erstellen, die angibt, was wir auf welche Weise bereitstellen möchten. Die für dieses Beispiel verwendete Manifestdatei finden Sie auf Github: *https://github.com/Microsoft/AKSDeploymentTutorial/blob/master/Pytorch/04_DeployOnAKS.ipynb*. In der Manifestdatei legen wir fest, dass wir einen Dienst basierend auf unserem Container erstellen möchten, dass eine GPU dafür erforderlich ist und dass wir einen Lastenausgleich an Port 80 einrichten möchten. Wir stellen unseren Pod mit dem Befehl in Listing 10.3 bereit.

```
kubectl create -f ai_manifest.json
```

Listing 10.3 Befehl zum Bereitstellen eines Diensts basierend auf einem Manifest

Der Pod sollte nach etwa fünf Minuten bereit sein, so dass wir die IP-Adresse unseres Diensts mit dem Befehl in Listing 10.4 abrufen können. Die dazugehörige Ausgabe sehen Sie in Listing 10.5.

```
kubectl get service azure-dl
```

Listing 10.4 Befehl zum Abrufen der Dienst-IP-Adresse

```
AME       TYPE          CLUSTER-IP   EXTERNAL-IP   PORT(S)       AGE
azure-dl  LoadBalancer  10.0.155.14  13.82.238.75  80:30532/TCP  11m
```

Listing 10.5 Ausgabe des Befehls in Listing 10.4

Die IP-Adresse unseres Diensts befindet sich unter `EXTERNAL-IP`. Wir können dann Anforderungen an diesen Dienst senden und erhalten die Antworten. Wir haben ein Tutorial mit Schrittanleitungen zum Bereitstellen eines CNN basierend auf ResNet-152 erstellt – geschrieben in TensorFlow oder Keras mit einem TensorFlow-Back-End: *https://github.com/Microsoft/AKSDeploymentTutorial*.

10.1.5 Azure Service Fabric

Azure Service Fabric (ASF) ist ein Dienst zur Clusterverwaltung und -orchestrierung ähnlich wie Kubernetes. ASF wird intern von Microsoft für viele grundlegende Azure-Dienste verwendet, z. B. Azure SQL-Datenbank oder Azure Cosmos DB. Der Vorteil von ASF ist die einfachere Verwendung im Vergleich zu Kubernetes: Zum Bereitstellen einer Anwendung genügen Kenntnisse zu Docker, und Benutzer müssen sich nicht mit einem vollständig neuen Orchestrierungsdienst beschäftigen. Theoretisch sollte es möglich sein, ASF auf GPUs auszuführen, bisher gibt es aber noch keine konkreten Beispiele dafür. Der Anwendungsfall für Service Fabric wäre identisch mit dem für AKS – mit der einzigen Einschränkung, dass das Funktionieren von GPU-abhängigen Workloads bisher in AKS, nicht aber in ASF nachgewiesen wurde (siehe Abbildung 10.3).

Abbildung 10.3 Service Fabric-Szenario

❶ Entwickeln auf DVSM.

❷ Laden des Containers in die Container Registry.

❸ Bereitstellen des Containers in Service Fabric.

❹ Senden von Bildern zur Bewertung an den Dienst.

10.1.6 Batch AI

In Kapitel 9, »Trainieren von KI-Modellen«, haben wir uns mit Batch AI beschäftigt. Alle Vorteile, die wir dort beschrieben haben – Flexibilität bei Berechnungen und Skalierbarkeit – gelten auch für die Operationalisierung. Batch AI eignet sich am besten für massiv parallele Batchszenarien, in denen schnell ein Cluster hochgefahren, der Auftrag parallel ausgeführt und der Cluster dann wieder heruntergefahren werden kann. Da Batch AI selbst nichts kostet, zahlen Sie nur für die Rechenressourcen, die Sie verwenden. Damit ist dies eine extrem kostengünstige Lösung. Ein Szenario für einen Einsatz von Batch AI sehen Sie in Abbildung 10.4. Wir gehen davon aus, dass Sie das Modell bereits trainiert, in eine geeignete API und einen geeigneten Docker-Container gepackt und das Ganze in eine Azure Container Registry geladen haben. Ein Benutzer lädt Videos hoch, die von unserem Deep-Learning-Modell verarbeitet werden sollen. Eine Azure-Funktion erhält die Benachrichtigung, dass Daten in ein Blob hochgeladen wurden, und fährt den Batch AI-Cluster hoch. In der Zwischenzeit liest eine weitere Azure-Funktion die Videos aus und stellt sie in einem Azure Service Bus in die Warteschlange. Sobald der Cluster online geschaltet ist, ruft diese Funktion den geeigneten Container auf und aktiviert ihn. Die Anwendung im Container abonniert das entsprechende Thema und ermittelt, welche Aufträge verfügbar sind. Alle VMs rufen unabhängig voneinander eine Nachricht vom Service Bus ab. Danach rufen sie das entsprechende Video aus dem Blobspeicher ab, verarbeiten es und geben es wieder zurück. Sobald alle Aufträge abgearbeitet wurden, löscht die Azure-Funktion den Cluster.

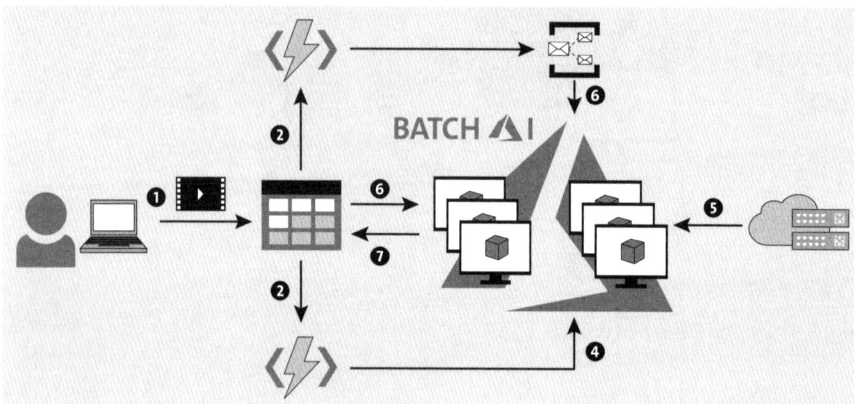

Abbildung 10.4 Batch AI-Szenario

❶ Laden von Videos in den Speicher.

❷ Der Speicher löst die Azure-Funktion zum Erstellen des Clusters aus.

❸ Die Azure-Funktion beginnt damit, die Videos im Speicher in einem Service Bus in die Warteschlange einzureihen.

❹ Der Batch AI-Cluster wird hochgefahren.

❺ Der Cluster ruft das entsprechende Bild aus der Container Registry ab.

❻ Die auf den einzelnen VMs ausgeführten Aufträge rufen jeweils eine einzelne Nachricht aus dem Service Bus und basierend auf dem Bild dann das entsprechende Video aus dem Speicher ab.

❼ Wenn das Video verarbeitet wurde, werden die Ergebnisse in den Speicher zurückgeschrieben.

Batch Shipyard funktioniert sehr ähnlich wie Batch AI, bietet aber Funktionen, die es möglicherweise in Batch AI noch nicht gibt. Batch Shipyard kann im gerade beschriebenen Szenario mehr oder weniger als Ersatz für die Batch AI verwendet werden.

10.1.7 Azure Distributed Data Engineering Toolkit (AZTK)

Spark ist das beliebteste Framework für Workloads für massiv parallele Datenverarbeitung und High-Performance Computing (HPC). Das *Azure Distributed Data Engineering Toolkit* (AZTK) ist eine Python-CLI-Anwendung zum bedarfsgerechten Bereitstellen von Spark-Clustern in Azure. Das Toolkit bietet eine bequeme und kostengünstige Möglichkeit, einen Spark-Cluster betriebsbereit einzurichten. Das AZTK kann einen Cluster innerhalb von nur 5 bis 10 Minuten bereitstellen und dedizierte VMs mit niedriger Priorität nutzen – eine sehr kosteneffiziente Methode.

Das Kit eignet sich für Szenarien, in denen sehr viele Komponenten von Spark abhängig sind und kurzlebige Cluster benötigt werden. Durch die Verwendung von Docker-Containern lassen sich Abhängigkeiten recht einfach verwalten, und Sie können sicherstellen, dass Ihre Produktionsumgebung mit Ihrer Bereitstellungsumgebung übereinstimmt. Das AZTK kann auch mit GPUs arbeiten und eignet sich damit hervorragend für Lösungen, bei denen die Spark-Funktionalität für die Datenparallelisierung ebenso benötigt wird wie die Rechenleistung von GPUs. Die AZTK-Version des in Abbildung 10.4 gezeigten Szenarios sehen Sie in Abbildung 10.5. In dieser Version benötigen wir keinen Azure-Abonnementdienst, da wir alle Elemente mit Hilfe der integrierten Parallelisierung von Spark verteilen können. Wir verwenden auch eine ACI, anstatt das AZTK über die Azure-Funktion aufzurufen, da das AZTK in Python geschrieben ist und sich die Python-Unterstützung für Azure-Funktionen zum Zeitpunkt der Erstellung dieses Buchs noch in der experimentellen Phase befand.

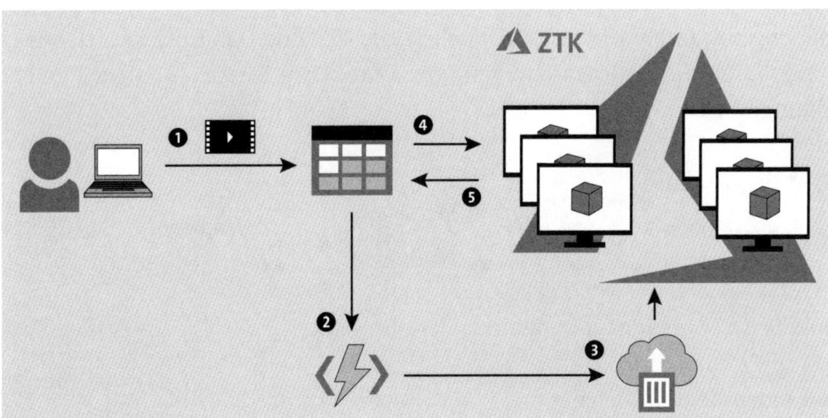

Abbildung 10.5 AZTK-Szenario

❶ Laden von Videos in den Speicher.

❷ Der Speicher löst eine Azure-Funktion aus.

❸ Die Azure-Funktion ruft die ACI auf, in der das AZTK installiert ist, und fährt einen AZTK-Cluster hoch.

❹ Der PySpark-Auftrag wird gestartet und beginnt mit dem Abrufen von Daten aus dem Speicher und deren Verarbeitung.

❺ Nach der Verarbeitung der einzelnen Videos werden die Ergebnisse in den Speicher zurückgeschrieben.

10.1.8 HDInsight und Databricks

HDInsight (HDI) ist ein Spark-Angebot von Microsoft. Dieses Angebot ist bei der bedarfsorientierten Verarbeitung etwas teurer als das AZTK, und der Einsatz von GPUs ist nicht möglich. *Azure Databricks* ist eine weitere Spark-basierte Plattform auf Azure und stellt einen allgemein verfügbaren Erstanbieterdienst von Microsoft dar. Dieser Dienst lässt sich mit einem einfachen Klick starten und kann in Azure-Dienste wie z. B. Azure Active Directory integriert werden. Databricks bietet ein interaktives und kollaboratives Notebookerlebnis sowie Überwachungs- und Sicherheitstools auf der optimierten Spark-Plattform.

Ebenso wie in den AZTK- und Batch AI-Szenarien können mit Hilfe von Azure-Funktionen bedarfsbasierte Spark-Cluster erstellt werden. Aufgrund der engeren Integration in Azure können bedarfsbasierte Cluster für Databricks oder HDI mit Azure Data Factory erstellt werden (siehe *https://docs.microsoft.com/de-de/azure/hdinsight/hdinsight-hadoop-create-linux-clusters-adf* und *https://docs.microsoft.com/de-de/azure/data-factory/transform-data-using-databricks-notebook*). HDI und Databricks nutzen leider keine Docker-Container, daher ist die Verwaltung von Abhängigkeiten ein bisschen komplizierter. Aufgrund der engeren Integration ist die Pipeline, die HDI und Databricks nutzt, etwas einfacher, aber durch die Einschränkungen von Azure Data Factory weniger flexibel (siehe Abbildung 10.6).

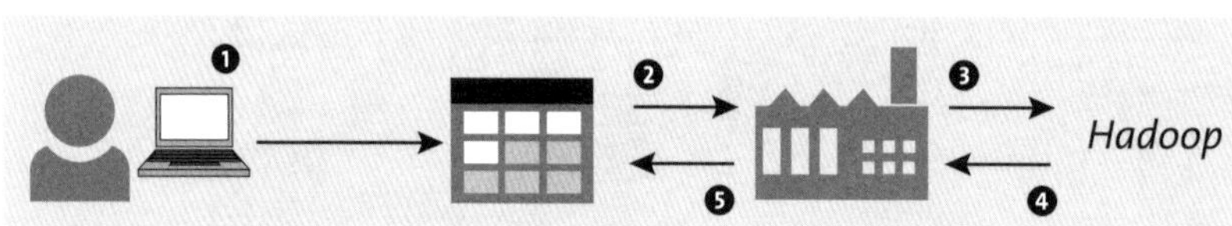

Abbildung 10.6 Beispielszenario für Databricks oder HDInsight

❶ Laden von Videos in den Speicher.

❷ ADF liest die Daten aus dem Speicher.

❸ ADF ruft HDInsight bzw. Databricks auf, um die Daten zu verarbeiten.

❹–❺ Danach werden die Daten werden zurückgestreamt und gespeichert.

Beispiele für Deep-Learning-Notebooks für Azure Databricks stehen hier zur Verfügung: *https://docs.azuredatabricks.net/applications/deep-learning/index.html*.

10.1.9 SQL Server

Um Berechnungen möglichst dort auszuführen, wo sich die Daten befinden, ist *SQL Server* eine gute Option für die Bereitstellung, wenn die Daten bereits in SQL gespeichert sind. Das ideale Szenario für eine solche Bereitstellung wäre gegeben, wenn SQL Server bereits verwendet wird oder das Szenario davon profitieren würde, dass das Modell so nah wie möglich an den Daten ausgeführt wird. Die Anforderung der Datennähe resultiert in der Regel aus zwei Faktoren: der Datenschwerkraft und der Datenvertraulichkeit. *Datenschwerkraft* oder Datengravitation bezieht sich auf die Tatsache, dass große Datenmengen aufgrund der Kosten für die Datenverlagerung eine Art »Gravitationskraft« auf die Berechnung ausüben. *Datenvertraulichkeit* bezieht sich auf Bedenken hinsichtlich des Datenschutzes und der Datensicherheit, wenn Daten zwischen verschiedenen Systemen ausgetauscht werden und die Möglichkeit besteht, dass Daten zurückbleiben oder die Sicherheit aufgrund der mehrfachen Datenübertragung gefährdet ist. SQL Server ist sehr flexibel: Das Datenbanksystem kann unter Windows und Linux installiert und auf VMs mit GPUs bereitgestellt werden, um Deep-Learning-Szenarien zu beschleunigen (siehe *https://github.com/Azure/sql_python_deep_learning*). Es ist sowohl eine Python- als auch eine R-Integration für SQL Server verfügbar, so dass Datenwissenschaftler die Sprache verwenden können, mit der sie sich am wohlsten fühlen. Weitere Beispiele für die Bereitstellung von Modellen mit SQL Server finden Sie hier: *https://docs.microsoft.com/de-de/sql/advanced-analytics/tutorials/sql-server-python-tutorials?view=sql-server-2017*.

10.2 Übersicht über die Operationalisierung

Wir haben Ihnen eine Reihe von Operationalisierungsplattformen vorgestellt, und es ist unter Umständen nicht ganz einfach, die richtige auszuwählen. Wie bereits erwähnt, lassen sich diese Dienste am besten in einem Kontinuum zwischen reiner Batch- und reiner Echtzeitverarbeitung vorstellen, wobei Dienste wie Batch AI und AZTK am »Batchende« des Spektrums liegen und Dienste wie AKS und ASF am »Echtzeitende«. Abbildung 10.7 zeigt eine visuelle Darstellung dieses Kontinuums: Links befinden sich die Plattformen, die sich besser für die Batchverarbeitung eignen, rechts diejenigen für die Echtzeitverarbeitung. Abbildung 10.7 impliziert nicht, dass die am weitesten links bzw. rechts befindlichen Optionen die empfohlenen Ansätze für die Batch- bzw. Echtzeitverarbeitung sind. Sie veranschaulicht nur, dass diese Plattformen sich für diese Art der Verarbeitung am besten eignen.

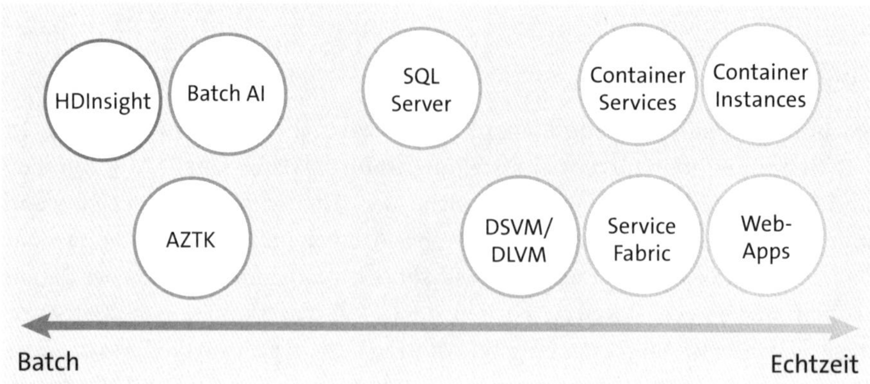

Abbildung 10.7 Kontinuum – von der Batch- zur Echtzeitverarbeitung

Abbildung 10.7 ist nur eine allgemeine Richtlinie – diese Optionen lassen sich auf vielfältige Weise nutzen. Spark auf HDI oder Azure Databricks etwa werden typischerweise mit Batchworkloads assoziiert, bieten aber durchaus Optionen zum Erstellen von Echtzeitworkloads, beispielsweise durch MMLSpark Serving, wie unter *https://github.com/Azure/mmlspark/blob/master/docs/mmlspark-serving.md* beschrieben.

Wie in den Abschnitten über die einzelnen Dienste bereits erläutert, hat jeder Dienst seine Stärken und Schwächen. Abbildung 10.8 veranschaulicht die Attribute jedes Diensts. Die Dienste sind auf der linken Seite der Heatmap aufgelistet, die Metriken oben. Jeder Dienst erhält eine Bewertung. Diese wird durch die Farbe des entsprechenden Felds angezeigt, die auf der Farbleiste auf der rechten Seite der Heatmap basiert. Wir vergleichen die Dienste anhand von fünf Metriken: Geschwindigkeit, Skalierbarkeit, Datennähe, Debugumgebung und einfache Bereitstellung.

Die Geschwindigkeit bezieht sich auf die Hardware, die für jeden der Dienste zur Verfügung steht. Bei KI-Modellen geht es hierbei hauptsächlich darum, ob GPUs verfügbar sind oder nicht. Die Skalierbarkeit bezieht sich darauf, ob der Dienst einfach horizontal und vertikal hochskaliert werden kann. Die Datennähe beschreibt, wie nah an den Daten die Berechnung erfolgt. Dies ist vor allem dann von Bedeutung, wenn die Daten aufgrund der Menge oder aus Sicherheitsgründen nicht verlagert werden können. Anhand der Debugumgebung wird gemessen, wie einfach die Entwicklung für die jeweilige Plattform ist. Die wichtigste Überlegung in dieser Hinsicht lautet: Verwendet der Dienst Docker-Container oder nicht? Die einfache Bereitstellung schließlich bezieht sich darauf, wie einfach sich das Modell bereitstellen lässt und ob ein Anwender viel lernen muss, um das Ganze zum Laufen zu bringen.

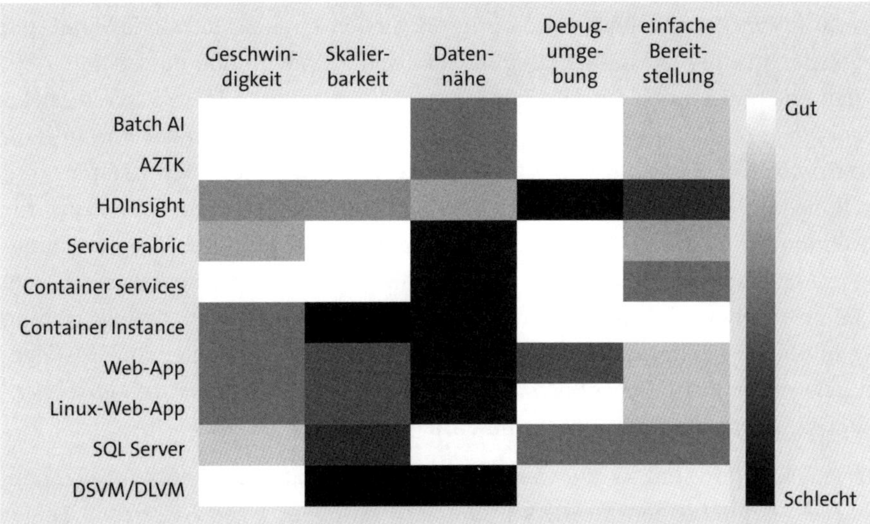

Abbildung 10.8 Heatmap der Bereitstellungsdienste

Zwar gibt es viele Aspekte, die zu bedenken sind, und Gründe dafür, von dieser Empfehlung abzuweichen – dennoch empfehlen wir für die Echtzeitverarbeitung von Deep-Learning-Modellen AKS mit GPU-Knoten. Wie bereits erwähnt, haben wir ein Tutorial mit Schrittanleitungen zum Bereitstellen eines CNN basierend auf ResNet-152 erstellt – geschrieben in TensorFlow oder Keras mit einem TensorFlow-Back-End: *https://github.com/Microsoft/AKSDeploymentTutorial*. Für die Batchverarbeitung von Deep-Learning-Modellen empfehlen wir zurzeit Batch AI (dies gilt für den Zeitpunkt, zu dem dieses Buch geschrieben wurde). Ein Beispiel für die Verwendung von TensorFlow finden Sie unter *https://github.com/Azure/BatchAI/tree/master/recipes/TensorFlow/TensorFlow-GPU*.

Wir haben uns hier primär auf die Operationalisierung von Deep-Learning-Modellen auf Azure konzentriert. Deep-Learning-Modelle können auch in der Cloud trainiert und dann in verschiedenen Umgebungen operationalisiert werden – z. B. in IoT Edge (wie im nächsten Abschnitt erläutert) oder nativ über ONNX auf Windows-Geräten, wie unter *https://blogs.technet.microsoft.com/machinelearning/2018/03/07/onnx-models-to-be-runnable-natively-on-100s-of-millions-of-windows-devices/* beschrieben.

10.3 Azure Machine Learning Services

Das oben erläuterte Beispiel für die Bereitstellung eines KI-Modells in AKS kann durchaus beängstigend wirken – insbesondere für Benutzer, die mit Docker nicht vertraut sind. Aus diesem Grund bietet AML (*Azure Machine Learning*) Optionen, um die Operationalisierung von KI-Modellen erleichtern: Sie stellen einfach die Modelldatei, die Abhängigkeiten in einer YAML-Datei und schließlich die Modelltreiberdatei bereit. AML erstellt den entsprechenden Docker-Container und stellt diesen in AKS bereit (siehe *https://docs.microsoft.com/de-de/azure/machine-learning/service/overview-what-happened-to-workbench*). Der Dienst bietet einfache und bequeme Möglichkeiten, Ihre Bereitstellung lokal zu testen und den Dienst nach Bedarf zu skalieren. Ein Beispiel für die Verwendung von Azure Machine Learning zum Bereitstellen eines Deep-Learning-Modells, mit dem sich anhand von Röntgenaufnahmen Krankheiten erkennen lassen, finden Sie im Blogbeitrag von Zhu, Iordanescu und Karmanov (2018). Azure Machine Learning hilft auch bei der Bereitstellung von Deep-Learning-Modellen auf IoT-Edge-Geräten, wie unter *https://docs.microsoft.com/de-de/azure/machine-learning/service/overview-what-happened-to-workbench* beschrieben.

In vorherigen Kapiteln sind wir kurz auf den Nutzen des Transferlernens eingegangen, und in diesem Kapitel haben wir die Vorteile der Verwendung von GPUs zum Ziehen von Rückschlüssen hervorgehoben. Azure Machine Learning Services bieten nun die Möglichkeit, zum Ziehen von Rückschlüssen ein vortrainiertes ResNet-50-Modell auf FPGAs zu verwenden. FPGAs bieten eine wesentlich höhere Geschwindigkeit als CPUs und GPUs, und das zu ausgesprochen niedrigen Kosten. Benchmarktests zeigen, dass ein einzelnes FPGA ca. 500 Bilder pro Sekunde bewerten kann und die Bewertung von 10.000 Bildern weniger als 0,2 US-Cent kostet. Um diesen Dienst zu nutzen, folgen Sie einfach den Anweisungen unter *https://docs.microsoft.com/de-de/azure/machine-learning/service/how-to-deploy-fpga-web-service*. In diesem Artikel finden Sie eine Reihe von Jupyter-Notebooks, mit denen nicht nur erläutert wird, wie Sie Ihr Modell anhand von Merkmalen trainieren, sondern auch, wie Sie es bereitstellen und testen.

10.4 Zusammenfassung

In diesem Kapitel haben wir einige der Operationalisierungsoptionen erläutert, die auf Azure angeboten werden. Wir haben die Optionen für die Bereitstellung von Modellen mit Hilfe einfacher verwalteter Dienste wie ACI und Azure-Web-Apps ebenso beschrieben wie komplexere Konfigurationen mit GPU-Unterstützung wie AKS und Batch AI. Wir haben sowohl Anforderung-Antwort-Szenarien als auch Batchszenarien vorgestellt.

Abschließend haben wir in einer Übersicht zusammengefasst, welche Aspekte wir für die Stärken bzw. Schwächen der einzelnen angebotenen Dienste halten. Mit diesen Informationen sollten Sie in der Lage sein, die für Ihr Szenario am besten geeignete Option auszuwählen und Ihr Modell für eine KI-Produktionslösung bereitzustellen.

A Anmerkungen

A.1 Kapitel 1

- AI Index *AI Index 2017 Annual Report.* Abgerufen von *http://cdn.aiindex.org/2017-report.pdf*
- Bengio, Y.: *Very brief introduction to machine learning for AI. 2010.* Abgerufen von *http://www.iro.umontreal.ca/~pift6266/H10/notes/mlintro.html*
- Bing: *Bing launches new intelligent search features, powered by AI. 13. Dezember 2017.* Abgerufen von *https://blogs.bing.com/search/2017-12/search-2017-12-December-AI-Update*
- Brynjolfsson, E. und Mitchell, T.: What can machine learning do? Workforce implications. In: *Science* (2017), Band 358, Ausgabe 6370, S. 1530-1534.
- Bunting, P.: Using big data, the cloud, and AI to enable intelligence at scale. 2017. *Microsoft Ignite.* Abgerufen von *https://myignite.microsoft.com/videos/55333*
- Dahl, G. E., Yu, D., Deng, L. und Acero, A.: Context-Dependent Pre-Trained Deep Neural Networks for Large-Vocabulary Speech Recognition. In: *IEEE Transactions on Audio, Speech, and Language Processing* (2011), Band 20, Ausgabe 1, S. 30-42.
- Gershgorn, D.: The data that transformed AI research – and possibly the world. 26. Juli 2017. *Quartz.* Abgerufen von *https://qz.com/1034972/the-data-that-changed-the-direction-of-ai-research-and-possibly-the-world/*
- Goldberg, Y.: A Primer on Neural Network Models for Natural Language Processing. In: *Journal of Artifical Intelligence Research* (2016), Band 57, S. 345–420. Abgerufen von *https://www.jair.org/media/4992/live-4992-9623-jair.pdf*
- Goodfellow, I., Bengio, Y. und Courville, A.: *Deep learning.* Cambridge (USA, MA): MIT Press 2016.
- He, K., Zhang, X., Ren, S. und Sun, J.: *Deep Residual Learning for Image Recognition.* Vortrag bei der IEEE Conference on Computer Vision and Pattern Recognition, Las Vegas (USA, NV). Juni 2015. Abgerufen von arXiv:1512.03385
- Jia, R. und Liang, P.: Adversarial Examples for Evaluating Reading Comprehension Systems. 2017. *EMNLP.* Abgerufen von *https://arxiv.org/abs/1707.07328*
- Linn, A.: *People want more intelligent technology tools: AI is helping with that. 13. Dezember 2017.* Abgerufen von *https://news.microsoft.com/features/people-want-more-intelligent-technology-tools-ai-is-helping-with-that/?lipi=urn%3Ali%3Apage%3Ad_flagship3_pulse_read%3B2NMDyj2gQIecJUBYgBAbWg%3D%3D*

- Linn, A.: *Microsoft creates AI that can read a document and answer questions about it as well as a person. 15. Januar 2018.* Abgerufen von *https://blogs.microsoft.com/ai/microsoft-creates-ai-can-read-document-answer-questions-well-person/*
- Marr, B.: What is the difference between artificial intelligence and machine learning? 6. Dezember 2016. *Forbes.* Abgerufen von *https://www.forbes.com/sites/bernardmarr/2016/12/06/what-is-the-difference-between-artificial-intelligence-and-machine-learning/#6c9613e82742*
- Merity, S.: *In deep learning, architecture engineering is the new feature engineering. Juli 2016.* Abgerufen von *https://www.kdnuggets.com/2016/07/deep-learning-architecture-engineering-feature-engineering.html*
- Microsoft: *Fueling the oil and gas industry with IoT. 26. Juli 2015.* Abgerufen von *https://customers.microsoft.com/en-us/story/fueling-the-oil-and-gas-industry-with-iot-1*
- Microsoft Customer Stories. *Starship Commander: Virtual reality meets Cognitive Services in new science-fiction game. 6. Februar 2017.* Abgerufen von *https://customers.microsoft.com/en-us/story/human-interact-cognitive-services*
- Form 10-K für Microsoft: U. S. Securities and Exchange Commission. Juni 2017. Abgerufen von *https://www.sec.gov/Archives/edgar/data/789019/000156459017014900/msft-10k_20170630.htm*
- Microsoft News. *Democratizing AI: For every person and every organization. Juni 2017.* Abgerufen von *https://news.microsoft.com/features/democratizing-ai/*
- Microsoft Translator. *Presentation Translator, a Microsoft Garage project. Dezember 2017.* Abgerufen von *https://translator.microsoft.com/help/presentation-translator/*
- Nadella, S.: The partnership of the future: Microsoft's CEO explores how humans and A. I. can work together to solve society's greatest challenges. Juni 2016. *Slate.* Abgerufen von *http://www.slate.com/articles/technology/future_tense/2016/06/microsoft_ceo_satya_nadella_humans_and_a_i_can_work_together_to_solve_society.html*
- Nadella, S.: *Hit refresh: The quest to rediscover Microsoft's soul and imagine a better future for everyone.* New York (USA, NY): HarperCollins 2017.
- Nehme, R.: *Connected drones: 3 powerful lessons we can all take away. 2. November 2016.* Abgerufen von *https://blogs.technet.microsoft.com/machinelearning/2016/11/02/connected-drones-3-powerful-lessons-we-can-all-take-away/*
- Rajpurkar, P., Zhang, J., Lopyrev, K. und Liang, P.: *SQuAD: 100,000+ questions for machine comprehension of text. 2016.* Abgerufen von *https://arxiv.org/abs/1606.05250*
- Russakovsky, O., Deng, J., Su, H., Krause, J., Satheesh, S., Ma, S., Huang, Z., Karpathy, A., Khosla, A., Bernstein, M. und Berg, A. C.: Imagenet large scale visual recognition challenge. In: *International Journal of Computer Vision* (2015) Band 115, Nr. 3, S. 211–252.

- Silver, D., Huang, A., Maddison, C., Guez, A., Sifre, L., van den Driessche, G. u. a.: Mastering the game of Go with deep neural networks and tree search. In: *Nature* (2016), Band 529, S. 484–489.
- van Seijen, H.: *Hybrid reward architecture and the fall of Ms. Pac-Man with Dr. Harm van Seijen. 6. Dezember 2017.* Abgerufen von *https://www.microsoft.com/en-us/research/blog/hybrid-reward-architecture-fall-ms-pac-man-dr-harm-van-seijen/*
- Xiong, W., Droppo, J., Huang, X., Seide, F., Seltzer, M., Stolcke, A. u. a.: *Achieving human parity in conversational speech recognition* (Technical Report MSR-TR-2016-71). 2016. Abgerufen von *https://arxiv.org/pdf/1610.05256.pdf*

A.2 Kapitel 2

- Esteva, A., Kuprel, B., Novoa, R., Ko, J., Swetter, S., Blau, H. und Thrun, S.: Dermatologist-level classification of skin cancer with deep neural networks. In: *Nature* (2016), Band 542, S. 115–118.
- Goodfellow, I., Pouget-Abadie, J., Mirza, M., Xu, B., Warde-Farley, D., Ozair, S. u. a.: *Generative adversarial nets. 2014.* Abgerufen von arXiv:1406.2661v1
- Kuchaiev, O. und Ginsburg, B.: *Training deep autoencoders for collaborative filtering. August 2017.* Abgerufen von *https://arxiv.org/abs/1708.01715*
- Metz, C. und Collins, K.: How an A. I. ›Cat-and-Mouse Game‹ Generates Believable Fake Photos. In: *New York Times* (2. Januar 2018). Abgerufen von *https://www.nytimes.com/interactive/2018/01/02/technology/ai-generated-photos.html*
- Rajpurkar, P., Hannun, A., Haghpanahi, M., Bourn, C. und Ng, A.: *Cardiologist-level arrhythmia detection with convolutional neural networks. 2017.* Abgerufen von arXiv: 1707.01836v1

A.3 Kapitel 3

- Abdi, M. und Nahavandi, S.: *Multi-residual networks: Improving the speed and accuracy of residual networks. März 2017.* Abgerufen von *https://arxiv.org/abs/1609.05672v4*
- Bergstra, J., Yamins, D. und Cox, D. D.: *Making a science of model search: Hyperparameter optimization in hundreds of dimensions for vision architectures.* Juni 2013. ICML, Atlanta.
- Bolukbasi, T., Chang, K., Zou, J., Saligrama, V. und Kalai, A.: *Man is to computer programmer as woman is to homemaker? Debiasing word embeddings. 2016.* Abgerufen von arxiv.org/abs/1607.06520

- Cai, H., Chen, T., Zhang, W., Yu, Y. und Wang, J.: *Efficient architecture search by network transformation. 2017.* Abgerufen von arXiv:1707.04873v2
- Chollet, F.: The limitations of deep learning. 17. Juli 2017. *The Keras Blog.* Abgerufen von *https://blog.keras.io/the-limitations-of-deep-learning.html*
- Culurciello, E.: Segmenting, localizing and counting object instances in an image. 26. Oktober 2017. *Towards Data Science.* Abgerufen von *https://towardsdatascience.com/segmenting-localizing-and-counting-object-instances-in-an-image-878805fef7fc*
- Dai, J., He, K. und Sun, J.: *R-FCN: Object detection via region-based fully convolutional networks. 2016.* Abgerufen von *https://arxiv.org/abs/1605.06409*
- Domhan, T., Springenberg, J. T. und Hutter, F.: *Speeding Up Automatic Hyperparameter Optimization of Deep Neural Networks by Extrapolation of Learning Curves.* In: *IJCAI* (Juli 2015), Band 15, S. 3460-3468).
- Durant, L., Giroux, O., Harris, M. und Stam, N.: Inside Volta: The world's most advanced data center GPU. 10. Mai 2017. *NVIDIA Developer Blog.* Abgerufen von *https://devblogs.nvidia.com/inside-volta/*
- Feldman, M.: Microsoft goes all in for FPGAs to build out AI cloud. September 2016. *Top 500.* Abgerufen von *https://www.top500.org/news/microsoft-goes-all-in-for-fpgas-to-build-out-cloud-based-ai/*
- Fusi, N., Sheth, R. und Elibol, H. M.: *Probabilistic matrix factorization for automated machine learning.* 15. Mai 2017. arXiv-Vorabdruck: arXiv:1705.05355.
- Girshick, R., Donahue, J., Darrell, T. und Malik, J.: *Rich feature hierarchies for accurate object detection and semantic segmentation. 2013.* Abgerufen von *https://arxiv.org/abs/1311.2524*
- Golovin, D., Solnik, B., Moitra, S., Kochanski, G., Karro, J. und Sculley, D.: Google vizier: A service for black-box optimization. In: *Proceedings of the 23rd ACM SIGKDD International Conference on Knowledge Discovery and Data Mining, ACM* (August 2017), S. 1487–1495).
- Han, S., Mao, H. und Dally, W.: *Deep compression: Compressing deep neural networks with pruning, trained quantization and Huffman coding. 2016.* Abgerufen von *https://arxiv.org/abs/1510.00149v5*
- He, K., Gkioxari, G., Dollár, P. und Girshick, R.: *Mask R-CNN. 2017.* Abgerufen von *https://arxiv.org/abs/1703.06870*
- He, K., Zhang, X., Ren, S. und Sun, J.: *Deep Residual Learning for Image Recognition.* Vortrag bei der IEEE Conference on Computer Vision and Pattern Recognition, Las Vegas (USA, NV). Juni 2015. Abgerufen von arXiv:1512.03385

- Howard, A., Zhu, M., Chen, B., Kalenichenko, D., Wang, W., Weyand, T. u. a.: *MobileNets: Efficient convolutional neural networks for mobile vision applications. 2017.* Abgerufen von *https://arxiv.org/abs/1704.04861*
- Huang, G., Liu, Z., van der Maaten, L. und Weinberger, K. Q.: *Densely connected convolutional networks. Januar 2018.* Abgerufen von *https://arxiv.org/abs/1608.06993v5*
- Huang, J., Rathod, V., Sun, C., Zhu, M., Korattikara, A., Fathi, A. u. a.: Speed/accuracy trade-offs for modern convolutional object detectors. 2017. *CVPR.* Abgerufen von *https://arxiv.org/abs/1611.10012v3*
- Iandola, F., Han, S., Moskewicz, M., Ashraf, K., Dally, W. und Keutzer, K.: *SqueezeNet: AlexNet-level accuracy with 50x fewer parameters and <0.5 MB model size. 2016.* Abgerufen von *https://arxiv.org/abs/1602.07360*
- Jo, J. und Bengio, Y.: *Measuring the tendency of CNNs to learn surface statistical regularities. 2017.* Abgerufen von *https://arxiv.org/pdf/1711.11561.pdf*
- Karpathy, A.: Software 2.0. 11. November 2017. *Medium.* Abgerufen von *https://medium.com/@karpathy/software-2-0-a64152b37c35*
- Kurakin, A., Goodfellow, I. und Bengio, S.: *Adversarial examples in the physical world. 2016.* Abgerufen von *https://arxiv.org/abs/1607.02533*
- Larsson, G., Maire, M. und Shakhnarovi, G.: *FractalNet: Ultra-deep neural networks without residuals. Mai 2017.* Abgerufen von *https://arxiv.org/abs/1605.07648v4*
- LeCun, Y.: Beitrag. 5. Januar 2018. Abgerufen von *https://www.facebook.com/yann.lecun/posts/10155003011462143*
- Li, L., Jamieson, K., DeSalvo, G., Rostamizadeh, A. und Talwalkar, A.: *Hyperband: A novel bandit-based approach to hyperparameter optimization.* 2018. arXiv-Vorabdruck: arXiv:1603.06560, S. 1–48.
- Liakhovich, O., Barraza, R. und Lanzetta, M.: Learning image to image translation with CycleGANs. 12. Juni 2017. *Microsoft Developer Blog.* Abgerufen von *https://www.microsoft.com/developerblog/2017/06/12/learning-image-image-translation-cyclegans/*
- Lighthill, J.: Artificial Intelligence: A General Survey. In: *Artificial Intelligence: a paper symposium* (1973). Science Research Council.
- Lin, T., Goyal, P., Girshick, R., He, K. und Dollár, P.: *Focal loss for dense object detection. 2017.* Abgerufen von *https://arxiv.org/abs/1708.02002*
- Liu, W., Anguelov, D., Erhan, D., Szegedy, C., Reed, S., Fu, C. und Berg, A.: *SSD: Single shot multibox detector. 2015.* Abgerufen von *https://arxiv.org/abs/1512.02325*
- Micikevicius, P.: Mixed-precision training of deep neural networks. 11. Oktober 2017. *NVIDIA Developer Blog.* Abgerufen von *https://devblogs.nvidia.com/mixed-precision-training-deep-neural-networks/#disqus_thread*

- Mittal, D., Bhardwaj, S., Khapra, M. und Ravindran, B.: *Recovering from random pruning: On the plasticity of deep convolutional neural networks. 2018.* Abgerufen von *https://arxiv.org/pdf/1801.10447.pdf*
- O'Neil, C.: *Weapons of math destruction: How big data increases inequality and threatens democracy.* New York (USA, NY): Crown 2016.
- Real, E., Aggarwal, A., Huang, Y. und Le, Q.: *Regularized evolution for image classifier architecture search. 6. Februar 2018.* Abgerufen von *https://arxiv.org/abs/1802.01548*
- Redmon, J., Divvala, S., Girshick, R. und Farhadi, A.: *You only look once: Unified, real-time object detection. 2015.* Abgerufen von *https://arxiv.org/abs/1506.02640*
- Redmon, J. und Farhadi, A.: *YOLO9000: Better, faster, stronger. 2016.* Abgerufen von *https://arxiv.org/abs/1612.08242*
- Ren, S., He, K., Girshick, R. und Sun, J.: Faster R-CNN: *Towards real-time object detection with region proposal networks. 2015.* Abgerufen von *https://arxiv.org/abs/1506.01497*
- Ribeiro, M., Singh, S. und Guestrin, C.: *»Why should I trust you?« Explaining the predictions of any classifier. 2016.* Abgerufen von *https://arxiv.org/pdf/1602.04938.pdf*
- Roach, J.: Microsoft researchers build a bot that draws what you tell it to. 18. Januar 2018. *Microsoft Blogs.* Abgerufen von *https://blogs.microsoft.com/ai/drawing-ai/*
- Sabour, S., Frosst, N. und Hinton, G. E.: Dynamic routing between capsules. In: *Advances in Neural Information Processing Systems* (Dezember 2017), S. 3856–3866, Long Beach (USA, CA).
- Stanley, K.: *Neuroevolution: A different kind of deep learning. 13. Juli 2017.* Abgerufen von *https://www.oreilly.com/ideas/neuroevolution-a-different-kind-of-deep-learning*
- Szegedy, C., Ioffe, S. und Vanhoucke, V.: *Inception-v4, Inception-ResNet and the impact of residual connections on learning. August 2016.* Abgerufen von *https://arxiv.org/abs/1602.07261*
- Szegedy, C., Liu, W., Jia, Y., Sermanet, P., Reed, S., Anguelov, D. u. a.: *Going deeper with convolutions. 2014.* Abgerufen von *https://arxiv.org/abs/1409.4842*
- Szegedy, C., Reed, S., Erhan, D., Anguelov, D. und Ioffe, S.: *Scalable, high-quality object detection. 2014.* Abgerufen von *https://arxiv.org/abs/1412.1441*
- Tian, F.: Deliberation network: Pushing the frontiers of neural machine translation. 6. Dezember 2017. *Microsoft Research Blog.* Abgerufen von *https://www.microsoft.com/en-us/research/blog/deliberation-networks/*
- Tishby, N. und Zaslavsky, N.: Deep learning and the information bottleneck principle. 2015. *IEEE ITW 2015.* Abgerufen von *https://arxiv.org/abs/1503.02406*

- Zhang, X., Li, Z., Loy, C. und Lin, D.: *PolyNet: A pursuit of structural diversity in very deep networks. Juli 2017.* Abgerufen von *https://arxiv.org/abs/1611.05725v2*
- Zhu, X., Kaznady, M. und Hendry, G.: Hearing AI: Getting started with deep learning for audio on Azure. 30. Januar 2018. *Microsoft Machine Learning Blog.* Abgerufen von *https://blogs.technet.microsoft.com/machinelearning/2018/01/30/hearing-ai-getting-started-with-deep-learning-for-audio-on-azure/*
- Zoph, B. und Le, Q. V.: *Neural architecture search with reinforcement learning.* 2016. arXiv-Vorabdruck: arXiv:1611.01578.
- Xie, S., Girshick, R., Dollár, P., Zhuowen, T. und He, K.: *Aggregated residual transformations for deep neural networks. April 2017.* Abgerufen von *https://arxiv.org/abs/1611.05431*
- Xu, T., Zhang, P., Huang, Q., Zhang, H., Gan, Z., Huang, X. und He, X.: *AttnGAN: Fine-grained text to image generation with attentional generative adversarial networks. 2017.* Abgerufen von *https://arxiv.org/abs/1711.10485*

A.4 Kapitel 4

- Crump, M. und Luijbregts, B.: *The developer's guide to Microsoft Azure.* 2. Aufl. Redmond (USA, WA): Microsoft Press 2017.

A.5 Kapitel 5

- Russakovsky, O., Deng, J., Su, H., Krause, J., Satheesh, S., Ma, S., Huang, Z., Karpathy, A., Khosla, A., Bernstein, M. und Berg, A. C.: Imagenet large scale visual recognition challenge. In: *International Journal of Computer Vision* (2015) Band 115, Nr. 3, S. 211–252.
- Xiong, W., Droppo, J., Huang, X., Seide, F., Seltzer, M., Stolcke, A. u. a.: (2016). *Achieving human parity in conversational speech recognition* (Technical Report MSR-TR-2016-71). 2016. Abgerufen von *https://arxiv.org/pdf/1610.05256.pdf*

A.6 Kapitel 6

- Deng, J., Dong, W., Socher, R., Li, L. J., Li, K. und Fei-Fei, L.: ImageNet: A large-scale hierarchical image database. In: *2009 IEEE Conference on Computer Vision and Pattern Recognition* (Juni 2009), S. 248–255.

- He, K., Zhang, X., Ren, S. und Sun, J.: *Deep Residual Learning for Image Recognition.* Vortrag bei der IEEE Conference on Computer Vision and Pattern Recognition, Las Vegas (USA, NV). Juni 2015. Abgerufen von arXiv:1512.03385
- Hubel, D. H. und Wiesel, T. N.: Receptive fields, binocular interaction and functional architecture in the cat's visual cortex. In: *The Journal of Physiology* (1962), Band 160, Ausgabe 1, S. 106–154. DOI: *10.1113/jphysiol.1962.sp006837*
- Krizhevsky, A.: *Learning multiple layers of features from tiny images.* 2009. Technischer Bericht, University of Toronto.
- Krizhevsky, A., Sutskever, I. und Hinton, G. E.: ImageNet classification with deep convolutional neural networks. In: *Communications of the ACM* (2012), Band 60, Ausgabe 6, S. 84–90.
- Krizhevsky, A., Nair, V. und Hinton, G.: The CIFAR-10 dataset (2014). Abgerufen von *https://www.cs.toronto.edu/~kriz/cifar.html*
- LeCun, Y., Bengio, Y. und Hinton, G.: Deep learning. In: *Nature* (2015), Band 521, Ausgabe 7553), S. 436–444. DOI: *10.1038/nature14539*
- LeCun, Y., Boser, B., Denker, J. S., Henderson, D., Howard, R. E., Hubbard, W. und Jackel, L. D.: Backpropagation applied to handwritten zip code recognition. In: *Neural Computation* (1989), Band 1, Ausgabe 4, S. 541–551.
- LeCun, Y., Bottou, L., Bengio, Y. und Haffner, P.: Gradient-based learning applied to document recognition. In: *Proceedings of the IEEE* (1998), Band 86, Ausgabe 11, S. 2278–2324. DOI: *10.1109/5.726791*
- Sabour, S., Frosst, N. und Hinton, G. E.: Dynamic routing between capsules. In: *Advances in Neural Information Processing Systems* (Dezember 2017), S. 3856–3866, Long Beach (USA, CA).
- Simonyan, K. und Zisserman, A.: *Very deep convolutional networks for large-scale image recognition. 2014.* ArXiv-Vorabdruck. Abgerufen von ArXiv:1409.1556
- Srivastava, N., Hinton, G., Krizhevsky, A., Sutskever, I. und Salakhutdinov, R.: Dropout: A simple way to prevent neural networks from overfitting. In: *The Journal of Machine Learning Research* (2014), Band 15, Ausgabe 1, S. 1929–1958.
- Zeiler, M. D. und Fergus, R.: *Visualizing and understanding convolutional networks. 2013.* Abgerufen von *http://arxiv.org/abs/1311.2901*

A.7 Kapitel 7

- Bahdanau, D., Cho, K. und Bengio, Y.: *Neural machine translation by jointly learning to align and translate.* 2014. arXiv-Vorabdruck. Abgerufen von arXiv:1409.0473

- Bengio, Y., Simard, P. und Frasconi, P.: Learning long-term dependencies with gradient descent is difficult. In: *IEEE Transactions on Neural Networks* (1994), Band 5, Ausgabe 2, S. 157–166.
- Cho, K., Van Merriënboer, B., Gulcehre, C., Bahdanau, D., Bougares, F., Schwenk, H. und Bengio, Y.: *Learning phrase representations using RNN encoder-decoder for statistical machine translation.* 2014. arXiv-Vorabdruck. Abgerufen von arXiv:1406.1078
- Chung, J., Gulcehre, C., Cho, K. und Bengio, Y.: *Empirical evaluation of gated recurrent neural networks on sequence modeling*. 2014. arXiv-Vorabdruck. Abgerufen von arXiv: 1412.3555
- Gers, F. A., Schmidhuber, J. und Cummins, F.: Learning to forget: Continual prediction with LSTM. In: *Journal of Neural Computation* (2000), Band 12, Ausgabe 10, S. 2451–2471.
- Greff, K., Srivastava, R. K., Koutník, J., Steunebrink, B. R. und Schmidhuber, J.: LSTM: A search space odyssey. In: *IEEE Transactions on Neural Networks and Learning Systems* (2017), Band 28, Ausgabe 10, S. 2222–2232.
- Goodfellow, I., Courville, A. und Bengio, Y.: *Deep learning* (Bd. 1). Cambridge (USA, MA): MIT Press 2016.
- Hochreiter, S. und Schmidhuber, J.: Long short-term memory. In: *Neural Computation* (1997), Band 9, Ausgabe 8, S. 1735–1780.
- Klein, G., Kim, Y., Deng, Y., Senellart, J. und Rush, A. M.: *Opennmt: Open-source toolkit for neural machine translation*. 2017. arXiv-Vorabdruck. Abgerufen von arXiv: 1701.02810
- Mikolov, T., Karafiát, M., Burget, L., Černocký, J. und Khudanpur, S.: *Recurrent neural network based language model. 2010.* Vortrag bei der 11. jährlichen Conference of the International Speech Communication Association. Abgerufen von *https://scholar.google.co.uk/scholar?hl=en&as_sdt=0%2C5&q=Recurrent+neural+network+based+language+model&btnG=*
- Schuster, M. und Paliwal, K. K.: Bidirectional recurrent neural networks. In: *IEEE Transactions on Signal Processing* (1997), Band 45, Ausgabe 11, S. 2673–2681.
- Siegelmann, H. T.: Computation beyond the Turing limit. In: *Science* (1995), Band 268, Ausgabe 5210, S. 545–548.
- Sutskever, I.: *Training recurrent neural networks.* Toronto, Kanada: University of Toronto 2013.
- Sutskever, I., Vinyals, O. und Le, Q. V.: Sequence to sequence learning with neural networks. In: *Advances in Neural Information Processing Systems* (2014), S. 3104–3112. Abgerufen von *https://scholar.google.co.uk/scholar?hl=en&as_sdt=0%2C5&q=+Sequence+to+sequence+learning+with+neural+networks&btnG=*

- Werbos, P. J.: Backpropagation through time: What it does and how to do it. In: *Proceedings of the IEEE* (1990), Band 78, Ausgabe 10, S. 1550-1560.
- Williams, R. J. und Peng, J.: An efficient gradient-based algorithm for on-line training of recurrent network trajectories. In: *Neural Computation* (1997), Band 2, Ausgabe 4, S. 490-501.
- Yang, Z., Yang, D., Dyer, C., He, X., Smola, A. und Hovy, E.: Hierarchical attention networks for document classification. In: *Proceedings of the 2016 Conference of the North American Chapter of the Association for Computational Linguistics: Human Language Technologies* (2016), S. 1480-1489. Abgerufen von *https://scholar.google.co.uk/scholar?hl=en&as_sdt=0%2C5&q=Hierarchical+attention+networks+for+document+classification&btnG=*

A.8 Kapitel 8

- Chen, X., Duan, Y., Houthooft, R., Schulman, J., Sutskever, I. und Abbeel, P.: *InfoGAN: Interpretable representation learning by information maximizing generative adversarial nets. 2016.* Abgerufen von arXiv:1606.03657v1
- Creswell, A., White, T., Dumoulin, V., Arulkumaran, K., Sengupta, B. und Bharath, A.: *Generative Adversarial Networks: An overview. 2017.* Abgerufen von aarXiv: 1710.07035v1
- Goodfellow, I., Pouget-Abadie, J., Mirza, M., Xu, B., Warde-Farley, D., Ozair, S. u. a.: *Generative adversarial nets. 2014.* Abgerufen von arXiv:1406.2661v1
- Johnson, J., Alahi, A. und Fei-Fei, L.: Perceptual losses for real-time style transfer and super-resolution. In: *European Conference on Computer Vision* (Oktober 2016), S. 694–711. Springer, Cham.
- Radford, A., Metz, L. und Chintala, S.: *Unsupervised representation learning with deep convolutional generative adversarial networks. 2016.* Abgerufen von arXiv: 1511.06434v2
- Yu, L., Zhang, W., Wang, J. und Yu, Y.: SeqGAN: Sequence Generative Adversarial Nets with Policy Gradient. In: *AAAI* (März 2017), S. 2852–2858.
- Zhang, H., Xu, T., Li, H., Zhang, S., Huang, X., Wang, X. und Metaxas, D.: *StackGAN: Text to photo-realistic image synthesis with stacked generative adversarial networks. 2016.* Abgerufen von arXiv:1612.03242v1
- Zhu, J.-Y., Park, T., Isola, P. und Efros, A.: *Unpaired image-to-image translation using cycle-consistent adversarial networks. 2017.* Abgerufen von arXiv:1703.10593v3v1

A.9 Kapitel 9

- Calauzènes, C. und Roux, N. L.: Distributed SAGA: *Maintaining linear convergence rate with limited communication. 2017.* ArXiv-Vorabdruck. Abgerufen von ArXiv: 1705.10405
- Dean, J., Corrado, G., Monga, R., Chen, K., Devin, M., Mao, M. u. a.: Large scale distributed deep networks. In: *Advances in Neural Information Processing Systems* (2012), S. 1223–1231. Abgerufen von *https://scholar.google.co.uk/scholar?hl=en&as_sdt=0%2C5&q=Dean+2012&btnG=*
- Hamilton, M., R. Sengupta und R. Astala: *Saving snow leopards with deep learning and computer vision on Spark. 2017.* Abgerufen von *https://blogs.technet.microsoft.com/machinelearning/2017/06/27/saving-snow-leopards-with-deep-learning-and-computer-vision-on-Spark/*
- Lin, Y., Han, S., Mao, H., Wang, Y. und Dally, W. J.: *Deep gradient compression: Reducing the communication bandwidth for distributed training. 2017.* ArXiv-Vorabdruck. Abgerufen von ArXiv:1712.01887
- Recht, B., Re, C., Wright, S. und Niu, F.: Hogwild: A lock-free approach to parallelizing stochastic gradient descent. In: *Advances in Neural Information Processing Systems* (2011), S. 693–701. Abgerufen von *https://scholar.google.co.uk/scholar?hl=en&as_sdt=0%2C5&q=Recht+2011&btnG=*
- Tok, W. H.: *How to train & serve deep learning models at scale, using cognitive toolkit with Kubernetes on Azure. 2017.* Abgerufen von *https://blogs.technet.microsoft.com/machinelearning/2017/09/06/how-to-use-cognitive-toolkit-cntk-with-kubernetes-on-azure/*
- Zhang, R. und Buchwalter, W.: *Autoscaling deep learning training with Kubernetes. 2017.* Abgerufen von *https://www.microsoft.com/developerblog/2017/11/21/autoscaling-deep-learning-training-kubernetes/*

A.10 Kapitel 10

- Zhu, X., Iordanescu, G. und Karmanov, I.: *Using Microsoft AI to build a lung-disease prediction model using chest X-ray images. 2018.* Abgerufen von *https://blogs.technet.microsoft.com/machinelearning/2018/03/07/using-microsoft-ai-to-build-a-lung-disease-prediction-model-using-chest-x-ray-images/*

Index

D

E

F

G

H

I

J

K

L

M

N

O

P

Q

R

S

T

U

V

W

Y

Z